쉬어가는
인생 이야기 인생 편

KB192057

쉬어가는 인생 이야기 - 인생 편

발행일	2021년 8월 12일			

지은이	남일희			
펴낸이	손형국			
펴낸곳	(주)북랩			
편집인	선일영	편집	정두철, 배진용, 김현아, 박준
디자인	이현수, 한수희, 김윤주, 허지혜	제작	박기성, 황동현, 구성우, 권태련
마케팅	김회란, 박진관			
출판등록	2004. 12. 1(제2012-000051호)			
주소	서울특별시 금천구 가산디지털 1로 168, 우림라이온스밸리 B동 B113~114호, C동 B101호			
홈페이지	www.book.co.kr			
전화번호	(02)2026-5777	팩스	(02)2026-5747

ISBN	979-11-6539-911-5 04220 (종이책)	979-11-6539-912-2 05220 (전자책)
	979-11-6539-913-9 04220 (세트)	

잘못된 책은 구입한 곳에서 교환해드립니다.
이 책은 저작권법에 따라 보호받는 저작물이므로 무단 전재와 복제를 금합니다.

(주)북랩 성공출판의 파트너
북랩 홈페이지와 패밀리 사이트에서 다양한 출판 솔루션을 만나 보세요!
홈페이지 book.co.kr   •   **블로그** blog.naver.com/essaybook   •   **출판문의** book@book.co.kr

작가 연락처 문의 ▶ ask.book.co.kr
작가 연락처는 개인정보이므로 북랩에서 알려드릴 수 없습니다.

붓 다 가 · 들 려 주 는 · 행 복 · 여 행

쉬어가는
인생 이야기 인생 편

남일희 지음

북랩 **book** Lab

들어가는 말

　인간은 생·노·병·사하는 삶 속에서 바쁘게 인생을 살고 있습니다. 이렇게 인간은 태어나서 죽음을 맞이할 때까지 인생의 길을 꾸준하게 달려가며, 희·노·애·락을 경험하는 삶을 살아나갑니다. 그리고 이런 '달려가는 인생'에서 정신없이 달리다 보면 인간은 어느새 인생의 종착역에 도달해 있는 자신을 발견합니다. 그리고 종착역에 도달해서야 지나온 인생길을 되돌아봅니다. 과연 내가 살아온 길이 내가 가고자 했던 길이었을까? 또한 내가 가고자 했던 목적지를 향해서 잘 온 것일까? 이렇게 지나온 인생길에 대해 어떤 사람은 아쉬움을 느끼기도 하며, 어떤 사람은 만족을 느끼기도 합니다.

　인간은 이렇게 '달려가는 인생'을 살며, 또한 '돌고 도는 인생'을 살아나가고 있습니다. 그래서 '돌고 도는 인생'에서는 현생의 한 생으로 존재의 삶을 마감하는 것이 아니고, 윤회하는 존재로 사는 삶을 살게 됩니다. 그래서 이때는 죽음을 맞는 순간에 아쉬워하

지 않는 삶을 사는 것이 중요합니다. 따라서 인생의 방향을 잘 잡아서, 잘 가야 합니다. 그러기 위해서는 인간으로 윤회하며 바쁘게 '돌고 도는 인생'의 기차에서 잠시 내려서 내가 지금 가고 있는 길도 살펴보고, 앞으로 가고자 하는 길도 살펴봐야 합니다. 그러면 이렇게 주변을 돌아보고 살펴보는, '쉬어가는 인생'과 '멈춰서 보는 인생'을 통해 삶의 길과 목표가 잘 보일 것입니다. 그리고 이를 통해 삶의 목표가 잘 세워지면 이를 따라 잘 가야 합니다. 이렇게 올바르게 가다 보면 인생의 종착지에서 아쉬워하지 않는 삶을 살게 될 것입니다. 그리고 이렇게 죽을 때 아쉬워하지 않고, 잘 죽을 수 있다면 그 후의 미래 생도 평온해질 것입니다. 이를 통해 결국은 대행복으로 가는 길로 잘 가게 됩니다. 그래서 인생의 종착지에서 기차를 갈아타려 할 때가 되어서야 허둥지둥하지 말고, 미리 미래 생을 준비하는 시간을 가져야 합니다.

이처럼 대부분 사람은 '돌고 도는 인생'과 '달려가는 인생' 속에

서 삶을 살아나가고 있습니다. 그러나 그런 인생 속에는 괴로움이 가득합니다. 그러니 그런 인생에서 잠시 내려서 '쉬어가는 인생'과 '멈춰서 보는 인생' 속에서 인간 삶의 본질에 대해 살펴봐야 합니다. 이는 붓다께서 말씀하신 인생에 대한 참된 의미입니다. 그리고 이를 통해 인생의 방향키를 잘 잡고, 인생의 항로를 잘 개척해서 인간 삶의 괴로움에서 벗어나며, 대행복으로 가는 길로 잘 가야 합니다. 이것이 붓다께서 들려주는 인생길에서의 행복 여행입니다. 그래서 이 책에서는 붓다가 들려주는 인생의 참된 의미와 올바른 인생길에 관한 이야기를 해보고자 합니다. 이를 통해 인간이 올바른 인생길로 잘 간다면 그는 평온하고, 자유로운 대행복의 길로 잘 가게 될 것입니다.

본 책을 집필해 나가는 과정은 먼저, 초기 경전인 오부니까야를 토대로 하며, 그의 주석서도 참고하겠습니다. 그리고 이를 통해 붓다께서 설한 인생에 관한 내용을 '달려가는 인생', '돌고 도는 인

생', '쉬어가는 인생', '멈춰서 보는 인생'의 네 가지 주제로 구분하고, 이를 다시 '인생 편'과 '수행 편'의 두 개의 편으로 나누어서 진행하겠습니다. 그래서 '달려가는 인생'에서는 바쁘게 달려가고 있는 인생길에서 각자의 길을 가고 있는 생·노·병·사에 관한 의미를 살펴보겠습니다. 그리고 '돌고 도는 인생'에서는 윤회를 하게 되는 인간이 겪게 되는 다양한 존재의 삶에 대해 살펴보겠습니다. 이를 통해 '쉬어가는 인생'에서는 참다운 인생길의 의미를 알아보고, 마지막으로 '멈춰서 보는 인생'에서는 인간 삶의 괴로움에서 벗어나 대행복으로 가는 올바른 수행의 길에 대해 조명해보겠습니다. 그래서 초기 경전상에서 붓다가 말하는 인생의 의미를 살펴보며, 이를 토대로 필자의 연구내용을 정리하고 첨부해서 본문을 구성하겠습니다. 그리고 다른 학자들의 의견 및 번역서도 참조하겠으며, 의견이 상충할 때는 원문의 해석을 기준으로 하겠습니다. 여기에서 초기 경전은 디가니까야, 쌍윳따니까야, 맛지마니까야, 앙굿따라니까야 및 쿳다까니까야를 참조하겠으며, 쿳다까니까야

에서는 주로 숫타니파타, 담마파다, 이띠붓따까 및 우다나 등을 참고하겠습니다. 또한 이를 바탕으로 하며, 이에 대한 주석서를 토대로 본문을 구성하도록 하겠습니다.

끝으로 이 책을 집필하는 데 있어 미력하나마 끝까지 용기를 잃지 않도록 지도해 주신 정준영 교수님께 감사의 인사를 올립니다. 그리고 한국테라와다의 아짠진용빤냐와로마하테로 삼장법사 스님과 담마와나의 우·떼자사미 스님의 지도에도 감사를 드립니다. 또한 능인선원의 지광 큰스님과 경북대의 임승택 교수님, 능인대의 백도수 교수님, 동국대의 이필원 교수님, 무착, 법인, 현파, 정각, 실상화, 지원 법사님들과 전법사 1기와 법우님들의 지도와 격려가 큰 힘이 되었습니다. 특히 정각사의 송원 큰스님과 법우님들께도 감사드리고, 서불대의 교수님들과 법우님들께도 감사의 인사를 올립니다. 그리고 선처에 계실 아버님과 병상에 계시는 어머님께 사랑한다는 말 전해주고 싶습니다. 특히 자애(慈愛)하는 향숙

과 가형, 주형에게도 고맙고, 사랑한다는 말 전합니다. 끝으로 부족한 점이 많음에도 불구하고 출판에 응해 주신 북랩 관계자분들께 감사의 인사를 올립니다.

2021년 7월
남일희

목차

II. 돌고 도는 인생

I. 달려가는 인생

> **인간은 '달려가는 인생'을 통해 인생을 살고 있습니다.**
>
> 인간은 '인간관계를 통해 삶을 지속'하며, 이 속에서 '마음은 빠르게 변하고' 있습니다. 그래서 '구행은 줄여야' 하며, 이때 '불행은 내 마음에서' 일어납니다. 이를 통해 '욕망은 전도몽상'을 일으키며, '분노는 때때로 엄습'하고, '밝지 못한 어리석음'이 일어납니다. 이처럼 인간은 전·후·좌·우 돌아볼 여유 없이 바쁘게 '달려가는 인생'을 살고 있습니다.

인생이 흘러가는 속도는 나이에 비례한다고 합니다. 그래서 10대 때는 시속 10㎞의 속도로 천천히 가지만, 60대에 들어서면 시속 60㎞ 이상으로 쏜살같이 지나간다는 말도 있습니다. 이렇게 인생의 초기에는 세월이 천천히 흘러가지만, 성인이 되면 달려가는 속도로 세월이 흐르며, 노년기에 접어들면 날아가는 속도로 세월이 쏜살같이 지나갑니다. 따라서 어제 1월이 시작된 것 같은데 어느새 12월이 코앞에 다가와 있습니다. 이렇게 '달려가는 인생'길을 맞이하게 되면 점차로 주변을 살펴볼 시간이 많지 않습니다. 그래서 젊은 시절에는 일에 바빠서 주변을 돌아보지 못하고, 노년에는 심신이 노쇠해져서 주변을 돌아볼 엄두를 내지 못합니다. 그러나 미래를 위해서는 시간을 내서 주변을 살펴봐야 합니다. 그래서 자신의 인생길이 바른 길인지, 그리고 그 길로 잘 가고 있는지 살펴봐야 합니다.

영화 〈죽은 시인의 사회〉를 보면 주인공 키딩 선생님(로빈 윌리엄스 扮)은 학생들에게 인생을 바라보는 새로운 시각을 가져 보라고 합니다. 사람은 삶을 여러 각도에서 다양한 시각으로 살펴볼 필요가 있습니다. 왜냐하면 사람마다 인생에 대한 가치관이 다르며, 가야 할 길이 다르기 때문입니다. 그래서 한 사람에게 가치가 있는 길이라고 해서 무조건 다른 사람에게도 가치가 있는 길은 아닙니다.

그런데 앞만 보고 달려가는 사람은 자신의 인생길을 살펴볼 여유가 없습니다. 다른 사람들이 가는 길이니 막연히 그 길이 바른 길이라고 생각하며, 자기가 가고자 하는 길은 살펴보지도 않고, 열심히 달려만 갑니다. 남이 대학에 가니 나도 대학에 가야 하고, 남이 직장을 다니니 나도 직장을 다녀야 하며, 남이 집을 사니 나도 집을 사야 합니다. 그러나 그 길은 자신이 절대적으로 가야만 하는 길은 아니며, 또한 자신에게 진정한 행복을 주는 길이 아닐 수도 있습니다. 그러나 이렇게 달려가는 인생길 위에서는 길의 시작점, 중간점 및 도착점이 잘 보이지 않습니다. 어떤 길이 나를 위한 바람직한 길인지 잘 보이질 않습니다. 그러니 달려가는 인생길에서 잠시 내려서 인생길의 방향과 목적을 살펴봐야 합니다.

그래서 '달려가는 인생'이 나에게 어떻게 펼쳐지고 있는지를 먼저 알아야 합니다. 그래야 그 길에서 참다운 길이 무엇인지를 알 수 있게 됩니다. 이런 '달려가는 인생'에 대해 붓다는 가르침을 통해 상세히 설명하고 있습니다. 그래서 먼저 본 장을 통해 '달려가는 인생'에 대해 살펴보겠습니다.

1. 인간관계는
삶을 지속시키는 것

　인간으로 태어났다는 것은 과거에 인간계와 인연이 있었다는 것을 말합니다. 또한 인간은 완전한 존재가 아니기 때문에 혼자서는 잘 살기 어렵습니다. 그래서 인간은 서로의 부족한 점에 대해 서로 도우며 삶을 유지하게 됩니다. 그러나 이렇게 서로 도우며 삶을 살아가더라도 인생은 인간으로 살기에는 어려움이 많습니다. 그리고 모든 사람이 내 마음과 같지 않으며, 사람마다 지나온 생이 다르고, 업이 다릅니다. 그러니 인간과의 관계를 잘 만들어서 이를 잘 유지해야 합니다. 그래야 인간으로 사는 삶을 안전하게 잘 지속할 수 있습니다.

　그리고 인간은 자신이 지은 업의 과보는 자신이 받게 되며, 이를 다른 사람이 대신해서 받아줄 수는 없습니다. 이렇게 자신의 인생은 자신이 풀어나가야 합니다. 그리고 인간은 타심통을 갖고 있지 않기 때문에 사람은 다른 사람의 마음을 헤아려서 자신의 행동을 결정하기란 쉽지 않습니다. 설령 다른 사람의 마음을 알게 되더라도 그것을 반영해서 행동하기란 쉽지 않습니다. 오히려 이를 잘못 반영해서 타인과의 관계에서 어려움이 발생할 수도 있습니다. 그래서 더불어 같이 사는 세상에서는 계율이나 규범 등을 정해서 삶의 행동 방식 등을 단속하게 됩니다. 이렇게 사람들 간에 좋은 인간관계를 유지하고 서로 도와가며 살아야 하는 것이 인생길입니다. 그래야 사회의 발전도 가져오고, 삶의 행복도 찾아옵니다. 그래서 삶의 올바른 지속을 위해서는 현생에서 쌓는 인간관계를 선하게 잘 만들어놓아야 합니다. 이렇게 본 장에서는 '인간관계는 삶을 지속시키는 것'에 대해 살펴보겠습니다.

가. 인도의 신분 계급과 평등사상

붓다 당시에 인도 사회에는 카스트제도라고 하는 신분 계급이 있었습니다. 이는 기원전 1300년 전 아리안족이 인도에 침입할 때부터 시작되는 바라문 제도에 의해 인도 사회에 나타났습니다. 이렇게 들어온 바라문 제도는 인도 사회에 서서히 정착하게 되었으며, 붓다 당시에는 이 제도가 자리를 잡고 있었습니다. 그러나 붓다는 이런 신분 계급은 옳지 않으며, 모든 인간은 평등하다는 가르침을 펼치십니다.

'디가니까야'의 '세계의 기원에 대한 경'에 보면, 사왓티 시의 뿝바라마 승원에 있는 녹자모 강당에서 붓다는 사미인 바쎗타에게

'인도 사회의 네 가지 계급'에 대한 이야기를 합니다(D. I. 81). 여기를 보면, 붓다는 이런 카스트제도는 바르지 않은 것이며, 이를 주장하는 바라문들은 이를 잘못 대변하는 것이라고 말합니다. 이에 대해 베다 경전에 따르면 붓다 당시에 인도에는 네 가지 계급이 있었다고 합니다.

먼저, 정신적인 부분에서 최상위에 있는 바라문 계급이 있습니다. 바라문 계급은 절대 신의 입에서 생겨났다고 합니다. 그만큼 바라문들은 사제의 역할을 하는 상위 계급임을 암시합니다. 이들의 의무는 자신 또는 타인을 위해 제사를 지내고, 베다성전을 학습하며, 이를 다른 이들에게 가르치고, 삶을 위한 보시와 수시를 행하는 것입니다.

두 번째로, 한 나라를 통치하는 통치계급으로 왕족 계급이 있습니다. 이런 왕족 계급은 절대 신의 두 팔로부터 생겨났다고 합니다. 이는 그만큼 왕족들은 나라를 움직이는 상층 계급임을 암시합니다. 이들은 정치나 전투를 통해서 백성을 보호하기도 하며, 그들이 잘못하면 처벌하기도 합니다. 그리고 이들은 자신을 위한 제사를 지내고, 베다 성전을 학습하며, 이를 다른 이들에게 가르치고, 삶을 위해 보시합니다.

세 번째로, 나라의 근본이 되고 주축을 이루는 평민 계급이 있습니다. 이런 평민 계급은 절대 신의 두 다리로부터 생겨났다고 합니다. 이는 그만큼 평민들은 나라를 받쳐주는 중간 계급임을 암시합니다. 이들의 의무는 사회에 필요한 물질적 부를 생산하는 것으로 농업, 목축, 산업 및 금융에 종사합니다. 그리고 이들은 자신을 위한 제사를 지내고, 베다 성전을 학습하며, 삶을 위한 보시를 합니다.

마지막으로, 나라의 가장 하층계급으로 노예 계급이 있습니다. 이런 노예 계급은 절대 신의 발에서 생겨났다고 합니다. 이는 그만큼 노예들은 나라의 가장 하층계급으로 인간으로서의 대접을 받지 못하고 있음을 암시합니다. 이들의 의무는 다른 세 신분이 생활하는 데 지장이 없도록 그들에게 봉사하는 것입니다. 이런 네 가지 계급의 탄생에 대해 살펴보면, 우선 공부를 위해 바라문 계급이 창조되었으며, 그리고 국토를 위해 왕족 계급이 창조되었고, 또한 농사를 위해 평민 계급이 창조되었으며, 그리고 봉사를 위해 노예 계급이 창조되었다고 합니다(전재성 2011: 1165). 그러나 당시에 있었던 이런 네 가지 신분제도와 이들의 엄격한 구분에도 불구하고, 붓다는 사람은 평등하며 태어날 때부터 계급이 정해지는 것은 아니라는 가르침을 펼칩니다.

그래서 '세계의 기원에 대한 경'에 보면, 붓다는 모든 사람은 저절로 생겨나서 삶의 계급이 정해진 것이 아니라고 합니다(D. Ⅲ. 82). 따라서 태어난 모든 사람은 절대 신의 입, 두 팔, 두 다리 및 발에서 저절로 생겨난 것이 아니며, 모든 사람은 어머니의 몸에 입태, 임신, 출산의 과정을 거쳐서 태어납니다. 또한 이들은 계급에 의해 정해진 삶을 사는 것이 아니라, 그가 짓는 업에 의해 형성된 삶을 살게 됩니다. 그래서 업을 지은 사람은 그에 맞는 과보를 받게 됩니다.

그리고 인간은 계급의 유무와는 상관없이 출가한 누구라도 수행의 길에서 자신이 만든 수행력으로 청정하고 거룩한 삶을 살 수 있습니다. 이처럼 인간의 삶은 붓다의 가르침 안에서 평등합니다. 그래서 이런 붓다의 가르침은 누구나 들을 수 있고, 익힐 수 있으며, 거룩한 경지에 도달할 수 있는 평등한 가르침입니다. 이를 통해 평민과 노예인 누구라도 성자의 최고의 단계인 깨달음을 증득할 수 있습니다. 이렇게 붓다는 당시의 신분 계급을 부정하고, 만인이 평등한 인간관계를 주장했습니다. 그러자 이런 붓다의 평등 사상이 그 당시에 신분 계급으로 형성된 인도 사회에 널리 퍼져나가게 됩니다. 이렇게 붓다는 인간 간의 관계를 동등하고, 평등한 관계로 보았습니다. 그래야 이를 통해 안전하고, 평화로운 삶이 지속될 수 있습니다.

○ 신분의 차별과 망아지

사람은 태어난 집안의 신분으로 귀한 존재가 되는 것은 아닙니다. 어느 집안에서 태어났느냐가 중요한 것이 아니며, 어떻게 자라나서 어떻게 행동하느냐가 중요합니다. 따라서 자라면서 하는 행(行)이 귀함의 척도가 됩니다. 그래서 천한 집안에서 태어나도 선한 공덕을 짓게 되면 하늘나라에 태어나며, 천신도 불선한 행을 짓게 되면 사악처에 태어납니다. 그리고 누구라도 수행을 통해 깨닫게 되면 성자의 반열에 들게 됩니다. 이렇게 태어난 신분보다는 그 후에 하게 되는 행이 중요합니다.

'맛지마니까야'의 '아쌀라야나 경'에 보면, 사왓티 시의 제따 숲에 있는 기원정사에서 붓다는 아쌀라야나에게 '사람은 상하관계가 정해져 있는 것이 아니고, 서로 간에 평등관계인 것이다'라는 이야기를 합니다(M. II. 147). 여기에서 붓다는 그 당시에 있었던 신분의 세습은 잘못된 것이며, 인간은 평등하다는 가르침을 펼칩니다.

당시 바라문 청년인 아쌀라야나가 있었습니다. 그는 바라문의 집안에서 태어났고, 나이는 십육 세이며, 젊고, 머리는 삭발했으며, 세 가지 베다와 각종 이론 및 세간의 철학에 능통했습니다. 이렇게 그는 그 당시 귀한 집안 사람의 특징을 골고루 갖추고 있었습니다. 또한 그는 철학에 대한 가르침을 펼쳐서 나라에서 아주 유명해졌습니다. 그러자 바라문들은 붓다의 평등사상에 대해 대적할 만한 인물로 그를 뽑았습니다. 그리고 그만이 붓다와 대적해서 바라문의 우수성을 알릴 수 있는 자라고 그를 추켜세웁니다. 그러고 나서 그를 내세워 붓다의 평등사상을 반박하려고 합니다.

그런데 그들의 이론은 바라문이야말로 최상의 계급이고, 밝고 청정한 계급이며, 절대 신의 상속자이고, 적자라는 것입니다. 이런 바라문들의 계급 사상에 대해, 붓다는 태어난 모든 사람은 차별이 없어야 하며, 모든 계급은 평등하다는 평등사상을 펼칩니다. 그래서 붓다는 바라문을 비롯한 모든 사람은 여인의 자궁에서 태어나는 것이며, 바라문이라고 해서 절대 신의 입에서 태어나는 것이 아니라는 겁니다. 그리고 바라문은 항상 귀족으로만 있는 것은 아니며, 어떤 바라문은 귀족으로 있다가도 노예가 되기도 하며, 어떤 바라문은 노예로 있다가도 귀족이 되기도 한다는 것입니다. 그래서 바라문만이 절대 신의 특별한 존재가 아니라는 것입니다.

마찬가지로 왕족들도 살아 있는 생명을 죽이고, 물건을 빼앗으며, 거짓말을 하고, 이간질하며, 꾸며대는 말을 하고, 욕지거리하며, 탐욕을 일으키고, 분노를 일으키며, 삿된 견해를 일으키기도 합니다. 이런 왕족들은 몸이 파괴되어 죽은 뒤에 괴로운 곳, 나쁜 곳, 타락한 곳, 지옥에 태어납니다. 그러나 왕족들도 선한 행을 하게 되면, 몸이 파괴되어 죽은 뒤에 선한 곳이며 좋은 곳인 천상에 태어납니다.

또한 이 시대에 신분과 계급으로 구분된 누구라도 원한을 품지 않고 성내지 않으면서 자애로운 마음을 닦을 수 있습니다. 그리고 이 세상에 태어난 누구라도 수행자로서 수행을 통해 거룩한 존재가 될 수 있습니다. 이것은 마치 누구라도 세면도구와 세분을 갖고 강으로 가서 몸을 씻어 깨끗이 하면 몸에 있는 먼지와 때를 제거할 수 있는 것과 같습니다. 그리고 천한 계급의 사람도 그가 삶을 살면서 선한 행을 하게 되면 이런 선한 행으로 인해 그는 몸이 파괴되어 죽은 뒤에 선한 곳, 좋은 곳, 하늘나라에 태어날 수 있습니다.

이렇게 신분과 계급에 의해 그의 미래 생이 결정되는 것은 아닙니다. 그리고 신분과 계급을 가진 누구라도 그가 행한 업에 의해 미래 생은 바뀔 수 있다는 것입니다.

 예를 들어 조랑말과 당나귀 사이에서 망아지가 태어났습니다. 그러면 이를 조랑말이라고 해야 하나요? 아니면 당나귀라고 해야 하나요? 그것은 뒤에 망아지가 하는 모습과 행동에 따라 다르게 됩니다. 처음부터 조랑말이나 당나귀로 정해진 것은 아닙니다. 이것은 세월이 흘러서 불리는 명칭일 뿐이며, 태어날 때부터 누가 더 고귀한 것은 아닙니다.

그래서 천민의 계급도 수행을 통해 성자에 들어 고귀한 신분을 증득할 수도 있습니다. 또한 공물을 올리는 사람들은 같은 바라문이라고 하더라도 성전에 능통하고, 고귀하게 행하는 바라문에게 공물을 바칩니다. 저열한 바라문에게는 공물을 바치거나 존경의 예를 표하지 않습니다. 이렇게 공물을 올리는 것은 계급에 의해 구분되는 것이 아니라 그의 행을 보고 공물을 올리게 되는 것입니다. 그래서 고귀함은 계급에 의해 정해지는 것이 아니며, 자신이 쌓은 공덕의 힘으로 정해집니다.

이런 논박을 통해 바라문 청년인 아쌀라야나는 붓다의 가르침에 탄복하게 되며, 결국 붓다에게 귀의하게 됩니다. 이처럼 사람은 신분이나 계급이 아닌 그가 쌓은 공덕의 힘으로 고귀함을 구분하게 됩니다. 붓다는 이렇게 모든 사람이 존귀하며 평등하다는 가르침을 설파하고, 평등한 세계를 구현하고자 하였으며, 이를 위해 인간관계는 평등하다는 평등사상을 펼칩니다. 그래서 이런 붓다의 평등사상이 신분 계급으로 고통받던 당시의 인도 사회에 널리 퍼져나가게 됩니다. 이런 보편적인 인간의 평등사상이 인류를 발전으로 인도하는 올바른 인간관계입니다.

나. 같이 가면 좋은 친구

좋은 인간관계를 맺은 좋은 친구는 선한 공덕을 쌓을 수 있도록 도움을 주는 친구입니다. 그래서 그런 친구가 곁에 있으면 현생에서도 행복하게 되며, 미래 생에서도 행복하게 됩니다. 그는 내가 선한 길을 갈 수 있도록 도움을 주는 친구이기 때문입니다.

'디가니까야'의 '씽갈라까에 대한 훈계의 경'을 보면, 라자가하 시의 벨루 숲의 죽림정사에서 붓다는 장자의 아들 씽갈라까에게 '좋은 친구에는 네 종류의 사람'이 있으며, 이런 좋은 친구를 곁에 두어야 한다고 말합니다(D. III. 187). 여기를 보면, 인생을 살면서 인생길을 같이 가면 좋은 네 종류의 친구가 있습니다.

먼저, 인생길을 같이 가면 좋은 친구는 선한 길을 가는 데 도움을 주는 친구입니다. ① 좋은 친구는 취했을 때 보살펴주는 친구입니다. ② 좋은 친구는 취했을 때 재물을 돌보아주는 친구입니다. ③ 좋은 친구는 두려울 때 피난처가 되어주는 친구입니다. ④ 좋은 친구는 요청한 것의 두 배로 물품을 주는 친구입니다.

두 번째로 인생길을 같이 가면 좋은 친구는 즐거울 때나, 괴로울 때나 한결같은 친구입니다. ① 좋은 친구는 비밀을 털어놓는 친구입니다. ② 좋은 친구는 비밀을 지켜주는 친구입니다. ③ 좋은 친구는 불행에 처했을 때 버리지 않는 친구입니다. ④ 좋은 친구는 목숨도 그를 위해 버릴 수 있는 친구입니다.

세 번째로 인생길을 같이 가면 좋은 친구는 유익한 것을 가르쳐주는 친구입니다. ① 좋은 친구는 사악한 것으로부터 보호해주는 친구입니다. ② 좋은 친구는 선한 것에 들게 해주는 친구입니다. ③ 좋은 친구는 배우지 못한 선을 배우게 해주는 친구입니다. ④ 좋은 친구는 천상으로 가는 길을 가르쳐주는 친구입니다.

마지막으로 인생길을 같이 가면 좋은 친구는 연민할 줄 아는 친구입니다. ① 좋은 친구는 불행에 대해 기뻐하지 않는 친구입니다. ② 좋은 친구는 행운에 대해 기뻐해주는 친구입니다. ③ 좋은 친구는 비난하는 자로부터 보호해주는 친구입니다. ④ 좋은 친구는 칭찬하는 자와 같이 칭찬해주는 친구입니다.

이렇게 인생길을 같이 가면 좋은 친구인 네 종류의 친구를 표로 나타내면 다음과 같습니다.

[표 I -1] 인생길을 같이 가면 좋은 친구

친구의 구분	좋은 친구의 내용
도움을 주는 친구	취했을 때 보살펴주는 친구, 취했을 때 재물을 돌보아주는 친구, 두려울 때 피난처가 되어주는 친구, 요청한 것의 두 배로서 물품을 주는 친구
한결같은 친구	비밀을 털어놓는 친구, 비밀을 지켜주는 친구, 불행에 처했을 때 버리지 않는 친구, 목숨도 그를 위해 버릴 수 있는 친구
유익한 것을 가르쳐주는 친구	사악한 것으로부터 보호해주는 친구, 선한 것에 들게 해주는 친구, 배우지 못한 선한 것을 배우게 해주는 친구, 천상으로 가는 길을 가르쳐주는 친구
연민할 줄 아는 친구	불행에 대해 기뻐하지 않는 친구, 행운에 대해 기뻐해주는 친구, 비난하는 자로부터 보호해주는 친구, 칭찬하는 자와 같이 칭찬해주는 친구

이처럼 인생을 살면서 선한 영향을 주는 좋은 친구와 인생길을 같이 가야 합니다. 그러면 이들은 서로 간에 선한 영향을 주고받으며 좋은 인간관계를 형성해나갑니다. 그래서 어떤 부류의 사람과 친한 관계를 맺을지는 인생을 살아나가는 데 있어서 중요합니다. 결국, 가장 좋은 친구는 그 사람을 청정의 길, 괴로움이 소멸하는 길로 인도하는 친구입니다. 그리고 가장 좋은 선행은 주변의 친구를 청정의 길, 괴로움이 소멸하는 길로 인도하는 행입니다.

그래서 이런 좋은 친구를 곁에 둬야 합니다.

　그리고 자신도 다른 친구를 선한 길로 인도하는 좋은 친구가 되어야 합니다. 이렇게 인생을 살면서 좋은 친구와 선한 인간관계를 형성해야 합니다.

　○ 좋은 친구와 좋지 않은 친구

　'초록은 동색이다'라는 말이 있습니다. 이것은 같은 무리에 있으면 같은 색으로 물들게 된다는 것입니다. 또한 '유유상종'이라는 말도 같은 부류의 사람끼리 만난다는 말입니다. 이렇게 자신의 주변에 있는 사람들과 물들며 사는 것이 사람의 특성입니다. 그래서 선한 친구와 같이 있게 되면 선한 길을 가게 되며, 불선한 친구와 같이 있으면 불선한 길을 가게 됩니다. 이것이 인생길입니다. 그러니 행복하길 바란다면 자신을 선한 길로 인도해주는 좋은 친구와 같이 인생길을 가야 합니다.

　'숫타니파타'의 '부끄러움의 경'을 보면, 어떤 친구는 사귈 만한 친구이고, 어떤 친구는 사귀지 말아야 한다고 합니다. 또한 어떤 친구는 주어진 일에 대해 실천을 잘하는 친구가 있으며, 어떤 친구는 그렇지 못한 친구가 있습니다(Stn. 45). 여기를 보면, 인생을 살면서 여러 종류의 친구를 만나게 됩니다. 그래서 이 중에서는 사귀어야 할 친구도 있으며, 사귀지 말아야 할 친구도 있습니다.

이를 구별할 줄 알아야 하며, 이를 통해서 사귀어야 할 좋은 친구와 사귀어야 합니다.

먼저, 사귀지 말아야 할 좋지 않은 친구가 있습니다. ① 자기가 한 일에 대해 부끄러워할 줄 모르며, 남을 혐오하고, 나는 당신의 친구라고 말하면서도 기꺼이 어려운 일을 도와주지 않는 친구가 있습니다. ② 실천 없이 사랑스러운 말만 앞세우고, 실천하지 않는 친구가 있습니다. ③ 사이가 틀어질까 봐 전전긍긍하기만 하고, 염려하기만 하면서도 친구의 결점만을 들춰내는 친구가 있습니다. 이와 같은 친구는 사귀지 말아야 할 좋지 않은 친구입니다.

그리고 사귀어야 할 좋은 친구가 있습니다. ① 자기가 한 일에 대해 부끄러워할 줄 알며, 남을 사랑하고, 기꺼이 어려운 일을 도와주는 친구가 있습니다. ② 실천을 잘하고, 사랑스러운 말을 하는 친구가 있습니다. ③ 아버지의 품에 있는 아들처럼 푸근하고, 타인에 의해 금이 가지 않는 친구가 있습니다. 이런 친구는 사귀어야 할 좋은 친구이며, 이렇게 좋은 친구를 곁에 두어야 합니다. 이 중에서도 가장 좋은 친구는 친구를 선한 길로 인도하는 선한 친구이며, 붓다의 가르침이 있는 길로 인도하는 진실한 친구입니다. 이런 친구는 그를 선처로 인도하기 때문입니다.

그래서 사귀어야 할 좋은 친구와 가까이 지내야 하며, 그와 함께 선처를 향해 같이 나아가야 합니다. 이런 친구는 세세생생(世世生生), 만나면 좋은 친구입니다. 그리고 자신도 주변의 친구를 선처로 인도하는 좋은 친구가 되어야 합니다. 이것은 좋은 인간관계를 형성하게 되며, 이를 통해 선처로 향하는 진실한 삶을 살게 됩니다.

다. 배우자의 일곱 구분

남자와 여자가 만나 둘은 결혼에 이르게 됩니다. 이렇게 서로 간에 마음이 맞아서 한 결혼도 인생을 살다 보면 서로 간에 이견이 발생하게 됩니다. 그래서 결혼은 인생을 살면서 서로 이해하고, 맞추어가며 살아야 합니다. 따라서 부부간에도 서로 지켜야 할 근본 도리는 있습니다. 그래서 이런 도리를 지키고, 맞추며 사는 것이 부부생활을 현명하게 사는 길입니다. 이처럼 서로 다른 업의 존재들이 만나 하나의 가정을 이루었기 때문에 부부간에도 서로 간에 지켜야 할 도리가 있습니다.

'앙굿따라니까야'의 '일곱 가지 아내의 경'을 보면, 사왓티 시의 제따 숲에 있는 기원정사에서 급고독장자의 며느리인 수자따는 붓다에게 '아내의 도리'에 관한 질문을 합니다(A. Ⅳ. 91~92). 이에 붓다는 아내의 도리에 관해 설명합니다. 이를 여기서는 현생에 맞게 부부의 한쪽은 배우자로 하고, 한쪽은 당신으로 해서 살펴보겠습니다.

먼저, 살인자와 같은 배우자가 있습니다. 그는 다른 사람에게 빠져 당신을 경멸하며, 위하지 않습니다. 그리고 악한 마음으로 재물을 사서 당신을 살해하려고 하는 배우자입니다. 두 번째로, 도둑과 같은 배우자가 있습니다. 그는 당신과 협력하지 않으며, 가정을 보호하지 않습니다. 그리고 당신이 가정을 위해 노력해서 얻은 재물을 빼앗아 탕진하는 배우자입니다. 세 번째로, 지배자와 같은 배우자가 있습니다. 그는 게으르며, 일하기를 좋아하지 않고, 거칠고, 포악하게 지냅니다. 그리고 나쁜 말을 하고, 열심히 노력하는 당신을 제압하며 지내려 하는 배우자입니다.

그리고 네 번째로, 부모와 같은 배우자가 있습니다. 그는 부모가 자식을 돌보듯 당신을 돌보며, 당신의 이익을 위해 노력합니다. 그리고 당신이 저축한 재산을 수호하는 배우자입니다. 다섯 번째로, 누이와 같은 배우자가 있습니다. 그는 당신을 보호하는 데 있어 손위 누이가 어린 동생을 보호하는 듯하며, 당신을 존중합니다. 그리고 당신을 이해하려고 하는 배우자입니다. 여섯 번째로, 친구와 같은 배우자가 있습니다. 그는 친한 친구가 멀리서 오면 기뻐하듯 당신이 오는 것을 보고 기뻐합니다. 그리고 당신을 소중하게 여기는 배우자입니다. 마지막으로, 하인과 같은 배우자가 있습니다. 그는 당신의 행동에 분노하지 않습니다. 그리고 악한 마음 없이 당신을 대하며, 따르고, 받드는 배우자입니다. 이처럼 배우자의 행동에 따라 이를 일곱 가지로 구분합니다.

그러나 여기서 살인자와 같은 배우자, 도둑과 같은 배우자 및 지배자와 같은 배우자는 항상 주의해야 합니다. 만약에 그들이 지켜야 할 계행을 지키지 않으며, 거칠게 행동하고, 불선하게 타인을 대한다면, 그들은 몸이 파괴되어 죽은 뒤에 불선한 곳인 사악처에 떨어지게 됩니다. 그래서 부모와 같은 배우자, 누이와 같은 배우자, 친구와 같은 배우자 및 하인과 같은 배우자와 같이 인생길을 가야 합니다. 그들은 삶을 살면서 지켜야 할 계행을 지키며, 오랜 세월 자제하고 선행하며 지내게 됩니다. 이런 배우자는 몸이 파괴되어 죽은 뒤에 선한 곳인 천상의 세계에 태어납니다. 이렇게 배우자의 행동에 따른 일곱 구분을 표로 나타내면 다음과 같습니다.

[표1-2] 배우자의 일곱 구분

구분	삶의 행	받는 과보
살인자와 같은 배우자	계행을 지키지 않으며, 거칠게 행동하고, 불선하게 타인을 대하게 되면	몸이 파괴되어 죽은 뒤에 불선한 곳, 사악처에 떨어짐.
도둑과 같은 배우자		
지배자와 같은 배우자		
어머니와 같은 배우자	계행을 지키며, 오랜 세월 자제하고, 선행을 하며 지내게 되면	몸이 파괴되어 죽은 뒤에 선한 곳, 천상의 세계에 태어남.
누이와 같은 배우자		
친구와 같은 배우자		
하인과 같은 배우자		

이처럼 배우자에는 일곱 종류가 있습니다. 가정을 지키고, 평온하게 지내는 것이 배우자의 도리입니다. 그리고 이런 도리는 오랜 세월을 거쳐서 계행을 지키며, 자제하고 선행함으로써 나타납니다. 따라서 이런 도리를 지키는 것은 자신을 이롭게 하고 남도 이롭게 하는 행입니다. 그래서 배우자는 이런 선한 덕목을 길러야 하며, 이렇게 선한 인간관계를 통해 가정은 평온을 이루게 됩니다.

○ 여자에 대한 존중

한 여자가 있습니다. 그러면 그녀는 어떤 이에게는 딸이 될 것이며, 어떤 이에게는 자매가 될 것이고, 어떤 이에게는 어머니가 될 것입니다. 이렇게 그녀의 한 모습에도 여러 가지 소중한 의미가 담겨 있습니다. 이것은 존귀한 모습들입니다. 그래서 한 남자가 한 여자를 만나게 되면 그녀를 이렇게 귀하게 존중해 주어야 합니다.

'디가니까야'의 '완전한 열반의 큰 경'의 주석서를 보면, 붓다는 여인에 대해 일으키는 마음에 관해 이야기합니다(Smv. 583). 붓다는 수행승들에게 어머니 연배의 여성에 대해서는 어머니의 마음을 일으키며, 자매 연배의 여성에 대해서는 자매의 마음을 일으키고, 딸 연배의 여성에 대해서는 딸의 마음을 일으키는 것이 좋다고 합니다.

이것이 상황을 올바르게 파악하고, 올바르게 행동하는 것입니다. 그래서 그녀를 대할 때, 어머니나 자매와 딸을 대하는 것처럼 마음에 자비와 연민을 일으켜야 합니다. 그리고 이를 통해 그들을 존중하며 섬겨야 합니다. 이것이 자신을 선하게 만드는 것이며, 다른 사람도 선하게 만드는 것입니다. 그러니 그들에 대해 결코 삿된 마음을 가지며, 불선한 행동을 해서는 안 됩니다. 그런 행은 자신의 미래 생을 불선한 길로 가게 합니다. 그래서 행동하기 전에 어떻게 행동하는 것이 올바른 길인지 잘 생각해보고 행동해야 합니다. 그리고 이를 통한 행동의 방향을 자신이 결정하게 되며, 이에 따른 행동의 과보는 자신이 받게 됩니다. 이렇게 행은 업으로 저장되며, 과보로 나타납니다. 그러니 불선한 과보를 받지 않도록 남녀 간에는 서로 귀한 존재로 섬겨야 합니다. 이것이 세상을 평온하게 만드는 인간관계입니다.

라. 기름과 물, 우유와 물의 관계

인생을 살다 보면 다양한 부류의 사람들을 만나게 됩니다. 여기에는 우유와 물처럼 화합이 잘되는 사람도 있으며, 기름과 물처럼 화합이 잘 안되는 사람들도 있습니다. 그리고 업의 인연으로 서로 도움을 주는 관계도 있고, 서로 상처를 주는 관계도 있습니다. 이런 관계는 자신에게 업을 생성시키기도 하고, 소멸시키기도 합니다. 그래서 과거는 이미 지나간 것이니, 현재의 업을 잘 지어서 미래의 인간관계는 우유와 물처럼 화합이 잘되는 부류의 사람들과 선하게 화합하면서 살아야 합니다.

'맛지마니까야'의 '고싱가살라 짧은 경'에 보면, 왓지국 나디까 마을의 벽돌로 만든 큰 강당인 긴자까바싸타 정사에서 붓다는 아누룻다 존자에게 '우유와 물처럼 좋은 관계를 형성해야 한다'라는 이야기를 합니다(M. I. 206). 여기를 보면, 인간은 삶을 유지하기 위해서 사회생활을 하며, 이때 공동체의 구성원들과 함께 생활하게 됩니다.

이때 인생에서 만나게 되는 사람 중에는 화합이 잘되고, 잘 지내는 사람이 있습니다. 그래서 그런 사람들과는 서로 화합하며, 도움을 주고받고, 방일하지 않으며 함께 정진합니다. 그리고 이를 통해 인간 삶의 평온함을 누리게 됩니다. 그러나 인생을 살다 보면 서로 융화되지 않으며, 섞이기 힘든 부류의 사람들도 만나게 됩니다.

이렇게 만나는 사람들과의 관계는 다양합니다. 그래서 모든 사람에게 좋은 모습을 보인다는 것은 어렵습니다. 왜냐하면, 자신의 의지와는 상관없이 융화되지 않는 사람들도 있으며, 그것은 그와 나의 업이 다르고, 삶의 방향이 다르기 때문입니다.

이렇게 사람들 간의 관계는 기름과 물같이 섞이기 힘든 부류의 사람들도 있고, 우유와 물같이 잘 화합되는 부류의 사람들도 있습니다. 그래서 우유와 물같이 서로 잘 섞이게 되면 화합을 통해 좋은 형성 관계를 유지하게 됩니다. 그리고 이런 관계는 서로를 건전하고 이롭게 만듭니다. 그래서 서로 화합하며 지내는 것이 좋습니다. 이렇게 서로 화합이 잘되는 무리군은 서로를 건전하고 이롭게 돕기 때문입니다.

그러니 서로 화합하며 지내는 사람들은 서로 친절한 눈빛을 내며 도움을 주도록 해야 합니다. 그리고 수행처에서도 화합하는 관계는 서로 간에 도움을 주며, 방일하지 않고 열심히 수행 정진하게 됩니다. 그렇게 이들은 서로 간에 선한 마음을 키워갑니다. 그래서 주변은 청정해지고, 올바른 삶을 살게 되며, 이렇게 형성된 선한 업은 그들을 선한 곳으로 인도합니다. 이것이 우유와 물같이 화합이 잘되는 고귀한 인간관계입니다. 이를 통해 인간의 삶은 고귀한 곳으로 가게 됩니다.

○ 물의 값과 전사의 값

인생에서 서로 간에 마음이 맞지 않으면 싸움이 일어날 수도 있습니다. 그런데 이렇게 일어난 싸움에서 이성을 잃고, 불선한 행동을 하게 되면 이것으로 인해 불선하고 악한 과보가 일어납니다. 그러니 마음이 맞지 않아 언쟁이 일어나게 되면 선한 마음으로 이를 바라보고, 올바르게 행동해야 합니다. 왜냐하면 사소한 것을 얻으려고 언쟁하고, 싸우다 보면 이를 통해 더 큰 것을 잃을 수도 있기 때문입니다. 그래서 선한 과보를 얻으려면 다른 사람들과 선한 인간관계를 형성해야 합니다.

'담마파다'의 '안락의 품'을 보면, 싸끼야족들 사이에서 싸움이 일어났을 때 붓다는 수행승들에게 '원한을 여읜 자는 안락하게 살게 되나, 원한을 품은 자는 고통 속에서 살게 된다'라고 이야기합니다(Dhp. 197). 그리고 이에 대한 주석서를 보면, 물을 두고 벌어진 친지들의 싸움이 있습니다(DhpA. Ⅲ. 254~256). 이때 까삘라왓투 시와 꼴리야 시는 로히니 강을 사이에 두고 곡식을 재배하고 있었습니다.

이렇게 이들은 로히니 강을 통해 자신들의 논에 물을 공급합니다. 그런데 어느 해의 건기(5~6월) 때에 가뭄이 들게 되자 강의 물이 급속도로 줄어들기 시작합니다. 이렇게 강물이 줄어들게 되자 곡식들에 공급되는 물의 양도 점차 줄어듭니다. 그리고 가뭄이 지속하자 이로 인해 강의 물줄기는 더욱 가늘어집니다. 그러자 양쪽 지역의 곡식들이 모두 잘 자라도록 풍족한 물을 댈 수 없는 상황에까지 이르게 됩니다. 그러나 그 후에도 계속 비는 내리지 않고 가뭄이 지속합니다. 그리고 급기야는 한쪽 지역의 논에만 물을 댈 수 있는 양으로 강물이 줄어듭니다. 이런 상황이 되자 양쪽의 시는 서로 자신들의 논에 물을 대기 위해 대립하면서 다투기 시작합니다. 그리고 이런 다툼이 더 지속하고 확대되자, 이들의 관계는 원한 관계로까지 번집니다.

이렇게 서로 다투는 원한 관계가 싸움으로까지 발전하자, 이번에는 치고 받는 큰 싸움으로 번집니다. 급기야 이들은 코끼리, 말과 방패 같은 무기를 사용합니다. 그리고 이런 싸움으로 인해 사상자까지 발생하는 상황에 이릅니다. 이를 본 붓다는 이들에게 더 큰 재앙이 오기 전에 이들의 싸움을 막아야겠다고 생각합니다. 그래서 다음 날 붓다는 그 나라의 왕을 찾아갑니다. 그리고 붓다는 왕에게 말합니다.

"왕이시여. 양쪽 시에서 서로 간에 싸우는 목적인 물의 값은 작습니다. 그러나 이를 지키기 위해 서로 싸우다가 죽게 되는 전사들의 값은 실로 그 값을 매길 수 없을 정도로 큽니다. 그러니 싸움을 통해 전사들을 희생시키는 것은 옳지 않습니다."

이렇게 붓다의 적극적인 중재로 강이 피로 물드는 것을 막을 수 있었습니다. 그리고 이들은 그곳에서 경작한 한정된 곡식을 서로 나누어 먹으며, 그해를 무사히 넘기게 됩니다. 그리고 다음 해가 되자, 비가 와서 가뭄이 해소되고, 이로 인해 농사를 지을 수 있는 물 공급이 원활하게 됩니다. 그래서 이들은 다음 해에는 풍족한 곡식을 수확할 수 있었습니다. 이후에도 두 시는 서로 화합하고, 좋은 상호관계를 형성하며, 이를 통해 서로에게 이익을 주는 삶을 살게 됩니다.

붓다는 말합니다. "원한을 여읜 자는 안락하게 살게 되나, 원한을 품은 자는 고통 속에서 살게 된다." 이렇게 서로 간의 이익을 먼저 추구하다 보면 마음이 맞지 않게 됩니다. 그리고 이를 두고 싸우다 보면 이들은 싸우는 목적보다 더 큰 것을 잃게 됩니다. 그래서 문제를 원한으로 해결하기보다는 싸우기 전에 서로 선한 마음을 갖고, 손해를 보더라도 조금씩 양보하며, 나누면서 위기를 극복하는 것이 현명합니다. 그리고 이를 통해 얻은 안정은 훗날에 더 큰 행복을 이들에게 가져다줍니다. 이것이 바로 붓다가 들려주는, 서로에게 이익을 주는 인간관계이며, 이를 통해 '인간관계는 삶을 지속시키게' 됩니다.

2. 마음은
빠르게 변화하는 것

마음인 존재지속심은 '존재를 지속시키는 마음'입니다. 그래서 사람은 세상에 태어날 때 전생으로부터 존재지속심을 갖고 현생으로 넘어와서 한 생을 살게 됩니다. 그리고 이렇게 전생에서 현생으로 넘어오는 존재지속심이 어떻게 형성되느냐에 따라 현생에서 사람의 몸을 받기도 하고, 동물의 몸을 받기도 하며, 천인의 몸을 받기도 합니다. 그래서 전생, 현생 및 미래 생으로 연결되는 존재지속심은 중요합니다.

그리고 세상을 살면서 나타나는 외부대상을 알기 위해서는 존재지속심으로부터 일어나는 의식이 있어야 합니다. 이런 의식을 통해 대상을 알게 됩니다. 그리고 이렇게 작용된 의식은 다시 존재지속심에 저장되며, 이는 다시 심층의식에 저장됩니다. 이렇게 의식, 존재지속심 및 심층의식이 모여서 인간의 마음을 형성합니다.

그리고 이렇게 인생을 살다가 현생을 마감하게 되면 이때 심층의식에서 다시 다음 생을 살게 되는 새로운 존재지속심이 만들어집니다. 이때 형성된 존재지속심으로 다음의 한 생을 선택해서 새로운 존재로의 삶이 펼쳐집니다. 이렇게 마음은 시시각각으로 생성되고, 변하며, 소멸하면서 빠르게 변하고 있습니다. 이처럼 빠르게 변하는 마음을 갖고, 인간은 인생이라고 하는 삶의 행로를 바쁘게 달려가면서 살게 됩니다. 본 장에서는 이렇게 '마음은 빠르게 변화하는 것'에 대해 살펴보겠습니다.

가. 마음의 빠른 변화

인간이 의도를 갖고 행동하면, 의도는 업을 만듭니다. 그리고 업은 존재지속심에 영향을 주게 되며, 이렇게 해서 만들어진 존재지속심을 통해 현생의 한 생을 살게 됩니다. 이처럼 업과 존재지속심은 삶의 과정에서 서로 영향을 주고받으며, 매 순간 마음에 빠른 변화를 가져옵니다. 이를 통해 마음은 1초에도 1,200번 이상 빠르게 생·주·멸하는 변화를 갖게 됩니다.

'앙굿따라니까야'의 '빨리 변화하는 마음의 경'에 보면, 사왓티 시의 제따 숲에 있는 기원정사에서 붓다는 수행승들에게 '마음의 변화'에 대한 이야기를 합니다(A. I. 10). 여기를 보면, 붓다는 "마음보다 빨리 변화하는 것은 없으며, 마음보다 빨리 변화하는 어떤 하나의 원리도 찾을 수 없다"라고 이야기합니다.

그리고 '빛나는 마음의 경'을 보면, "마음은 빛나는 것인데, 다가오는 번뇌로 마음이 오염된다"라고 합니다. 이렇게 마음의 변화 속도는 빠르며, 마음은 다가오는 번뇌로 인해 빠르게 변화되며, 오염되고 있습니다. 그래서 한 치 앞도 내다볼 수 없는 것이 인간의 마음입니다. 따라서 이런 마음을 잡기란 여간해서 쉽지 않습니다.

그래서 수행 초기에는 빠르게 변하는 마음을 잡으려 하기보다는, 마음보다 변화의 속도가 느린 몸을 관찰합니다. 그리고 집중력과 관찰력이 향상되면 그때부터 점차로 마음을 잡는 수행으로 수행의 영역을 넓혀갑니다. 그리고 이렇게 마음이 빠르게 변화하기 때문에 괴로운 마음이 일어나더라도 수행을 통해 이를 행복한 마음으로 바꿀 수 있는 것입니다. 이것이 바로 마음이 변화한다는 마음의 무상성입니다.

○ 현생에서 마음의 주인은 변하는 존재지속심

마음에서 무엇이 일어나서, 어떤 방향으로 움직일지는 아무도 모릅니다. 순간적으로 조건이 바뀌면 변하는 것이 마음입니다. 그래서 인간은 내 마음이라고 하지만 이런 마음을 자신도 알지 못합니다. 이렇게 인간의 마음은 빠르게 변하며, 한 치 앞도 내다볼 수 없습니다. 다만 존재지속심에서 마음이 일어나면 일어난 후에 선한 마음인지, 불선한 마음인지를 알 수 있을 뿐입니다. 그래서 마음을 가만히 내버려두면 존재지속심이 하자는 대로 마음은 일어나게 됩니다. 따라서 이를 감안한다면 현생에서 마음의 주인은 존재지속심이라고도 할 수 있습니다.

　어떨 때는 화내고 싶지 않은데 화를 내게 되고, 어떨 때는 우울
해지고 싶지 않은데 우울해합니다. 나는 진정으로 그러고 싶지 않
은데 마음이 그렇게 해야겠다고 합니다. 이것은 마음의 주인이 내
가 아니기 때문입니다. 마음의 주인은 계속 변하는 존재지속심이
라고 할 수 있습니다. 그런데 현생을 살기 위해서는 존재지속심이
있어야 합니다. 존재지속심이 없으면 현생의 나도 없습니다. 그리
고 현생의 존재지속심도 고정된 실체가 있는 것이 아니며, 마음의
변화로 인해 존재지속심도 수시로 변합니다. 그래서 사실 이렇게
빠르게 변하는 마음속에서는 마음의 주인이라고 할 만한 것도 없
습니다.
　그리고 1초에 1,200번이나 생멸을 거듭하는 마음은 상황마다
다르게 변합니다. 그래서 이렇게 빠르게 변하는 마음을 우리는
알 수 없습니다. 그러니 선한 마음이 일어나도록 마음을 수시로
단속해야 합니다. 그래서 선한 길로 가고자 하는 마음이 선한 쪽
으로 일어나도록 마음에 길을 잘 들여놓아야 합니다. 그렇지 못하
고 마음을 가만히 놓아두면 마음은 자동으로 탐·진·치를 일으키
는 불선한 방향으로 작용하게 되는데, 이것이 욕망의 세계인 욕계
에 사는 인간에게서 필연적으로 나타나는 무상성이며, 무아성인
마음의 성품입니다.
　그래서 수행을 통해 존재지속심이라는 마음의 토대에 선한 마

음인 행복의 씨앗을 심어야 합니다. 그리고 이것이 잘 자라도록 관리해야 합니다. 그래서 행복의 씨앗에 자비의 감로수를 주고 선한 마음의 자양을 주어서 이것을 잘 키워서, 수시로 변하는 인간의 마음에 행복의 나무를 만들어놓아야 합니다. 그래야 인간의 삶에서 행복의 과실을 수시로 딸 수 있습니다. 이것이 빠르게 변하는 마음을 행복의 길로 인도하는 바른길입니다.

나. 종기, 번개 및 금강과 같은 마음

마음은 자신이 만들어놓은 대로 일어납니다. 그래서 자신의 마음이 불선한 마음이면 외부의 대상이 들어올 때 불선한 마음이 일어납니다. 자신의 마음이 선한 마음이면 외부의 대상이 들어올 때 선한 마음이 일어납니다. 그리고 자신의 마음에 수행하는 마음을 만들어놓으면 외부의 대상이 들어올 때 수행을 합니다. 이때 자신의 마음이 깨달음의 마음이면 외부의 대상이 들어올 때 깨달음의 마음이 일어납니다. 이렇게 마음은 만들어놓은 대로 일어납니다. 그래서 마음에 괴로운 마음이 일어난다면 자신의 마음에 괴로움이 자리 잡고 있기 때문입니다. 그러니 괴로운 마음이 일어났다고 해서 남을 탓할 것이 아닙니다. 그것은 자신이 만든 것을 자신이 받는 것이기 때문입니다.

'앙굿따라니까야'의 '종기와 같은 사람의 경'에 보면, 사왓티 시의 제따 숲에 있는 기원정사에서 붓다는 수행승들에게 '마음에 따른 세 종류의 사람'에 대한 이야기를 합니다(A. I. 123). 여기를 보면, 세상에는 마음의 상태에 따라 세 종류의 사람이 있습니다. 이는 종기와 같은 사람, 번개와 같은 사람, 금강과 같은 사람입니다.

먼저, 여기에 종기와 같은 마음을 가진 사람이 있습니다. 그는 종기와 같은 울화가 마음에 많은 사람입니다. 그래서 몸에 난 상처를 나뭇가지로 찌르고 쑤시면 고름이 나오는 것처럼, 그의 마음으로 들어오는 모든 것이 그에게 괴로움을 줍니다. 그래서 다른 사람이 그에게 말만 걸어도 그는 화를 내고, 상대방을 공격합니다. 그리고 그는 갑자기 소리치고, 증오를 나타내며, 미움과 불만을 드러냅니다. 그래서 그는 그것으로 인해 자신도 상처를 받고, 남에게도 상처를 줍니다. 이처럼 매사에 울화가 많으며, 괴로워하는 어리석은 사람이 종기와 같은 사람입니다.

두 번째로, 여기에 번개와 같은 마음을 가진 사람이 있습니다. 그는 번개가 내리치면 주변이 환해지듯 마음이 어둡다가도 마음에 집중하면 마음이 밝아집니다. 이것은 어둠 속에서 번개가 내리치면 주변의 형상을 바르게 볼 수 있는 것과 같습니다. 그래서 그는 대상에 일어난 실상을 순간적으로 잘 볼 수 있게 됩니다. 그래서 그는 마음이 어둡다가도 일순간 밝아집니다. 그리고 그는 그가 하는 행으로 인해 더는 상처를 받지 않으며, 남에게도 상처를 주지 않습니다. 이처럼 마음에 집중력과 고요함으로 수행자의 길을 가는 선한 사람이 번개와 같은 사람입니다.

마지막으로, 여기에 금강과 같은 마음을 가진 사람이 있습니다. 그는 마음에 금강과 같은 확고한 지혜를 갖춘 사람입니다. 그래서 금강석으로는 어떠한 보석이나 돌도 부술 수 있는 것처럼, 그는 어떠한 탐·진·치, 번뇌 및 업이 오더라도 이를 깨부술 수 있는 지혜의 힘이 있습니다. 그래서 그는 마음을 고요하게 하는 심혜탈과 깨달음에 의한 혜해탈을 현세에서 스스로 곧바로 알아 성취합니다. 그는 이것으로 인해 마음이 고요해지며, 해탈·열반을 증득합니다. 이처럼 마음에 깨달음으로 해탈·열반을 증득해서 지혜를 행하는 성자가 금강과 같은 사람입니다.

이렇게 마음을 만들어놓은 상태에 따라 마음이 괴로움 속에서 헤매는 어리석은 자가 있으며, 마음이 집중과 고요함 속에 있는 선한 사람이 있고, 괴로움의 소멸로 깨달음 속에 우뚝 서 있는 성자가 있습니다. 이렇게 수행을 통해 마음은 변하며, 마음은 자신이 만들어놓은 대로 일어나게 됩니다. 그래서 괴로움과 행복도 자신이 마음에 만들어놓은 대로 일어납니다. 그러니 빠르게 변하는 마음을 잘 단속해서 마음이 고요하고, 지혜롭게 되도록 해야 합니다.

다. 몸의 치장과 마음의 치장

사람은 몸을 가리기 위해 옷으로 몸을 치장합니다. 이렇게 몸을 옷으로 치장하는 것은 옷이 외부로부터 몸을 보호해주기도 하며, 몸을 가려주기도 하기 때문입니다. 그리고 사람은 자신의 마음을 가리기 위해 마음작용(선한 마음작용·불선한 마음작용)으로 마음을 치장합니다. 이런 마음작용은 외부의 충격으로부터 마음을 보호하기도 하며, 마음의 상처를 가려주기도 하고, 마음을 치유해주기도 합니다.

'맛지마니까야'의 '옷감의 비유 경'에 보면, 사왓티 시의 제따 숲에 있는 기원정사에서 붓다는 수행승들에게 '마음의 특성'에 대한 이야기를 합니다(M. I. 36). 여기를 보면, 옷을 염색하는 염색공이 있습니다. 그는 창고에서 옷을 염색하고 있습니다.

먼저, 여기에는 때가 묻은 더러운 옷이 있습니다. 염색공이 이 옷을 청색, 황색 및 적색으로 물들이면, 이런 염색은 더러운 염색이 됩니다. 왜냐하면, 이 옷은 그 바탕이 더럽기 때문입니다.

마음도 이와 같습니다. 불선한 마음(탐·진·치)으로 바탕의 마음에 때가 있게 되면, 이를 불선한 마음작용(사견·자만·질투·인색·혼침 등)으로 아무리 치장한다고 해도 마음은 깨끗해지지 않습니다. 오히려 불선한 마음을 치장한 불선한 마음작용은 마음에 때가 더 끼게 해서 마음에 괴로움을 더 발생시킵니다. 이렇게 마음에 때가 있어 더러우면, 이때 일어나는 불선한 마음작용으로 이를 아무리 치장한다고 해도 마음은 깨끗해지지 않습니다. 그래서 이런 불선한 마음작용으로 인해 마음에 때가 더 끼게 된다면, 이는 몸이 파괴되어 죽은 뒤에 그를 사악처로 인도합니다. 따라서 이것은 마음에 하는 불선한 치장입니다.

이와는 반대로, 때가 없고 깨끗한 옷이 있습니다. 염색공이 이 옷을 청색, 황색 및 적색으로 물들이면, 이런 염색은 깨끗한 염색이 됩니다. 왜냐하면, 이 옷은 바탕이 깨끗하기 때문입니다.

마음도 이와 같습니다. 바탕의 마음이 깨끗하면 불선한 마음이 일어나지 못하며, 선한 마음작용(믿음·주시·편안함·부드러움·적합함·능숙함·지혜 등)이 마음을 감싸서, 선한 마음을 치장하게 됩니다. 이렇게 깨끗한 마음을 선한 마음작용으로 치장하게 돼서 거기에는 고요함과 대행복이 일어나게 됩니다. 그래서 이런 선한 마음작용은 마음에 청정을 유지시켜주며, 이는 몸이 파괴되어 죽은 뒤에 그를 선처로 인도합니다. 따라서 이것은 마음에 하는 선한 치장입니다.

이렇게 불선한 마음작용은 마음에 때가 끼도록 치장하며, 선한 마음작용은 마음에 때가 제거되도록 치장합니다. 그래서 마음에서 선한 마음작용이 일어나도록 해서 마음에 탐·진·치의 때를 제거해야 합니다. 이것이 수행입니다. 이런 사람은 잡곡이 섞이고 갖가지 반찬이 섞인 음식을 탁발해 먹는다고 해도, 이것이 장애를 일으키지 않습니다. 이는 마치 '더러운 얼룩이 있는 옷을 맑은 물에 넣으면 깨끗해지며, 금을 용광로에 넣으면 잘 세련되는 것'과 같습니다. 이처럼 선한 마음작용을 사용해서 불선한 마음을 청정하고 깨끗하게 닦아야 합니다. 그리고 선한 마음이라면 그러한 선함을 유지하도록 해야 합니다. 이렇게 빠르게 변하는 마음을 선한 마음으로 잘 닦아야 합니다.

○ 마음과 누각의 축조

마음을 올바르게 사용하기 위해서는 마음을 잘 만들어놓아야 합니다. 그런데 마음을 만드는 것은 누각을 만드는 것과 같이 기초부터 좋은 재료를 사용해서 견고하게 잘 만들어야 합니다. 그러나 그렇지 못하고 마음의 토대가 부실하게 되면 마음은 외부의 탐·진·치 공격에 쉽게 허물어져버립니다. 그래서 마음은 토대에서부터 좋은 재료인 선한 마음작용을 사용해서, 견고하게 잘 만들어야 합니다. 그래야 마음에 탐·진·치가 들어오거나, 모진 번뇌가 들어와도 굳세게 견딜 수 있게 됩니다.

'앙굿따라니까야'의 '누각의 경'을 보면, 한때 붓다는 사왓티 시에 있었습니다. 그곳에서 붓다는 아나타삔디까 장자에게 '마음의 수호'에 대한 이야기를 합니다(A. I. 261). 여기를 보면, 어떤 마을에서 누각을 만들기 위해 준비를 하고 있습니다.

그들은 누각을 만들 때 좋은 재료를 사용해서 견고하게 잘 만들고 있습니다. 그렇지 않고 누각의 재료가 부실하거나, 이들을 견고하게 잘 만들어놓지 못하면, 누각 안에 있는 용마루, 서까래 및 벽은 잘 보호되지 못합니다. 그래서 비가 오면 용마루, 서까래 및 벽은 젖게 되고, 이렇게 젖게 된 용마루, 서까래 및 벽은 부패하게 됩니다. 이런 상태라면 외부에서 조그만 충격이 오더라도 누각은 쉽게 무너져버립니다. 따라서 누각은 토대에서부터 좋은 재료를 사용해서 견고하게 잘 만들어야 합니다.

마음도 이와 같습니다. 인간이 세상에 태어나서 자라나는 시기에 마음은 계속 변화하며 다듬어집니다. 이것이 마음의 무상성입니다. 그래서 마음의 토대가 만들어질 때 선한 마음작용을 사용해서 마음을 잘 만들어놓아야 합니다. 그렇지 못하고 마음의 토대가 부실하게 형성되면 이때는 외부에서 조그만 불선한 충격이 오더라도 마음은 쉽게 무너져버립니다.

그래서 선한 마음작용을 사용해서 마음을 잘 만들어놓아야 합니다. 그러면 외부에서 탐·진·치가 들어오거나, 모진 번뇌가 들어와도 이로 인해 마음이 무너지지 않으며, 마음은 더욱 청정하고 굳세게 됩니다. 이로써 그는 현생에서도 선한 삶을 살게 되며, 몸이 파괴되어 죽은 뒤에도 선처에 나게 됩니다. 그래서 빠르게 변하는 마음은 토대가 다듬어질 때부터 선한 마음작용을 사용해서 견고하고, 선하게 잘 만들어놓아야 합니다.

라. 호수와 마음의 청정

마음의 눈을 밝게 잘 만들어놓으면 마음을 잘 볼 수 있습니다. 그래서 마음에 얼룩이 있으면 있다고 알게 되고, 없으면 없다고 알게 됩니다. 그리고 마음에 얼룩이 있으면 선한 마음작용으로 이를 잘 닦아야 합니다. 그러면 마음은 고요해지고, 청정하게 됩니다. 이처럼 마음에 얼룩이 들어오면 불선한 마음이 되며, 마음을 잘 닦으면 선한 마음이 됩니다. 이렇게 빠르게 변하는 마음을 갖고 인생을 살아갑니다.

'앙굿따라니까야'의 '청정한 호수의 경'에 보면, 사왓티 시의 제따 숲에 있는 기원정사에서 붓다는 수행승들에게 '고요한 마음'에 대해 이야기합니다(A. I. 9). 여기를 보면, 어느 지역에 물이 가득 찬 호수가 있으며, 그 안에는 신기한 것들이 많이 있습니다.

그런데 이곳에 있는 호수의 물은 고요하고, 깨끗하며, 청정했습니다. 이때 눈이 있어 앞을 볼 수 있는 사람이 호수를 보기 위해 그곳으로 옵니다. 그리고 그는 호수에 도착해서, 호수를 보기 위해 호수 가까이 다가갑니다. 그런데 이곳에 있는 호수는 아주 푸르고 깨끗했습니다. 이렇게 깨끗한 호수를 보고 있으니, 그는 호수의 물속에 무엇이 있는지 보고 싶어집니다. 그래서 그는 고개를 숙여서 호수 안을 바라다봅니다.

　그런데 그가 바라보는 호수의 물은 고요하고, 깨끗하며, 청정했습니다. 그래서 그는 호수 안에 있는 신기한 것들을 잘 볼 수 있습니다. 이처럼 그는 호수 안에 있는 자갈, 조개, 수초와 물고기 등을 잘 볼 수 있었습니다. 이렇게 깨끗한 호수의 물속은 훤히 잘 볼 수 있게 됩니다.

　그는 이렇게 맑은 호수에서 보이는 것들을 자유자재로 볼 수 있습니다. 마음의 청정도 이와 같습니다. 어떤 사람이 고요하고 청정함으로 가득 찬 마음을 갖고 있습니다. 그러면 그 사람은 마음의 눈으로 고요하고 청정한 마음속에 있는 기쁨, 즐거움, 행복 및 평정함을 잘 볼 수 있게 됩니다. 그리고 그는 이로 인해 자신이 기쁨, 즐거움, 행복 및 평정함의 이익을 갖고 있음을 알게 됩니다. 그래서 그는 이를 자유자재로 사용할 수 있게 됩니다. 또한 그는 마음을 잘 볼 수 있으므로 마음에 얼룩이 있으면 얼룩이 있다고 그대로 알게 되며, 이를 선한 마음작용으로 잘 닦을 수 있게 됩니다.

이렇게 그는 마음에 있는 탐·진·치의 얼룩을 깨끗하게 잘 닦으며, 청정의 길로 가게 됩니다. 그래서 마음은 선한 마음작용과 불선한 마음작용으로 형성되며, 이런 마음이 수시로 변하며, 희·노·애·락하는 삶을 살게 됩니다. 이렇게 마음은 수시로 빠르게 변합니다. 이것이 마음의 무상성입니다.

○ 마음은 거울

마음은 거울과도 같습니다. 그래서 마음을 깨끗이 닦으면 대상을 잘 비추며, 이로 인해 대상의 실상을 마음의 눈으로 잘 볼 수 있게 됩니다. 그러나 마음이 깨끗하지 못하면, 마음에 낀 때로 인해 대상을 잘 비추지 못하며, 이로 인해 대상의 실상을 마음의 눈으로 제대로 볼 수 없습니다. 그래서 대상의 실상을 잘 보기 위해서는 마음을 잘 닦아놓아야 합니다. 그래야 대상의 실상을 잘 볼 수 있게 됩니다.

'디가니까야'의 '수행자의 삶의 결실에 대한 경'을 보면, 라자가하 시의 지바까 꼬마라밧짜의 망고 숲에서 붓다는 아자따쌋뚜 대왕에게 '깨끗한 마음에 얼룩'이 있다고 이야기합니다(D. I. 80). 여기를 보면, 방 안에 깨끗하고 맑은 거울이 있습니다.

그때 어떤 사람이 이렇게 깨끗하고 맑은 거울에 비친 자신의 얼굴을 보게 되면, 이를 통해 얼굴에 검은 점이 있으면 있다고 바르게 알게 되고, 없으면 없다고 바르게 알게 됩니다. 이처럼 사람의 마음도 거울과 같습니다. 그래서 마음을 깨끗하고, 맑게 잘 닦아 놓으면, 사람은 자신의 마음을 잘 볼 수 있게 됩니다. 이를 통해 마음에 얼룩인 탐·진·치가 없으면 없다고 바르게 알게 됩니다. 그래서 마음에 다른 얼룩이 들어와도 이를 즉시 알게 되며, 얼룩을 잘 닦을 수 있게 됩니다.

이렇게 인간의 마음은 빠르게 변합니다. 그래서 마음을 선하게 단속하지 않으면, 욕계에 사는 인간의 마음은 욕계의 불선한 방향으로 마음이 빠르게 변합니다. 그리고 이를 통해 인간의 마음으로 들어온 불선한 마음은 인간의 마음에 괴로움을 일으킵니다. 그래서 마음에 이런 괴로움이 일어나지 않게 하려면 마음이 깨끗하고 맑게 되도록 이를 단속해야 합니다. 이것이 수행입니다. 이처럼 수행을 통해 마음을 깨끗하고 맑게 만들어놓으면 마음에 탐·진·치의 불선한 마음이 들어와도 이것이 마음을 괴롭게 만들 수 없습니다. 그래서 인생을 살면서 이렇게 빠르게 변하는 마음을 잘 단속해야 합니다. 이것이 붓다가 들려주는 '마음은 빠르게 변하는 것'입니다.

3. 구행은
줄여야 하는 것

    인간은 사회적 동물입니다. 지구상에 인류가 나타난 이래로 수백만 년 동안 인간은 생존을 위해 다른 사람들과 더불어 같이 살아야 하는 사회생활을 해야만 했습니다. 이렇게 나와는 다른 사람들과 함께하는 사회생활을 하기 위해서 인간은 서로 간에 의견을 교환할 수 있는 의사소통이 필요하게 되었고, 이를 위해 말의 행인 구행(口行)을 사용하게 됩니다. 이런 일련의 과정을 통해 지구상에서 인간은 사회의 발전과 찬란한 문명을 이룩하게 됩니다. 이렇게 말을 통해 상대방에게 의사를 전달하고, 서로 도와가며 인간은 인생을 살아왔고, 앞으로도 이를 통해 인생을 살아가게 될 것입니다.

    그러나 이렇게 말을 통해 의사를 전달하더라도 사람마다 말을 전달하는 토대와 사고체계는 다릅니다. 그래서 같은 현상을 두고도 사람마다 다른 말을 하며, 다르게 이해하기도 합니다. 이렇게 인간 사이에서도 말에 의한 차이가 존재합니다. 또한 인간은 다른 동물들과는 다르게 말하기 전에 생각을 통해 사고(일으킨 생각)와

숙고(지속적 고찰)를 할 수 있습니다. 이런 사실이 다른 동물들과 인간이 차별화되는 특징이기도 합니다. 그리고 이렇게 사고체계를 갖추고, 사고와 숙고를 할 수 있었기에 인간은 문명의 발전을 가져올 수 있었습니다.

또한 인간은 사회생활에서 삼행을 통해 삶을 살고 있습니다. 삼행에서 신행은 몸으로 짓는 행이며, 구행은 입으로 짓는 행이고, 의행은 정신으로 짓는 행을 말합니다. 이런 삼행 중에서도 입으로 짓는 행인 구행은 한마디 말로도 많은 사람에게 영향을 줄 수도 있습니다. 그리고 사람마다 사고체계가 달라서 오는 오해와 반목이 생길 수 있으며, 불선한 말은 나와 남에게 많은 문제를 일으킬 수도 있습니다. 그래서 될 수 있는 한 말은 줄여야 하며, 말을 하더라도 심사숙고해야 하고, 진실하며, 필요한 말만을 해야 합니다. 본 장에서는 이렇게 '구행은 줄여야 하는 것'에 대해 살펴보겠습니다.

가. 구행과 비구름의 경향

말하는 구행을 보게 되면 어느 정도 사람의 성향을 알 수 있게 됩니다. 그리고 구행을 통해 밖으로 나온 말은 자신과 타인의 삶에 영향을 줍니다. 이렇게 자신이 한 말은 자신의 업에 저장돼서 자신의 현생과 미래 생에 영향을 주며, 이로 인해 그의 삶은 변하게 됩니다. 따라서 말은 가려서 해야 합니다. 그리고 말은 될 수 있으면 적게 하는 것이 좋으며, 말을 하더라도 진실하고, 필요한 말을 해야 합니다.

'앙굿따라니까야'의 '비구름의 경'에 보면, 사왓티 시에서 붓다는 수행승들에게 '말과 행동과의 관계'에 대한 이야기를 합니다(A. Ⅱ. 102). 여기를 보면, 말과 행동인 언행은 올바르며, 일치해야 합니다. 이렇게 일치해야 하는 언행의 관계에 대해 붓다는 사람의 성향에 따라 이를 네 가지로 구분해서 설명하고 있습니다.

사람이 말하고, 행동하는 성향에는 네 가지가 있습니다. 먼저, 말도 하지 않고 행동도 하지 않는 사람이 있으며, 두 번째로, 말만 하고 이와는 다르게 행동하는 사람이 있고, 세 번째로, 말은 하지 않고 행동하는 사람이 있으며, 마지막으로, 바르게 말하고 거기에 맞게 행동하는 사람이 있습니다. 또한 붓다는 이를 다시 네 가지 비구름에 비유해서 이를 설명하고 있습니다.

먼저, '천둥도 치지 않을 뿐만 아니라, 비도 내리지 않는 비구름'이 있습니다. 이를 '말도 하지 않고 행동도 하지 않는 사람'으로 비유합니다. 이런 사람은 무엇을 해야 하는지를 알지도 못할 뿐만이 아니라, 이를 실천하려고도 하지 않는 사람입니다. 그래서 이런 사람을 '어리석은 사람'이라고 합니다.

두 번째로, '천둥만 치고, 비는 내리지 않는 비구름'이 있습니다. 이를 '말만 하고 거기에 맞추어 행동하지 않는 사람'으로 비유합니다. 그는 요란스러운 공표만 있었지, 실제로는 주변에 아무런 도움을 주지 못하며, 실망만을 주는 사람입니다. 이런 사람은 무엇을 해야 하는지를 알기는 하지만, 이를 실천하지 않는 사람입니다. 이렇게 진실하지 않으며, 주변에 실망을 주는 사람은 '기만자 또는 위선자'라고 합니다.

세 번째로, '천둥은 치지 않지만 비는 내리는 비구름'이 있습니다. 이를 '말은 하지 않고 행하는 사람'으로 비유합니다. 그는 주변에 공표하지 않고, 자신을 내세우지는 않지만, 주변에 도움을 주는 행동을 합니다. 이는 뒤에 나타나는 현상에 의해 행의 유용성은 다르게 됩니다. 그래서 선한 행을 한다면 그를 '선인'이라고 합니다.

마지막으로, '천둥도 치면서 비도 내리는 비구름'이 있습니다. 이를 '바른말을 하며 거기에 맞추어 행동하는 사람'으로 비유합니다. 그는 주변에 공표도 하고, 거기에 맞추어 행동함으로써 주변에 진실한 도움을 주는 사람입니다. 이렇게 진실할 뿐만이 아니라, 지혜의 행을 갖추게 되면 그를 일컬어 '성자'라고 합니다.

이처럼 사람의 성향과 실제로 하는 행은 다를 수 있습니다. 그러니 선한 마음을 갖고 언행이 일치되는 삶을 살아야 합니다. 이를 표로 나타내면 다음과 같습니다.

[표Ⅰ-3] 언행의 구분

천둥과 비구름의 경향성	언행의 구분
천둥도 치지 않고, 비도 내리지 않는 비구름	말도 하지 않고, 행동도 하지 않는 사람 (어리석은 사람)
천둥만 치고, 비는 내리지 않는 비구름	말만 하고, 이와는 다르게 행동하는 사람 (위선자, 기만자)
천둥은 치지 않지만 비는 내리는 비구름	말은 하지 않으나, 선한 행동을 하는 사람 (선인)
천둥도 치면서 비도 내리는 비구름	바른말을 하고, 거기에 맞게 진실하게 행동하는 사람(성자)

　이처럼 말과 행동에 따라 네 부류의 사람이 있습니다. 여기서 말도 하지 않고 행동도 하지 않는 사람을 보고 어리석은 사람이라고 합니다. 그리고 자기가 한 말과는 다르게 나쁜 행동을 하는 사람은 위선자라고 합니다. 또한 선한 행동을 하는 사람을 선인이라고 합니다. 그리고 바르고 진실한 말을 하며, 진실하고 지혜가 있는 행을 하는 사람을 성자라고 합니다. 이를 통해서 쌓게 되는 선한 언행은 선한 과보를 가져옵니다. 그래서 말은 줄여야 하며, 해야 한다면 진실하고 필요한 말만을 해야 합니다. 이것이 미래 생을 평온하게 합니다.

　○ 질책을 받지 않을 특징을 갖춘 말

　말은 한번 내뱉으면 다시 주워담을 수 없습니다. 그래서 말할 때는 주의를 기울여야 합니다. 그리고 말하는 상대가 있는 경우에는 상대방을 고려해서 말해야 합니다. 그러나 이렇게 말하기란 쉽지 않습니다. 그래도 한마디의 말은 많은 사람에게 영향을 주기 때문에 말해야 한다면 질책받지 않을 특징을 갖춘 말을 해야 합니다.

'쌍윳따니까야'의 '훌륭한 가르침의 경'을 보면, 사왓티 시에서 붓다는 방기싸에게 '말을 함에 있어서 비난이나 질책을 받지 않는 네 가지 특징을 갖춘 말'에 대한 이야기를 합니다(S. I. 189). 여기를 보면, 붓다에 의해 잘 설해졌으며, 슬기로운 사람에 의해 잘 설해진 가르침이 있습니다. 이렇게 붓다는 말할 때도 다른 사람에게서 질책을 받지 않는 특징을 갖춘 말을 해야 한다고 합니다.

여기에는 네 가지가 있습니다. 먼저, 붓다에 의해 잘 설해진 것만을 말하고, 잘못 설해진 것은 말하지 않는 것입니다. 그러면 이런 말은 자신을 괴롭히지 않으며, 다른 사람도 괴롭히지 않습니다. 그러니 이렇게 붓다에 의해 잘 설해진 말을 해야 합니다.

두 번째로, 자애로운 것만을 말하고, 자애롭지 못한 것은 말하지 않는 것입니다. 이런 자애로운 말은 자신을 자애롭게 하며, 다른 사람들도 자애롭게 합니다. 그리고 그들에게서 환영을 받게 되며, 그들에게 기쁨을 주게 되고, 악함을 주지 않게 됩니다. 그러니 이렇게 자애로운 말을 해야 합니다.

세 번째로, 진실한 것만을 말하고, 진실하지 않은 것을 말하지 않는 것입니다. 그래서 진리이며 진실한 것만을 말해야 합니다. 이것은 지혜의 행에서 나오는 말입니다. 그리고 이것은 진실한 가르침을 기반으로 합니다. 그래서 이것은 말을 한 사람에게 참된 이익을 가져다줍니다. 그러니 이렇게 진실한 말을 해야 합니다.

마지막으로, 붓다의 가르침만을 말하며, 가르침이 아닌 것은 말하지 않는 것입니다. 이런 붓다의 가르침은 인간에게 괴로움을 종식하고, 열반을 증득하게 하는 진리의 가르침입니다. 그리고 이런 붓다의 가르침은 중생을 제도하고, 괴로움에서 벗어나게 하는 최상의 가르침입니다. 그러니 이렇게 진리의 길로 인도하는 붓다의 가르침에 대해 말해야 합니다.

이런 네 가지 특징을 갖춘 말을 하게 되면 슬기로운 사람에게서 비난을 받지 않게 되고, 질책도 받지 않게 되며, 이는 말을 한 사람에게 참다운 이익을 가져다줍니다. 그러니 이런 네 가지 특징을 갖춘 말을 해야 합니다. 이렇게 슬기로운 사람들에게서도 '질책을 받지 않을 네 가지 특징을 갖춘 말'을 표로 나타내면 다음과 같습니다.

[표1-4] 질책을 받지 않을 네 가지 특징을 갖춘 말

말의 구분	질책을 받지 않을 특징을 갖춘 말	가져오는 이익
잘 설해진 말	잘 설해진 것만을 말하고, 잘못 설해진 것은 말하지 않음.	자신과 남을 괴롭지 않게 함
자애로운 말	자애로운 것만을 말하고, 자애롭지 못한 것은 말하지 않음.	환영을 받고, 기쁨을 줌
진실한 말	진실한 것만을 말하고, 진실하지 못한 것은 말하지 않음.	참다운 이익을 갖다줌
가르침의 말	붓다의 가르침만을 말하며, 가르침이 아닌 것은 말하지 않음.	괴로움의 종식과 열반의 증득

이처럼 말의 과보는 말을 한 자를 쫓아다닙니다. 그리고 말에는 질책을 받지 않을 특징을 갖춘 말이 있습니다. 그래서 말을 하는 사람은 자신에게 좋은 영향을 주는 말을 해야 합니다. 그것은 슬기로운 사람도 질책하지 않을 특징을 갖춘 말입니다. 이는 잘 설해진 말이며, 자애로운 말이고, 진실한 말이며, 가르침을 따르는 말입니다. 그리고 이런 말은 말을 하는 사람도 이롭게 하며, 말을 받은 사람도 이롭게 합니다. 그러니 말은 줄여야 하고, 말을 하려면 이런 특징을 갖춘 말을 해야 합니다.

나. 땅, 물감, 횃불 및 가죽과 구행의 특성

말은 말한 사람의 의도를 담고 있으며, 의도는 업을 만듭니다. 그래서 업을 만드는 말은 될 수 있으면 적게 해야 하며, 특히 불선한 업을 발생시키는 말은 삼가야 합니다. 왜냐하면 이런 말에 의한 업은 말을 들은 사람에게 돌아가는 것이 아니라, 말을 한 사람에게 돌아가기 때문입니다. 다만 말을 들은 사람도 말을 듣고 난 후에 이차 행동을 하게 되면, 그때는 이런 행동을 한 사람이 그에 따른 과보를 받아야 합니다. 그리고 구시화문(口是禍門)이라는 말이 있습니다. 말은 재앙을 부르는 문이라는 말입니다. 이렇게 말은 악업을 짓기 쉬운 통로입니다. 그러니 말은 가려서 하여야 하고, 불필요한 말은 삼가야 하며, 될 수 있으면 말은 줄여야 합니다.

'맛지마니까야'의 '톱의 비유 경'에 보면, 사왓티 시의 제따 숲에 있는 기원정사에서 붓다는 수행승들에게 '말이 지어내는 특성'에 대한 이야기를 합니다(M. I. 128). 여기를 보면, 말의 과보는 말을 하려고 의도를 낸 자인 말을 한 사람에게 돌아갑니다.

이런 말의 특성을 붓다는 땅, 물감, 횃불 및 가죽 주머니의 비유를 들어서 설명합니다. 그러면서 말을 한 사람이 악한 의도를 갖고 말을 한다면 거기에 현혹되지 말고, 그것을 받지 말라고 합니다. 이런 말의 특성에는 네 가지가 있습니다.

먼저, 땅의 비유가 있습니다. 어떤 사람이 호미나 바구니 등을 갖고 땅을 파고 있습니다. 이때 그는 이쪽의 흙을 파내서 저쪽으로 옮기며, 이를 통해 대지를 땅 아닌 것으로 만들겠다고 굳게 다짐합니다. 그리고 그는 흙을 파서 흩뿌리고 나서, 그곳에 물을 뿌리며 말합니다. "이곳은 땅 아닌 것이 되어라. 이곳은 땅 아닌 것이 되어라." 그런데 그가 이런 행동을 한다고 해서, 이 대지가 땅 아닌 것으로 되겠습니까? 아닙니다. 왜냐하면, 이 대지는 그것의 깊이를 가늠할 수 없을 만큼 깊기 때문입니다. 그래서 그는 대지를 땅 아닌 것으로 만들 수는 없습니다. 그리고 그가 한 말과 행동은 그것을 한 사람의 몸과 마음만을 힘들게 할 뿐입니다. 이처럼 지금 갖춰진 대지를 아무리 말로 취소하고, 이것을 몸과 마음으로 다시 거둬들인다고 하더라도 지금 있는 대지를 없던 것으로 할 수는 없습니다. 이렇게 한번 한 말은 다시 주워담을 수도 없으며, 그것을 취소한다고 해서 없었던 것으로 할 수는 없습니다.

두 번째로, 물감의 비유가 있습니다. 어떤 사람이 황색 물감 등 다양한 물감이 든 통을 갖고 옵니다. 이때 그는 이곳으로 와서 물감으로 허공에 뚜렷한 형상을 만들겠다고 굳게 다짐합니다. 그리고 여러 가지 물감을 섞어 허공에 뿌리며 말합니다. "허공은 형색을 갖춰라. 허공은 형색을 갖춰라." 그런데 그가 이런 행동을 한다고 해서, 허공에 형색이 있는 그림이 그려지겠습니까? 아닙니다. 왜냐하면, 허공은 볼 수도 없으며, 만질 수도 없고, 형색도 없기 때문입니다. 그래서 그는 허공에 그림을 그릴 수 없습니다. 이런 행동은 그것을 하는 사람의 몸과 마음만을 힘들게 만들 뿐입니다. 이처럼 허공에 한 번 뿌려진 물감은 흔적도 없이 사라집니다. 허공에 아무리 실체를 만들려고 해도 실체는 생성되지 않습니다. 이렇게 말은 실체가 없습니다. 그래서 말만으로 실체가 이루어지지 않습니다.

세 번째로, 횃불의 비유가 있습니다. 어떤 사람이 타오르는 횃불을 갖고 갠지스강으로 왔습니다. 그리고 횃불로 갠지스강을 데워서 뜨겁게 만들겠다고 굳게 다짐합니다. 그리고 횃불로 갠지스강을 데우며 말합니다. "갠지스강은 뜨거워져라. 갠지스강은 뜨거워져라." 이렇게 그가 말한다고 해서 갠지스강이 뜨겁게 데워지겠습니까? 아닙니다. 왜냐하면, 이 갠지스강은 깊이를 가늠할 수 없을 정도로 깊고, 넓기 때문입니다. 그래서 그는 갠지스강을 횃불로 데울 수는 없습니다. 이것은 그것을 한 사람의 몸과 마음만을 힘들게 할 뿐입니다. 이처럼 횃불로 갠지스강을 데워서 뜨겁게 만들 수 없습니다. 다만 횃불은 자신만을 태울 뿐입니다. 이렇게 말은 말한 사람에게 과보가 돌아갑니다. 그것을 받은 사람에게 직접 말에 의한 과보가 형성되지는 않습니다.

마지막으로, 가죽의 비유가 있습니다. 어떤 사람이 고양이 가죽을 갖고 있습니다. 이때 그는 이 고양이 가죽을 바스락거리도록 만들겠다고 굳게 다짐합니다. 그리고 나무 조각이나 자갈로 문지르고 씻으며 말합니다. "고양이 가죽이 사각거려라. 고양이 가죽이 사각거려라." 이렇게 그가 말한다고 해서, 이 고양이 가죽이 사각거리겠습니까? 아닙니다. 왜냐하면, 이 고양이 가죽은 원래 성질이 사각거리지 않기 때문입니다. 그래서 그는 이것이 고양이 가죽으로 있는 한 그것을 사각거리게 할 수 없습니다. 이런 행동은 그것을 하는 사람의 몸과 마음만을 힘들게 만들 뿐입니다. 이처럼 한번 생성된 고양이 가죽의 성향은 쉽게 변하질 않습니다. 이렇게 한번 내뱉은 말로 상대방에게 준 마음의 상처는 쉽게 치유되지 않습니다. 그래서 열 번 잘해도 한번 잘못한다면 그로 인해 받은 마음의 치유에는 오랜 세월이 필요합니다.

이렇게 네 가지 비유에서 살펴보았듯이 말은 가려서 해야 하고, 불필요한 말은 안 하는 것이 낫습니다. 이렇게 말은 한 번 내뱉으면 이를 다시 주워담을 수 없습니다. 그리고 말한다고 해서 말한 모든 것이 이뤄지지는 않습니다. 또한 말의 과보는 말을 한 사람에게 돌아갑니다. 그래서 그 말을 들은 사람이 그것을 받지 않는다면, 결코 그것은 들은 사람에게 말의 과보가 작용하지 않습니다. 그리고 말의 성향은 변하지 않으며, 말을 통해 입힌 마음의 상처는 쉽게 아물지 않습니다. 그러니 말은 가려서 해야 하고, 주의해서 해야 합니다. 이런 말의 특성을 표로 나타내면 다음과 같습니다.

[표1-5] 땅, 물감, 횃불 및 가죽과 구행의 특성

구분	말의 행위	구행의 특성
땅의 비유	대지는 땅 아닌 것이 되어라.	한번 한 말은 다시 주워담을 수 없음. 취소한다고 해서 없었던 것이 되지 않음
물감의 비유	허공은 형색을 갖춰라.	말은 실체가 없음. 그래서 말만으로 실체가 이루어지지 않음
횃불의 비유	갠지스강은 뜨거워져라.	말의 과보는 말을 들은 사람이 아닌, 말을 한 사람에게 과보로 돌아감
가죽의 비유	고양이 가죽은 사각거려라.	말의 성향은 바뀌지 않음. 그래서 말로 인해 받은 상처는 쉽게 치유되지 않음

이처럼 말의 과보는 의도를 내어 그것을 말한 사람을 쫓아가며, 말을 들은 사람에게 가지는 않습니다. 그러나 말을 들은 사람도, 말을 들은 후에 괴롭거나 슬픈 이차 의도를 낸다면 이런 의도에서 나오는 과보는 그것을 낸 사람을 쫓아갑니다. 그래서 만약 악한 말을 들었을 때 내 마음이 아파져온다면 그것은 악한 말을 받은

후에 내가 의도를 내어 만든 감정 때문에 아픈 것입니다. 그래서 악한 말을 들었을 때도 내가 받지 않고 흘러버리면, 그것은 나에게 어떤 영향도 미치지 않습니다. 이렇게 말의 과보는 말을 한 사람에게 돌아갑니다. 그래서 악한 말은 받지 않아야 합니다.

따라서 악한 말을 들었을 때도 그것에 신경을 쓰지 말고 '자애로 나의 마음을 가득 채울 것이다'라는 마음으로 행동한다면 악한 말은 그 말을 한 사람에게 돌아가게 됩니다. 그러니 불선한 말은 하지도 말아야 하며, 받지도 말아야 합니다. 이것이 자신의 마음을 편안하게 하는 방법입니다.

○ 말은 도구일 뿐 말에 집착하지 말아야

이 세상에 이름 지어진 모든 것은 단지 이름 지어진 명칭일 뿐입니다. '사람'이라는 용어도 영어로는 'person', 빠알리어로는 'purisa', 프랑스어로는 'homme', 독일어로 'Mensch', 스페인어로는 'persona' 등의 다양한 명칭이 있습니다. 또한 같은 대상에 대해서도 상황에 따라 다양한 명칭이 붙게 됩니다. 사람은 인간, 자와 님 등으로 다양하게 불릴 수 있습니다. 그리고 직업에 따라서도 같은 사람을 사장, 대통령, 장관, 국회의원, 소방관, 청소부, 경비원, 판사와 변호사 등 다양하게 호칭합니다. 그런데 이렇게 세상에서 이름 지어진 모든 것은 단지 명칭일 뿐이며, 같은 대상이라도 지어진 인연에 따라 다르게 불려질 수 있습니다.

이렇게 직업으로 인해 붙여진 명칭은 인연에 의해 형성됩니다. 그래서 명칭은 절대적인 것이 아니며, 인연에 의해 생겼다가 사라지게 됩니다. 따라서 인연이 바뀌면 명칭도 바뀝니다. 그래서 현생에서 자신에게 붙여진 명칭은 미래 생에서는 다르게 불리게 됩니다. 이렇게 현생에서 자신에게 붙여진 명칭은 죽음을 맞게 되면 사라지는 명칭일 뿐입니다. 그러니 인연에 따라 바뀌는 명칭에 너무 집착해서는 안 됩니다. 이런 명칭은 인간이 삶을 구분하기 위해 만들어놓은 도구에 불과합니다. 그러니 사람이 부여한 명칭이라고 하는 도구에 대한 집착에서 빨리 벗어나야 합니다. 그래서 개념으로 불리는 구행의 집착에서 벗어나야 하며, 또한 불필요한 구업은 짓지 말아야 합니다. 그러니 불필요한 말은 줄여야 하며, 불선한 말에 집착하지도 말아야 합니다. 이것이 돌고 도는 인연의 장에서 현생도 좋아지며, 미래 생도 좋아지는 길입니다.

다. 똥, 꽃 및 꿀의 향기가 나오는 말

말할 때 말에서 향긋한 향기가 나는 사람이 있습니다. 그의 말에는 자비와 상냥함, 그리고 선함이 담겨 있습니다. 그래서 그의 말은 주위를 따뜻하게 하며, 밝게 만듭니다. 따라서 그러한 사람의 곁에 있는 사람은 그가 말할 때 향기로운 향기를 맡게 되며, 평온하게 됩니다. 이렇게 사람이 하는 말에서 다양한 향기가 나옵니다.

'앙굿따라니까야'의 '꽃처럼 말하는 자의 경'에 보면, 사왓티 시의 제따 숲에 있는 기원정사에서 붓다는 수행승들에게 '말하는 것의 향기에 따른 세 종류의 사람'에 대한 이야기를 합니다(A. I. 127). 여기를 보면, 세상에는 말하는 것의 향기에 따라 세 종류의 사람이 있습니다. 먼저, 남에게 이야기할 때 똥처럼 말하는 사람이 있습니다. 그리고 남에게 이야기할 때 꽃처럼 말하는 사람이 있습니다. 또한 남에게 이야기할 때 꿀처럼 말하는 사람이 있습니다. 이렇게 사람에 따라 말을 통해서 다른 사람에게 전해지는 향기가 다릅니다.

먼저, 똥의 악취처럼 말하는 사람이 있습니다. 이런 사람이 어떤 집회, 법정 및 모임 등에 증인으로 소환됩니다. 그래서 그가 그곳에 도착하자, 그를 증인으로 소환한 사람이 그에게 사건에 대해 아는 것을 모두 말하라고 추궁합니다. 추궁을 당한 그는 알지도 못하면서 안다고 말하고, 알면서도 모른다고 말합니다. 그리고 보지도 못했으면서 보았다고 말하고, 보았으면서도 못 보았다고 말합니다. 그는 자신의 작은 이익을 위해서 사실과는 다르게 일부러 거짓을 말하며, 불선한 구행을 하는 사람입니다. 이로 인해 그는 몸이 파괴되어 죽은 뒤에 긴 세월 동안 사악처에 나는 불선한 과보를 받게 됩니다.

두 번째로, 꽃의 향기처럼 말하는 사람이 있습니다. 이런 사람이 어떤 집회, 법정 및 모임 등에 증인으로 소환됩니다. 그래서 그가 그곳에 도착하자, 그를 증인으로 소환한 사람이 그에게 사건에 대해 아는 것을 모두 말하라고 추궁합니다. 추궁을 당한 그는 알지 못하면 모른다고 말하고, 알면 안다고 말합니다. 그리고 보지 못했으면 못 보았다고 말하고, 보았으면 보았다고 말합니다. 이렇게 그는 언행이 일치되게 바르게 말하며, 바르게 행동하는 사람입니다. 이로 인해 그는 몸이 파괴되어 죽은 뒤에 그가 지은 업에 따라 천상에 나는 등의 과보를 받게 됩니다.

마지막으로, 꿀의 향기처럼 말하는 사람이 있습니다. 그는 거친 말을 버리고, 사랑스럽고, 온화하며, 상냥한 말을 하는 사람입니다. 그리고 그는 때가 아닐 때는 말하지 않으며, 말을 하더라도 진실한 말만을 합니다. 그래서 그는 많은 사람에게서 사랑을 받습니다. 그리고 이로 인해 그는 몸이 파괴되어 죽은 뒤에 그가 지은 업에 따라 선처에 나는 과보를 받게 됩니다. 이렇게 말에도 여러 종류의 향기가 있습니다. 이런 '똥, 꽃 및 꿀의 향기가 나오는 말'을 표로 나타내면 다음과 같습니다.

[표1-6] 똥, 꽃 및 꿀의 향기가 나오는 말

구분	구행의 경향	받는 과보
똥의 악취처럼 말하는 사람	알지 못하면서 안다고 말하고, 알면서 모른다고 말하는 사람	사악처에 나는 불선한 과보를 받게 됨
꽃의 향기처럼 말하는 사람	알지 못하면 모른다고 말하고, 알면 안다고 말하는 사람	지은 업 따라 천상 등에 나는 과보를 받게 됨
꿀의 향기처럼 말하는 사람	사랑스럽고, 온화하며, 상냥한 말을 하는 사람	지은 업 따라 선처에 나는 과보를 받게 됨

이처럼 말은 말하는 사람의 품격을 나타냅니다. 그래서 똥의 악취처럼 말하는 사람은 사람으로서의 품격이 떨어지고, 저급한 사람입니다. 그리고 꽃의 향기처럼 말하는 사람은 사람으로서의 품격이 있으며, 바른 사람입니다. 또한 꿀의 향기처럼 말하는 사람은 사람으로서의 품격이 뛰어나며, 고귀한 사람입니다. 이렇게 꿀의 향기처럼 말하는 사람은 현생에서도 행복하며, 내생에서도 행복을 맞게 됩니다. 그러니 똥의 악취처럼 불선한 말은 삼가야 하며, 꿀의 향기처럼 말하는 사람이 되도록 정진해야 합니다.

○ 이교도 유행녀의 모함

말에도 진실하지 못하고, 두려운 말이 있습니다. 그런데 이렇게 진실하지 못하고, 두려운 말은 오래 못 가서 진실이 드러나게 됩니다. 그리고 이렇게 두려운 말의 진실이 드러나게 되면 이것은 말한 사람을 나락으로 떨어뜨리며, 그를 파멸의 길로 인도하게 됩니다. 그러니 진실하지 못하고, 두려운 말은 하지 말아야 합니다.

'숫타니파타'의 '사악한 생각에 대한 여덟 게송의 경'의 주석서에 보면, 사왓티 시의 제따 숲에 있는 기원정사의 기슭에서 붓다는 악마에게 '이교도의 유행녀 쑨다리'에 대한 이야기를 합니다(Prj. Ⅱ. 518). 여기를 보면, 한 마을에 이교도들이 살고 있었으며, 이 중에 이교도인 쑨다리라는 유행녀가 있었습니다.

그런데 이교도들은 이곳에서 붓다의 명예가 나날이 높아지고 있는 것에 질투와 시기를 일으킵니다. 그래서 이들은 모임을 통해 붓다의 명예를 떨어뜨릴 방법을 찾습니다. 그리고 이교도의 유행녀인 쑨다리를 통해서 붓다의 명예를 실추시키기로 합니다. 이렇게 쑨다리는 동료 이교도들의 꼬임에 빠집니다. 그리고 쑨다리는 붓다에게 청정하지 못한 모함을 씌워서 그의 명예를 실추시키려고 합니다.

　이를 위해 쑨다리는 저녁마다 향과 꽃을 들고 붓다가 기거하는 제따 숲의 승원으로 들어갑니다. 그러나 실제로 잠은 주변에 있는 이교도의 숙소에서 잡니다. 그리고 아침이 되면 그녀는 다시 승원에서 나오는 것처럼 꾸밉니다. 이때 누가 어디서 오는 길이냐고 물으면 그녀는 붓다의 향실에서 그와 함께 밤을 보내고 온다고 거짓으로 말합니다. 그녀는 이렇게 소문을 내고, 며칠 동안 이런 행동을 계속합니다. 그러자 주변의 많은 사람이 붓다와 그녀와의 관계에 대해 숙덕거리기 시작합니다. 그리고 얼마간의 시간이 흘렀습니다. 그러자 이번에는 이교도들이 악당들을 사주해서는 쑨다리를 죽입니다. 그리고 승원 근처의 숲 불더미에 그녀를 버립니다.

　그리고 난 후에 이교도들은 왕에게 가서 쑨다리가 붓다의 향실에서 나오다가 사라졌다고 거짓으로 고발합니다. 이윽고 관리들은 향실 주변을 샅샅이 수색합니다. 그리고 승원 근처에서 쑨다리의 시체를 발견합니다. 그러자 이교도들은 쑨다리의 죽음은 향실에 드나드는 것을 두려워한 수행승들의 짓이라고 수행승들을 모함합니다. 그리고 이들은 이런 방법으로 붓다에게 청정하지 못한 누명을 씌워서 모욕을 주려고 합니다. 이런 상황이 되자 수행승들은 탁발도 나가지 못하고, 승원에서 머무를 수밖에 없습니다. 그러자 붓다의 시자인 아난다는 붓다에게 와서, 이곳의 상황이 좋지 않으니 다른 지역으로 이동하는 것이 나을 것 같다고 말합니다. 그리고 그는 붓다에게 수행승들과 함께 다른 곳으로 이동하는 것을 청합니다. 이런 아난다의 말을 듣고 나서 붓다는 이레 후에는 진실이 밝혀질 것이니 그때까지는 참으라고 아난다에게 말합니다. 그러자 승원은 다시 차분해지고, 평상시의 평정함을 되찾습니다.

그리고 마침내 이레째가 되는 날이 왔습니다. 이때 술에 취한 이교도들은 서로 간에 말다툼을 하게 됩니다. 그리고 이렇게 서로 싸우는 와중에서 쑨다리의 죽음과 관련한 진실들이 밝혀집니다. 이로 인해 수행승들에 대한 오해는 풀리게 되고, 죄를 지은 자들은 처벌을 받게 됩니다. 그리고 그들은 몸이 파괴되어 죽은 뒤에 사악처에 태어납니다. 이처럼 진실하지 못한 말은 오래 가지 못하며, 진실은 밝혀집니다.

그리고 이런 불선은 자신의 업에 저장되고, 결국 자신에게 불선한 과보를 받게 합니다. 또한 거룩한 자를 모함한 자는 그로 인해 지옥에 떨어지는 파멸의 길을 가게 됩니다. 그러니 구행은 줄여야 하며, 진실한 말만을 해야 합니다.

라. 거북이의 입을 지키지 못한 파멸

말은 생각으로부터 나옵니다. 그런데 생각은 참으로 제어하기 어렵습니다. 생각은 부지불식간에 일어났다가는 부지불식간에 사라집니다. 이런 생각은 마음에서 일어나는데, 마음은 1초에도 1,200번 생멸합니다. 그래서 마음에서 일어난 생각도 순식간에 일어났다가 사라집니다. 그러나 생각으로부터 순식간에 나온 말로 인해 의도와는 다르게 실수할 때도 있으며, 생각 없이 순식간에 나온 말 한마디로 인해 지금까지 쌓아온 온갖 노력이 물거품이 될 수도 있습니다. 그러니 말은 될 수 있으면 줄여야 하며, 그래도 말을 해야 한다면 꼭 필요하며 진실한 말을 해야 합니다.

'담마파다' '수행승의 품'의 주석서를 보면, 사왓티 시의 제따 숲에 있는 기원정사에서 붓다는 수행승들에게 '꼬깔리까는 사리불과 목건련에게 적의를 품고 비난을 하여 홍련지옥에 떨어졌다'라는 것에 관한 이야기를 합니다(DhpA. Ⅳ. 91~92). 여기를 보면, 수행승 꼬깔리까는 고귀한 존재인 사리불과 목건련에게 좋지 않은 감정을 갖고, 이로 인해 적의를 품게 됩니다. 그리고 그는 주변의 만류에도 이들을 비난합니다.

이후로 그는 몸에 병이 나고, 시름시름 앓다가, 죽음을 맞게 됩니다. 그리고 그는 죽어서 홍련지옥에 떨어집니다. 그러자 붓다는 꼬깔리까가 자기의 혀를 지키지 못해서 파멸에 이른 것이라고 하며, 이런 상황이 꼬깔리까의 전생에도 있었다고 합니다.

꼬깔리까는 전생에 거북이였습니다. 그리고 그는 히말라야 산기슭의 한 호수에 살고 있었습니다. 이때 백조 두 마리가 먹이를 찾아다니다가 호수로 내려왔습니다. 그리고 그곳에서 백조들은 거북이와 만납니다. 이렇게 서로 만나서 대화하다 보니 백조와 거북이는 친해졌습니다. 그리고 이들은 서로를 믿는 사이가 됩니다. 그러자 백조는 거북이에게 자기들은 히말라야의 산 위에 있는 황금 동굴에 산다고 말해줍니다. 또한 황금 동굴은 아주 쾌적하고 살기 좋은 곳이라며 그곳을 소개합니다. 그리고 백조들은 거북이에게 그곳을 구경시켜 주겠으니, 우리와 같이 그곳으로 가자고 권합니다. 그러자 거북이는 거기는 너무 높고, 멀어서 자기는 갈 수 없다고 말합니다.

그랬더니 백조들은 그곳에 갈 방법이 있으니 그것은 걱정하지 말라고 합니다. 그리고서는 백조들은 어디에선가 긴 막대기 하나를 구해 옵니다. 그리고 거북이에게 그곳에 갈 방법을 말해줍니다. 그것은 거북이가 막대기 가운데의 끈을 물고 있으면, 자기들이 막대기의 양쪽을 물어서 거북이를 들어올린 다음에 황금 동굴로 가면 된다고 말합니다.

이윽고 거북이가 막대기의 가운데 끈을 물자, 양쪽 끝을 백조들이 물고 하늘로 힘차게 날아오릅니다. 그들은 하늘 높이 날아올라 마을 위를 지나

갑니다. 이때 마을에 있던 소년들이 이를 보고 신기해하며, "백조들이 거북이를 날게 한다"라고 소리치며 그들을 봅니다. 이 말을 들은 거북이는 우쭐해졌습니다.

그러자 거북이는 "친구들이 나를 옮기는데 참견하지 마라"라는 적의를 품은 생각이 불현듯 들었습니다. 그 순간 거북이는 적의와 우쭐한 마음에 이런 말을 하려고, 자신도 모르게 순간적으로 막대기를 문 입을 놓아버립니다. 그런데 거북이가 입을 벌리고 말을 꺼내기도 전에, 거북이는 땅으로 곤두박질치며 떨어집니다. 그리고 그 자리에서 거북이는 죽게 됩니다. 이렇게 거북이는 순간적으로 자신의 입을 제어하지 못하고, 잠깐의 입놀림으로 죽음에 이르는 큰 화를 당하게 됩니다. 이런 일이 발생하게 된 것은 거북이에게는 참으로 안타까운 일입니다.

이렇게 붓다는 고깔리까의 전생 이야기를 하며, 입을 제어해야 한다고 합니다. 그렇지 못하고 적의를 품게 되면 그것은 그를 죽음으로까지 몰고 갈 수 있습니다. 그러니 말은 줄여야 하며, 말을 하고자 할 때는 때를 가려서 해야 하고, 말을 하더라도 상황에 알맞은 올바른 말만을 해야 합니다. 그리고 이렇게 올바르게 말을 하기 위해서는 항상 마음을 고요히 하고, 사유하며, 숙고해야 합니다. 이런 마음으로부터 올바른 말이 나옵니다. 이것이 바로 붓다가 들려주는 구행의 토대입니다.

○ 입에 도끼

입에는 도끼가 있다고 말하곤 합니다. 입에 도끼가 있다는 것은 하나의 비유적인 의미를 담고 있습니다. 사람의 마음을 몹시 아프게 하는 말을 할 때 이런 비유를 하곤 합니다. 그리고 이런 말은 말을 한 사람의 마음도 아프게 하며, 마음에 후회를 갖게 합니다. 그래서 사람의 입에는 마음을 찍는 도끼가 있다는 것을 알아야 합니다. 따라서 말을 할 때는 입에서 도끼가 나오지 않도록 가려서 해야 합니다.

'쌍윳따니까야'의 '천신 뚜두의 경'에 보면, 사왓티 시의 제따 숲에 있는 기원정사에 붓다께서 계실 때, 하늘의 신인 뚜두는 수행승인 꼬깔리까에게 사람은 태어날 때 입에 도끼를 갖고 태어난다고 이야기를 합니다(S. I. 149). 여기를 보면, 어리석은 사람은 평상시에도 나쁜 말을 하며, 자기 자신을 도끼로 내리찍고 있다고 합니다.

이렇게 그는 도끼가 있는 말로 비난할 것은 찬양하고, 찬양할 것은 비난합니다. 이를 통해 그는 마음에 불운이 쌓이고, 안락을 얻지 못합니다. 그리고 만약에 그가 거룩한 존재를 비난한다면 그것으로 그는 오 압부다(1056)와 십만 니랍부다(1036)의 긴 세월 동안 지옥의 과보를 받게 됩니다. 이렇게 그는 입에 있는 도끼로 자신을 찍고 나서야 이를 후회하고, 괴로워합니다. 그러니 말하기 전에 자신이 하는 말에 악한 도끼가 있는지 살펴봐야 합니다. 그리고 내가 하려는 말이 나와 다른 사람의 마음을 도끼로 내려찍을 것 같으면 그런 말은 해서는 안 됩니다. 이렇게 도끼로 내려찍는 말을 하면 그것은 남도 슬프게 만들고, 자신도 슬프게 만들며, 그를 사악처로 인도하게 됩니다. 그래서 이렇게 도끼가 숨어 있는 악한 말을 하는 것은 위험합니다.

그리고 도끼가 숨어 있는 악한 말은 대부분 언행이 일치하지 않으며, 말대로 이루어지지도 않습니다. 이는 말을 한 사람과 상대방을 힘들고 괴롭게 만들 뿐입니다. 그래서 이런 말을 한 사람은 탐욕스러운 사람이고, 분노에 찬 사람이며, 자신이 어떤 불선한 과보를 받을지 모르는 어리석은 사람입니다. 이런 도끼가 있는 탐·진·치의 불선한 말은 그를 불선한 곳으로 인도합니다. 이렇게 불선한 말에 의해 그는 현생에서는 벌을 받게 되고, 몸이 파괴되어 죽은 뒤에는 악처에 떨어지게 됩니다.

이렇게 거짓말을 하거나, 나쁜 말을 하거나, 이간질하거나, 악한 말을 하는 등의 불선한 말은 그것을 한 사람을 불선한 곳으로 인도합니다. 그러니 이렇게 도끼가 있는 불선한 말은 하지 말아야 합니다.

이렇게 입에는 사람을 파멸로 이르게 하는 도끼가 있다는 것을 알아야 합니다. 그래서 말할 때는 입에서 도끼가 나오지 않도록 항상 입을 단속하고, 조심해야 하며, 가능한 말은 줄여야 합니다. 이것이 붓다가 들려주는 '구행은 줄여야 하는 것'입니다.

4. 불행은
내 마음이 만드는 것

　인간의 마음은 원하는 것을 갖게 되면 더 갖고 싶어 합니다. 이렇게 욕계에 사는 인간의 욕망은 끝이 없습니다. 그래서 일어난 대상에 집착하게 되고, 대상이 사라지면 슬퍼하고 아쉬워합니다. 또한 시간이 지나면 이런 집착의 대상도 변하고, 집착의 방향도 변하며, 집착의 강도도 변합니다. 그러나 이렇게 시시각각으로 변하는 집착의 대상은 결국은 사라지기 때문에 자신은 불행하다고 생각합니다. 그러니 나를 불행하게 만드는 것은 주어진 대상에 만족하지 못하고, 불만족하며, 갈애에 집착하는 내 마음입니다. 이처럼 불행은 주변으로부터 오는 것이 아니며, 내 마음의 갈애와 집착으로부터 옵니다. 그러니 자신이 불행하다고 생각하는 사람은 불행하게 되며, 행복하다고 생각하는 사람은 행복하게 됩니다. 이렇게 자신의 한 마음을 바꾸게 되면 불행하다가도 행복하며, 행복하다가도 불행하게 됩니다.

　이렇게 마음은 매 순간 변합니다. 그러니 내 마음이라고 할 만한 영구불변한 나는 없습니다. 그리고 '이것이 나다'라고 할 만한 것도 없습니다. 다만 변화하는 존재만이 있을 뿐이며, 그래서 마음의 주인도 내가 아닙니다. 그러나 사람은 내가 있기를 바라고, 내가 즐겁기를 바라며, 내가 겪고 있는 이런 즐거움이 변하지 않고 계속되기를 바랍니다. 그런데 실제로는 그렇지 못합니다. 그래서 이런 것을 보고 사람은 자신이 불행하다고 생각합니다. 이렇게 불행은 외부에서 오는 것이 아니고, 내 안에 있는 마음으로부터 옵니다. 본 장에서는 이처럼 '불행은 내 마음이 만드는 것'에 대해 살펴보겠습니다.

가. 불행으로 인도하는 열 개의 씨앗

인간은 행복하기를 원합니다. 그래서 행복하기 위해서 열심히 노력합니다. 그러나 자신은 행복하기 위해서 한 행동이라고 하지만 그것이 오히려 자신을 불행하게 만들 수도 있습니다. 즉, 행복하기 위해서 한 탐욕스러운 행동, 분노하는 행동 및 어리석은 행동은 오히려 자신을 불행하게 만들며, 이는 자신을 불행의 길로 인도합니다.

'맛지마니까야'의 '바른 견해의 경'에 보면, 사왓티의 제따 숲에 있는 기원정사에서 사리불은 수행승들에게 '인간을 불행하게 만드는 악하고 불건전한 것들'에 대한 이야기를 합니다(M. I. 47). 여기를 보면, 인간을 악하고 불건전하게 만드는 열 가지의 씨앗이 있습니다. 그래서 이런 열 가지의 씨앗은 키우지 말아야 합니다.

먼저, 생명을 죽이는 것입니다. 두 번째로, 주지 않는 것을 빼앗는 것입니다. 세 번째로, 불건전한 음란한 행위를 나누는 것입니다. 네 번째로, 거짓말을 하는 것입니다. 다섯 번째로, 지어내는 말을 하는 것입니다. 여섯 번째로, 이간질하는 것입니다. 일곱 번째로, 악한 말을 하는 것입니다. 여덟 번째로, 탐욕을 일으키는 것입니다. 아홉 번째로, 분노를 일으키는 것입니다. 열 번째로, 어리석은 짓을 하는 것입니다. 이런 열 가지 행동을 자신이 불행해지기 위해서 하는 사람은 없을 것입니다. 이렇게 사람은 자신을 행복하게 만들려고 이런 열 가지의 행동을 합니다. 그러나 이런 행동은 사람을 행복하게 만들지 못하고, 오히려 사람을 불행하게 만듭니다. 이것이 사람을 불행으로 인도하는 악하고, 불건전한 열 가지 씨앗이 됩니다.

그리고 이런 행동을 하게 되면, 이는 사람의 수명을 짧게 만들며, 용모를 나쁘게 만들고, 다른 사람에게서 좋지 않은 소리를 듣게 만듭니다. 이렇게 이것은 사람을 불행하게 만들고, 죽은 뒤에는 사람을 사악처로 인도합니다. 그래서 이런 불행의 씨앗을 만들지 말아야 합니다. 이렇게 '사람을 불행으로 인도하는 열 가지 씨앗'을 표로 나타내면 다음과 같습니다.

[표I-7] 사람을 불행으로 인도하는 열 가지 씨앗

불행의 씨앗	불행의 과보
생명을 죽이는 것	
주지 않는 것을 빼앗는 것	
불건전한 음행을 나누는 것	
거짓말을 하는 것	현생: 수명을 짧게 하며, 용모를 나쁘게 하고, 다른 사람에게서 좋지 않은 소리를 듣게 함
지어내는 말을 하는 것	
이간질하는 것	
악한 말을 하는 것	죽은 뒤: 사악처(지옥, 아귀, 축생, 아수라)로 그를 인도함
탐욕을 일으키는 것	
분노를 일으키는 것	
어리석은 짓을 하는 것	

이처럼 사람을 불행으로 인도하는 열 가지 씨앗은 십악죄에 해당합니다. 이는 살생, 투도, 사음, 망어, 기어, 양설, 악구, 탐욕, 분노 및 어리석음입니다. 이런 행동이 나쁘다는 것을 알면서도, 자신의 행복을 위해서 이런 행동을 합니다. 그러나 이렇게 불선한 의도를 갖고 행한 불선한 업은 이것을 행한 자에게 불선한 과보를 갖다줍니다. 그리고 이런 불선한 과보는 그것을 행한 자의 업이 해소될 때까지 그를 따라다니며, 그를 불행하게 만듭니다. 그러나 이런 불선한 행은 행복해지려고 자신이 택한 것입니다. 그래서 불행은 내 마음이 만들게 됩니다. 그러니 이런 열 가지 불선한 씨앗이 일어나지 않도록 마음을 잘 단속해야 합니다. 그리고 더 나아가

내 마음이 만드는 불행이 완전히 소멸하도록 수행, 정진해야 합니다. 그것이 현생도 편안하고, 미래 생도 편안하게 하는 길입니다.

나. 눈먼 자를 파멸로 이르게 하는 문

욕계·색계·무색계의 삼계 중에서 인간이 사는 세계는 욕계입니다. 이런 욕계는 여섯 세계인 지옥·아귀·축생·아수라·인·천을 말합니다. 이런 욕계 중에서 인간계보다 저층이며, 괴로움으로 가득한 세계가 사악처(지옥·아귀·축생·아수라)의 세계입니다. 그런데 이런 사악처의 세계로 인간을 인도하는 파멸의 문이 있습니다. 만약 인간이 이런 파멸의 문을 나서면 괴로움의 세계인 악처의 문이 열리게 됩니다. 따라서 악처로 빠지지 않으려면 사람을 파멸로 이르게 하는 이런 문을 나서지 말아야 합니다.

'숫타니파타'의 '파멸의 경'을 보면, 사왓티 시의 제따 숲에 있는 기원정사에서 붓다는 천인들에게 하늘 세계에서 떨어지는 '파멸로 이르게 하는 문'에 대한 이야기를 합니다(Stn. p. 18). 여기를 보면, 천인들과 사람들을 파멸의 문으로 나서게 하는 열두 가지의 문이 있습니다. 그리고 이런 열두 가지의 문을 나서는 사람이 있습니다.

먼저, 진리의 가르침을 좋아하지 않으며 가르침을 따르지 않는 사람입니다. 두 번째로, 참사람을 좋아하지 않으며 참사람이 아닌 사람을 좋아하고 참사람이 아닌 사람이 하는 일을 좋아하는 사람입니다. 세 번째로, 나태하고 게으르며 화를 잘 내는 사람입니다. 네 번째로, 풍족하게 살면서도 늙고 나약한 부모님을 돌보지 않는 사람입니다. 다섯 번째로, 수행자, 성직자와 걸식자 등을 거짓으로 속이고 괴롭히는 사람입니다. 여섯 번째로, 과도한 재물, 재산 및 음식 등이 있는데도 불구하고 음식을 자신만을 위해서 취하는 사람입니다. 일곱 번째로, 가진 것을 뽐내고 자기의 가문을 뽐내며 이를 통해 주위 사람들을 업신여기는 사람입니다. 여덟 번째로, 여색, 술 및 도박 등 정신을 혼미하게 하는 것에 빠지는 사람입니다. 아홉 번째로, 자기 부인에게 만족하지 못하고 삿되고 음란한 유혹에 빠지는 사람입니다. 열 번째로, 나이 든 자가 젊은 여자를 흠모하고 질투하며 자신의 마음을 돌보지 않는 사람입니다. 열한 번째로, 술과 도박 등으로 재산을 낭비하는 사람에게 실권을 맡기는 사람입니다. 열두 번째로, 좋은 가문에 태어나더라도 권세에 눈이 멀어 욕망만 크게 되어 과도한 지위를 얻고자 하는 사람입니다. 이런 사람들은 열두 가지 파멸의 문을 나서고 있습니다.

그래서 이렇게 열두 가지 파멸의 문에 대한 가르침을 잘 새겨서, 자신을 파멸로 이르게 하는 이런 문을 나서지 말아야 합니다. 이렇게 눈먼 자를 파멸로 이르게 하며, 불행하게 만드는 열두 가지 파멸의 문을 표로 나타내면 다음과 같습니다.

[표Ⅰ-8] 눈먼 자를 파멸로 이르게 하는 열두 가지 파멸의 문

눈먼 자	파멸로 이르는 문
탐욕이 많은 사람	삿되고 음란한 유혹에 빠지는 문
탐욕이 많은 사람	여색, 술, 도박 등에 빠지는 문
분노가 많은 사람	나태하고, 게으르며, 화를 잘 내는 문
분노가 많은 사람	질투하며, 자신 마음을 돌보지 못하는 문
어리석은 사람	진리의 가르침을 따르지 않는 문
어리석은 사람	참사람이 아닌 사람을 좋아하는 문
어리석은 사람	거짓으로 속이고, 괴롭히는 문
어리석은 사람	재산 낭비하는 사람에게 실권을 맡기는 문
좋은 가문의 사람	권세에 눈이 멀어 욕망만 큰 문
좋은 가문의 사람	주위 사람들을 업신여기는 문
풍족한 사람	음식을 자신만을 위해서 취하는 문
풍족한 사람	늙고 나약한 부모님을 돌보지 않는 문

　이처럼 하늘나라에 있는 천인들도 잘못된 행을 통해서 파멸의 문을 나서게 되면 이를 통해 그들은 하늘 세계에서 사악처로 떨어지는 과보를 받을 수 있습니다. 그러니 눈먼 자를 파멸로 이르게 하는 열두 가지 문을 잘 새겨서, 이런 문을 나서지 말아야 합니다. 그러기 위해서는 현명한 사람을 가까이하고, 그들의 말을 경청해야 합니다. 또한 자신은 항상 옳으며, 남은 그르다는 사고방식은 정상적인 판단을 흐리게 합니다. 그래서 현명하지 못한 자는 자신이 나서는 문이 파멸의 문인지도 모른 채 그 문을 나서는 자이며, 다른 사람도 파멸의 문을 나서도록 권유하는 자입니다.

따라서 그는 행복을 찾아간다고 문을 나서지만, 정작 그가 열게 된 문은 자신을 파멸로 인도하는 문이었습니다. 이렇게 그가 행복의 문인 줄 알고 여는 열두 가지 파멸의 문은 실제로는 불행을 가져오는 문입니다. 여기서 불행의 문을 여는 것은 자기 자신입니다. 그래서 이런 자들을 어리석은 자라고 합니다. 이렇게 자신을 불행하게 만드는 것은 파멸의 문을 열도록 하는 자신의 마음입니다. 그러니 자신을 불행으로 인도하는 마음이 일어나지 않도록 어리석은 자들을 멀리하고, 현명한 자들을 가까이해야 합니다.

○ 간통을 범한 자의 파멸

업은 마음으로부터 와서 사람의 신·구·의 삼행을 구속합니다. 그리고 이런 업은 의도에 의해 형성돼서 과보로 나타납니다. 그래서 탐욕의 의도로 마음이 가득 차 있는 사람은 얕게 차 있는 사람보다 더 큰 불선한 과보를 받게 됩니다. 이렇게 마음에 큰 불선한 과보를 받게 하는 것 중의 하나가 간통입니다. 그래서 사람의 마음이 간통의 마음으로 가득 차게 되면 얕게 찬 마음보다는 큰 과보를 받게 합니다.

'쌍윳따니까야'의 '똥구덩이에 빠진 자의 경'을 보면, 라자가하 시의 벨루바나 숲에 있는 깔란다까니바빠 공원에 붓다가 계실 때, 존자 목갈련은 존자 락카나에게 '간통을 통해 파멸의 문을 나선 사람에게는 오랜 세월 불이익과 괴로움을 가져다준다'라는 이야기를 합니다(S. II. 259). 여기를 보면, 존자 목갈련은 락카나와 함께 붓다가 계시는 라자가하로 가는 깃자꾸따 산에서 내려오다 똥구덩이에 빠진 사람을 발견합니다.

이렇게 똥구덩이에 빠진 사람을 보니, 그는 야차보다도 더 끔찍한 모습을 하고 있었습니다. 그래서 존자 목갈련은 신통력으로 그 사람의 전생을 봅니다. 그랬더니 그는 전생에 라자가하 시에 살았던 사람입니다. 그리고 그는 그 마을에서 간통을 범한 자였습니다. 그래서 그는 이런 과보로 인해 오랜 세월을 거쳐 백 년, 천 년, 아니 십만 년의 긴 세월 동안에 지옥에 떨어지는 과보를 받았습니다.

이렇게 받은 지옥의 과보에도 불구하고 그는 받아야 할 과보가 아직 남아 있습니다. 그래서 그는 다음 생에서도 계속 자신이 초래한 자신의 불선한 과보를 받게 되며, 현생에서는 야차와 같은 모습으로 똥구덩이에 빠지는 과보를 받게 됩니다.

이처럼 간통의 죄를 범한 자는 여기에 집착하는 마음이 감각적으로 가득하게 됩니다. 그래서 이는 다른 것보다 더 크고, 긴 불선한 과보를 받게 됩니다. 그러니 간통과 같은 감각적 욕망의 마음으로 인해 만들어지는 불행한 과보는 피해야 합니다.

다. 큰 뱀과 뗏목의 활용

인생길에서 불행이 올 수도 있습니다. 그러면 인간은 불행에서 벗어나기 위해 여러 방편을 사용합니다. 이때 방편을 잘 사용했다면 불행에서 벗어나며, 이렇게 불행이 해결된 뒤에는 이때 사용했던 방편들은 놓아줘야 합니다. 그렇지 않고 그것에 집착해서 그것들을 짊어지고 인생길을 가려 한다면, 그것은 오히려 인생길을 가는 데 짐이 돼버립니다. 그래서 불행에서 벗어나기 위해 사용한 방편에 대한 집착은 내려놓아야 합니다.

'맛지마니까야'의 '뱀의 비유 경'에 보면, 사왓티 시의 제따 숲에 있는 기원정사에서 붓다는 수행승들에게 '인간을 불행하게 만드는 불건전한 것들을 어떻게 다루어야 하는지'에 대한 이야기를 합니다(M. I. 134~135). 여기를 보면, 뱀과 뗏목의 비유를 통해 불건전한 것들을 다루기 위해 사용했던 방편들에 관해 설명하고 있습니다.

먼저, 인생길에서 맞이하게 되는 불행을 극복하기 위해 방편들을 잘 활용해야 합니다. 그런데 탐·진·치에 물들어 불건전한 것들을 제대로 제어하지 못하고, 이것들을 잘못 잡게 되면 그것들은 오히려 그 사람을 괴로움으로 이끌며, 그에게 큰 불행을 안겨다줄

것입니다. 흡사 삼독심은 세상에서 우리를 노려보고 있는 큰 뱀(탐·진·치의 뱀)과 같습니다.

탐·진·치에 물든 큰 뱀은 우리를 사악처로 끌고 가기 위해 호시탐탐 기회를 엿보고 있습니다. 그래서 큰 뱀을 만났을 때, 이것을 제대로 제어해야 합니다. 그런데 그것을 제대로 제어하지 못하고, 뱀을 잘못 잡아서 그의 몸통이나 꼬리를 잡게 되면 큰 뱀은 머리를 움직입니다.

그래서 이렇게 큰 뱀을 잘못 잡으면, 그 뱀은 거꾸로 머리를 돌려서 자기를 잡은 사람의 손이나 다리를 물 것입니다. 그러면 손이나 다리를 물린 사람은 죽음의 고통을 맛볼 수도 있습니다. 그래서 큰 뱀이 거꾸로 머리를 돌려서 그를 물지 않도록 큰 집게를 사용해서 큰 뱀의 머리를 잘 잡아야 합니다. 그러고 나서 그것들을 멀리 보내고 나면 이제 큰 뱀은 더는 그를 괴롭히지 않을 것입니다. 이렇게 큰 뱀을 잘 제어했다면, 이제는 큰 뱀을 제어하기 위해 활용했던 방편에 계속해서 집착하지 말아야 합니다. 왜냐하면, 큰 뱀을 잡기 위해 사용했던 방편들은 필요 없게 되었으며, 그것은 길을 나아가는 데 방해가 되기 때문입니다. 그리고 집착은 오히려 그를 불행으로 빠지게 합니다. 그러니 이제 집착을 그만 놓아두고 새로운 길을 가야 합니다.

두 번째로, 이런 방편의 활용은 잘 만들어진 뗏목과 같습니다. 한 나그네가 있습니다. 그는 배가 없는 나루터에서 물살이 깊고 센 강을 건너려고 합니다. 그래서 그는 주변의 나무들을 이용해서 뗏목을 만듭니다. 그리고 이를 잘 활용해서 불행의 강을 안전하게 건넙니다. 이렇게 불행의 강을 안전하게 잘 건너고 난 후에, 그는 뭍에서 뗏목을 어깨에 짊어지거나 머리에 이고 목적지를 향해 갈 수는 없습니다. 왜냐하면 강을 건너기 위해 잘 만들어진 뗏목이라도 강을 건넌 후에는 가는 길에 짐이 되기 때문입니다. 그리고 이런 집착은 불행을 가져옵니다. 그러니 이제는 사용했던 뗏목에 대한 집착은 버리고 새로운 길을 가야 합니다.

그래서 이제 효용이 다한 방편은 새로운 길을 가는 데 방해가 되므로 이에 대한 집착은 버려야 합니다. 이런 집착은 자신이 마음을 내어 만든 것입니다. 그래서 이렇게 집착하는 마음은 불행을 가져옵니다. 이렇게 불행은 내 마음에서 나옵니다.

라. 마음의 삼체화와 불행의 발단

마음에 삼독심(탐·진·치)이 있으면, 마음은 불선한 방향으로 자동화·동일화·중심화(이하 삼체화)하려 합니다. 그래서 삼체화가 작용하면 마음은 자동으로 삼독심의 방향으로 마음을 움직입니다(자동화). 그리고 삼독심과 나를 동일시하려 하며(동일화), 삼독심을 중심으로 대상을 보려 합니다(중심화). 이렇게 마음은 삼독심으로 자신을 삼체화하려 하며, 이는 만족을 모르고, 인간의 마음을 계속 괴로움으로 빠트리며, 자신을 불행하게 만듭니다. 그러니 마음의 삼체화에서 벗어나야 합니다.

그러나 마음이 바뀌기 전에는 그것이 잘못된 행이고, 그릇된 것이라고 해도 삼체화된 마음이 하자는 대로 하게 됩니다. 왜냐하면, 마음은 수많은 생의 업에 의해 만들어져서 바뀌기가 쉽지 않기 때문입니다. 그래서 대부분 마음이 삼체화하는 것을 그대로 따르게 됩니다. 어찌 보면 내가 마음의 주인이 아니고, 삼체화된 존재지속심이 마음의 주인이 돼버립니다. 그래서 수행을 통해 마음의 방향을 선한 쪽으로 계속 틀어줘야 합니다. 그렇지 않으면, 마음은 탐·진·치에 대한 증장구조를 갖고 있어서, 계속 탐·진·치 쪽으로 삼체화하고자 합니다. 이렇게 마음이 삼체화의 방향으로 가게 되면 선한 마음과는 점점 멀어지게 됩니다. 그래서 마음은 점점 불행하게 됩니다.

따라서 마음을 잘 다스려서, 불행의 발단이 되는 마음의 삼체화에서 벗어나 선한 마음의 작용으로 탈동일시·탈자동화·탈중심화가 되도록 해야 합니다. 이것이 마음의 주인이 되는 길이며, 불행해지려는 마음에서 벗어나는 길입니다. 그러니 수행을 통해 마음의 주인이 돼야 합니다. 이런 '불행의 발단인 자동화·동일화·중심화'를 그림으로 나타내면 다음과 같습니다.

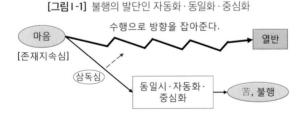

[그림 I-1] 불행의 발단인 자동화·동일화·중심화

이처럼 한번 형성된 마음(존재지속심)은 자신만의 방향성을 갖게 됩니다. 그래서 어떤 문제가 발생했을 때 마음은 탐·진·치에 물든 존재지속심이 정해놓은 방향으로 자동으로 움직이려 하고(자동화), 탐·진·치에 물든 존재지속심을 자신과 동일시하며(동일화), 탐·진·치에 물든 존재지속심을 중심으로 작용합니다(중심화). 이렇게 탐·진·치에 물든 존재지속심의 방향성을 가만히 놓아두면 탐·진·치의 방향으로 자동으로 움직이려 합니다. 그러니 행을 하고 난 후에는 괴롭게 됩니다. 그리고 이를 통해 번뇌가 일어나며, 이렇게 인생의 악순환은 반복됩니다.

따라서 이런 마음의 삼체화에 제동을 걸어주어야 합니다. 그래서 수행을 통해 마음이 일어나는 방향을 탈동일시·탈자동화·탈중심화되도록 점차로 방향을 틀어주어야 합니다. 이것이 수행입니다. 그리고 이것이 바로 '불행은 내 마음이 만드는 것'에서 '행복은 내 안에 있는 것'으로 마음을 바꾸는 길입니다. 그래서 이를 통한 길이 마음의 주인이 되는 길이며, 붓다가 계발한 팔정도이며 중도의 길입니다. 이것이 붓다가 들려주는 '불행은 내 마음이 만드는 것'입니다.

5. 욕망은
전도몽상인 것

인간이 속해 있는 욕계는 욕망의 세계입니다. 그래서 욕계에 사는 인간은 욕망이 가득한 삶을 살게 됩니다. 그런데 이런 욕망은 만족을 모르며, 인간의 마음을 주체할 수 없게 만들고, 인간의 마음에 괴로움을 일으킵니다. 그러나 욕망으로 인해 괴로워진 마음은 쉽게 가라앉지 않습니다. 그러면 무언가 욕망의 열기를 식혀줄 것이 필요합니다. 이렇게 욕망의 열기를 식히려고 하거나, 아예 욕망이 달아오르지 않게 하려면 욕망에 땔감을 공급해주지 말아야 합니다. 이렇게 마음에 욕망을 일으키게 하는 땔감이 탐·진·치입니다. 그래서 마음에 탐욕·분노·어리석음이 일어나지 않도록 이를 단속해야 합니다.

그런데 인간에게는 기본적으로 다섯 개의 욕망이 있습니다. 그것은 명예욕, 물욕, 성욕, 수면욕 및 식욕입니다. 그런데 이들의 특징은 끝이 없다는 것입니다. 그래서 명예욕은 자신이 처한 위치에서 더 올라가고 싶어 합니다. 그리고 물욕은 재산을 가질수록 더 많이 다양하게 갖고 싶어 합니다. 또한 수면욕, 식욕, 성욕도 끝이 없이 계속됩니다. 이 중에서도 특히 명예욕과 물욕은 끝을 모르는 증장구조를 갖고 있습니다. 그래서 이런 욕망을 적절하게 단속하지 못하면 큰 어려움에 빠지며, 자신을 괴롭게 만듭니다. 그러나 보통의 범부들은 자신이 욕망을 단속하는 것이 아니고, 욕망에 단속당하며 살게 됩니다. 그래서 이렇게 욕망을 단속하며 살기란 쉽지 않으며, 보통의 삶은 욕망의 지배하에 살게 됩니다.

이처럼 욕망이 인간의 삶에 어려움을 준다는 것을 알면서도, 인간은 욕망이 있는 욕계의 세계에 살고 있으므로 인간이 욕망을 단속하며 살기란 여간 어려운 것이 아닙니다. 그런데 어떤 사람은 이렇게 이야기합니다. 욕망이 없다면 무슨 재미로 사는지, 혹은 삶의 목적을 어디에 잡아야 하는지 묻습니다. 그런데 그런 생각은 전도몽상입니다. 욕망과 열정은 다릅니다. 즉, 내가 욕망을 얻기 위해 갈애와 집착의 행동을 한다면 이는 오히려 나에게 괴로움을 주게 됩니다. 그래서 인생의 목적을 설정하고 거기에 열정을 다하는 건전한 행은 필요합니다. 그러나 그것에 땔감인 탐·진·치를 일으키지 말라는 것입니다. 다시 말해 욕망의 첫 번째 화살을 맞았다고 해서, 그것을 원인으로 해서 마음에 계속 갈애와 집착의 두 번째, 세 번째 화살을 만들어서 나를 두 번, 세 번 괴로움에 빠지게 하지 말라는 것입니다.

그래서 열정을 갖고 목적지를 향해 가는 것이 아니고, 거기에 계속 땔감인 탐·진·치를 넣어서 욕망에 끌려다니는 삶은 살지 말아야 합니다. 따라서 이런 욕망의 전도몽상에서 벗어나야 합니다. 본 장에서는 이렇게 '욕망은 전도몽상인 것'에 대해 살펴보겠습니다.

가. 뱀, 지렁이와 원숭이의 욕망 습관

전생·현생·미래 생은 밀접하게 이어져 있습니다. 이들은 별개로 존재하지 않습니다. 그래서 현생에서 그가 하는 행동을 보면 전생을 알 수 있으며, 또한 미래 생도 알 수 있게 됩니다. 이렇게 전생·현생·미래 생은 서로 스크랩처럼 연결되어 있습니다. 그러니 전생과 미래 생을 좋게 만들려면 현생을 잘 만들어야 합니다. 그것은 전생·현생·미래 생이 밀접하게 연결되어 있기 때문입니다. 따라서 현재를 올바르게 잘 만들어놓으면 과거와 미래도 올바르게 바뀌게 됩니다. 그래서 안 좋게 여겨졌던 과거에 대한 추억이나 기억도 좋게 변하고, 미래의 삶도 좋게 변할 것입니다.

'담마파다'의 '얼룩의 품'의 주석서를 보면, 사왓티 시의 제따 숲에 있는 기원정사에서 붓다는 수행자들에게 '불태워지고 있는 탐·진·치의 강을 건너라'라고 이야기를 합니다(DhpA. Ⅲ. 360~363). 여기를 보면, 다섯 명의 재가 신도가 붓다의 가르침을 듣고자 승원에 왔습니다. 이들은 왕족, 바라문, 부자, 상인 및 가난한 자들입니다.

붓다는 이들에게 진리의 가르침을 전합니다. 어떨 때는 큰 구름을 동반하며, 천둥이 포효하듯 설법을 합니다. 그리고 이들에게 허공에서 차별 없이 하늘의 강에서 물을 내리듯 가르침을 설파합니다. 그러나 승원에 붓다의 가르침을 듣고자 온 다섯 명의 재가 신도들은 붓다의 가르침을 제대로 받아들이지 못하고, 욕망에 휩싸여 있습니다. 이들 중에 한 사람은 앉아서 졸고 있고, 한 사람은 손가락으로 땅을 긁고 있으며, 한 사람은 나무를 흔들고 있고, 한 사람은 하늘을 쳐다보고 있습니다. 오직 한 사람만이 붓다의 가르침을 듣고 있습니다. 이를 보고 붓다의 시자인 아난다는 이들이 지금 순간에 이곳에 있지 않고, 다른 곳에 있다고 이야기를 합니다. 그러자 붓다는 그들이 그럴 수밖에 없는 그들의 전생 이야기를 아난다에게 들려줍니다.

먼저, 이들 중의 한 사람인 지금 저기서 졸고 있는 사람은 오백 생 동안 뱀으로 태어나서 그곳에서 살던 사람입니다. 그래서 그는 그곳에서 똬리를 틀고 잠자던 습성이 아직 남아 있습니다. 이를 통해 그는 지금도 이곳에서 똬리를 틀고 졸고 있는 것입니다. 그래서 그런 행동을 하는 그에게 지금 붓다의 가르침은 들리지 않습니다.

두 번째로, 이들 중의 한 사람인 지금 저기서 땅을 긁고 있는 사람은 오백 생 동안 지렁이로 태어나서 그곳에서 살던 사람입니다.

그래서 그는 그곳에서 땅에 구멍을 파고 들어가서 살던 습성이 아직 남아 있습니다. 이를 통해 그는 지금도 이곳에서 땅을 파고 있습니다. 그런 행동을 하는 그에게 지금 붓다의 가르침은 들리지 않습니다.

세 번째로, 이들 중의 한 사람인 저기서 나무를 흔들고 있는 사람은 오백 생 동안 원숭이로 태어나서 그곳에서 살던 사람입니다. 그래서 그는 그곳에서 나무를 흔들던 습성이 아직 남아 있습니다. 이를 통해 그는 지금도 이곳에서 나무를 흔들고 있습니다. 그래서 그런 행동을 하는 그에게 지금 붓다의 가르침은 들리지 않습니다.

네 번째로, 이들 중의 한 사람인 지금 저기서 하늘만 보고 있는 사람은 오백 생 동안 점성가로 태어나서 그곳에서 살던 사람입니다. 그래서 그는 그곳에서 하늘을 쳐다보던 습성이 아직 남아 있습니다. 이를 통해 그는 지금도 이곳에서 하늘만 쳐다보고 있습니다. 그래서 그런 행동을 하는 그에게 지금 붓다의 가르침은 들리지 않습니다.

마지막으로, 이들 중의 한 사람인 지금 저기서 붓다의 가르침을 듣고 있는 사람은 오백 생 동안 진언을 외우는 데 헌신한 자로 태어나서 그곳에서 살던 사람입니다. 이를 통해 그는 지금도 진리의 가르침에 귀를 기울이려고 노력을 하고 있습니다.

이렇듯 현재에 하는 행은 전생과 연결됩니다. 그래서 전생의 업으로 생긴 습성이 현생에서도 나타납니다. 특히 이들 중에서도 탐·진·치의 불꽃으로 마음이 불태워지고 있는 자들은 붓다의 가르침을 제대로 듣기 어렵습니다. 그래서 이들은 탐·진·치의 강을 건너야 합니다. 이런 '전생의 탐·진·치 습관'을 표로 나타내면 다음과 같습니다.

[표 I-9] 전생의 탐·진·치 습관

구분	재가 신도의 전생		재가 신도 행위 (오백 생 동안 전생의 습관)
붓다께서 가르침 설할 때	뱀		앉아서 졸고 있는 사람
			(뱀으로 똬리 틀고 자던 습관)
	지렁이		땅을 긁고 있는 사람
			(지렁이로 구덩이 파던 습관)
	원숭이		나무를 흔들고 있는 사람
			(원숭이로 나무를 흔들던 습관)
	점성가		하늘을 보고 있는 사람
			(점성가로 하늘만 보던 습관)
	학승		가르침을 듣고 있는 사람
			(학승으로 진언을 외우던 습관)

이처럼 전생과 현생을 통해 사람의 업이 어떻게 형성되는지는 중요합니다. 특히 수많은 전생에서 쌓인 업은 현생의 삶에 반영됩니다. 그래서 마음에 욕망을 쌓아놓으면 쌓아놓은 욕망에 지배받는 삶을 살게 됩니다. 따라서 미래 생을 위해서는 현생에서 업을 잘 지어야 합니다. 그래야 다음 생에서는 더 나은 과보를 받게 됩니다. 이렇게 전생·현생·미래 생은 밀접하게 연결되어 있습니다.

그래서 다음 생에 학자가 되고 싶으면 현생에서 남들보다 더 공부하는 습관을 길러야 하며, 지도자가 되고 싶으면 남들보다 더 지도력을 배양해야 하고, 운동선수가 되고 싶으면 남들보다 더 체력을 단련해야 합니다. 그러면 이런 마음이 토대가 돼서 미래 생은 더 나은 경쟁력을 갖춘 존재로 태어날 수 있습니다. 그러니 죽음을 앞둔 노년의 시기라도 미래 생을 위해 준비하는 것이 좋습니다. 그래서 하나라도 더 준비하고, 미리 준비한 사람이 미래 생에서는 남들보다 더 경쟁력을 갖게 됩니다. 이렇게 탐·진·치로 빠지는 욕망의 전도몽상에서 벗어나야 합니다.

○ 욕망이 흐르는 네 종류의 사람

인간의 욕망은 끝이 없습니다. 인간의 욕망이 끝이 없는 이유는 인간이 욕망의 세계인 욕계에 살고 있기 때문입니다. 그래서 욕망을 적당한 선에서 끝을 맺기란 여간해서 쉽지 않습니다. 그렇더라도 욕망에 현혹돼서 여기에 집착해서는 안 됩니다. 욕망에 한 번

빠지기 시작하면 이것은 끝을 모르고 계속 더 깊숙한 욕망을 갈망하기 때문입니다. 그리고 이런 욕망에 대한 갈망은 인간의 마음에 괴로움을 가져옵니다. 그러니 여기에서 벗어나려면 욕망의 실상을 바르게 알고, 이를 바르게 단속해야 합니다.

'앙굿따라니까야'의 '흐름의 경'에 보면, 밧지국의 반다마을에서 붓다는 수행승들에게 '욕망의 흐름에 따른 네 종류의 사람'에 대한 이야기를 합니다(A. Ⅱ. 5). 여기를 보면, 우리가 사는 욕계에는 감각적 욕망의 흐름에 따라 네 종류의 사람이 있습니다.

먼저, '감각적 욕망의 흐름을 따라서 내려가는 사람'이 있습니다. 그는 감각적 쾌락의 욕망에 빠져서 불선한 업을 계속 만드는 사람입니다. 이렇게 그는 감각적 쾌락의 욕망이 늘어나는 삶을 살고 있습니다. 그래서 그는 점점 커지는 욕망으로 인해 마음의 괴로움도 점점 커집니다. 그래서 그는 이런 욕망의 전도몽상에서 벗어나야 합니다.

두 번째로, '감각적 욕망의 흐름을 따라서 거슬러 올라가는 사람'이 있습니다. 그는 감각적 쾌락의 욕망에 빠지지 않으며, 불선한 업을 저지르지 않으려 합니다. 비록 고통이나 불만은 있지만, 그는 괴로움 속에서도 청정한 삶을 지키려고 노력합니다. 그래서 그에게 감각적 쾌락의 욕망에 의한 괴로움은 점점 줄어듭니다. 이렇게 그는 감각적 쾌락의 욕망이 줄어드는 삶을 살고 있습니다.

세 번째로, '감각적 욕망의 흐름 속에서 확립되어 서 있는 사람'
이 있습니다. 그는 다섯 가지 낮은 단계의 족쇄를 완전히 해소하
고, 청정한 삶을 확립해 나가는 자입니다. 이렇게 그는 욕망의 흐
름 속에서도 견고하게 서 있으며, 흔들리지 않습니다. 이렇게 그
는 욕망에서 벗어났으며, 거친 번뇌가 소멸한 삶을 살고 있습니다.

마지막으로, '감각적 욕망의 흐름을 건너서 피안에 도착하여 땅
위에 서 있는 거룩한 존재'가 있습니다. 그는 번뇌를 완전히 부수
고, 다섯 가지 높은 단계의 족쇄를 완전히 소멸시켜 올바른 앎을
실현하였고, 미세한 번뇌까지 완전히 소멸시켜 해탈·열반을 성취
한 자를 말합니다. 그래서 그는 번뇌의 흐름을 건너서 피안의 세
계에 도착해서 우뚝 서 있게 됩니다. 이제는 그에게 남아 있던 미
세한 번뇌도 소멸하고 없습니다. 이런 '욕망에 따른 네 종류의 사
람'을 표로 나타내면 다음과 같습니다.

[표I-10] 욕망에 따른 네 종류의 사람

욕망의 흐름	욕망에 따른 네 종류의 사람
감각적 욕망의 흐름을 따라 내려가는 사람	감각적 쾌락의 욕망의 흐름에 따라 행동하는 범부. 점점 커지는 괴로움
감각적 욕망의 흐름을 따라 거슬러 올라가는 사람	청정한 삶을 살기 위해 노력하는 선인. 점점 줄어드는 괴로움
감각적 욕망의 흐름 속에서 확립되어 서 있는 사람	다섯 가지 낮은 단계의 족쇄를 해소한 성자. 거친 번뇌의 소멸
감각적 욕망의 흐름을 건넌 거룩한 존재	다섯 가지 높은 단계의 족쇄를 완전히 해소한 성자. 미세한 번뇌의 소멸

이처럼 인간은 감각적 욕망이 있는 욕계에 살고 있습니다. 그래서 일반 범부는 욕망의 지배를 받으며, 이것을 점차 키우면서 살고 있습니다. 그러나 이를 넘어선 천상이나 범천 및 열반의 세계에 도달하기 위해서는 감각적 욕망의 흐름을 단속하고, 여기에서 벗어나야 합니다. 그리고 감각적 욕망의 흐름을 완전히 건너서 거룩한 존재의 경지에 들어서야 존재의 괴로움에서 완전히 벗어나게 됩니다. 이를 통해 그는 즐거워지려고 하는 행동으로 인해 오히려 괴로움을 맞게 되는 욕망의 전도몽상에서 완전히 벗어나게 됩니다.

나. 국자의 국 맛과 욕망에 가린 행복

우리는 배움을 지속하면서도 배움의 참뜻을 자주 잊어버립니다. 이것은 흡사 국 속에 있으면서도 국의 진정한 맛을 모르는 국자와도 같습니다. 그래서 인간은 행복 속에 있으면서도, 자신이 행복한 것은 모르고 오히려 욕망을 찾아서 불행을 향해 나아갑니다. 이것이 욕망의 전도몽상입니다. 이렇게 인간은 행복해지려고 하면서 거꾸로 괴로움 속으로 빠져드는 행을 하고 있습니다. 이것은 인생의 참 의미를 모르기 때문입니다. 그래서 국자가 국 맛을 모르듯 욕망에 가려 자신에게 있는 참 행복을 모르고, 밖에서만 행복을 찾으려고 합니다.

'담마파다'의 '어리석은 자의 품'을 보면, 사왓티 시의 제따 숲에 있는 기원정사에서 붓다는 수행승들에게 '어리석은 자는 현명한 자와 평생을 같이 한다 해도, 국자가 국 맛을 모르듯이 그 진리를 제대로 파악하지 못하게 된다'라고 합니다(Dhp. 64). 그리고 이경의 주석서에서 국과 국자의 비유를 들어 설명하고 있습니다 (DhpA. Ⅱ. 31). 여기를 보면, 한 음식점에서 요리사가 맛있는 음식을 만들기 위해 요리를 하고 있습니다.

이때 요리사는 요리하고 난 후에 요리된 음식의 냄비 안에 국과 국자를 같이 놓아둡니다. 그러나 국자는 국 안에 들어가 있어도, 국의 맛이 짠지, 신지, 쓴지, 매운지 혹은 떫은지 등에 대해 이를 알지 못합니다. 이렇게 국자는 국에 닿아 있어도 국의 내용물을 다른 곳으로 전달해 줄 뿐입니다. 그래서 국자는 실제로 국의 맛과 냄새 등에 대해서는 알려고도 하지 않았으며, 이에 대해서는 알지도 못합니다.

붓다는 이를 설명하면서, 두 명의 친구에 관한 이야기를 합니다. 한 마을에 두 명의 친구가 있었습니다. 어느 날 두 명의 친구는 붓다의 가르침을 듣기 위해 제따 숲에 왔습니다. 그리고 그들은 그곳에서 열리는 붓다의 법회에 참석합니다. 이곳에서는 많은 수행자가 법회에 참석해서 붓다의 가르침을 듣고 있었습니다. 그런데 이곳에 같이 온 두 명의 친구 중에서 한 친구는 법회에서 붓다의 가르침을 주의 깊게 경청합니다. 그리고 이런 가르침을 가슴에 새깁니다. 그래서 그는 이를 통해 흐름에 든 경지까지 성취합니다. 그러나 다른 친구는 같은 법회에서 같은 붓다의 가르침을 듣고 있지만, 그는 가르침을 경청하여 듣지 않습니다. 대신에 그는 다른 수행자들의 바지춤에 있는 돈을 훔칠 기회만을 엿보고 있습니다. 그러다가 결국 그는 다른 수행자들의 바지춤에서 돈을 훔칩니다. 그리고 그날 저녁에 그는 하룻밤의 끼니를 해결할 요리를 장만해서 집으로 돌아갑니다. 이렇게 그는 하룻밤의 끼니를 해결하게 된 것을 기뻐하고 즐거워합니다. 그러나 이런 즐거움은 오래 가지 못하며, 이런 바르지 못한 삿된 행위는 인간 삶의 괴로움으로 변합니다. 그리고 이렇게 남의 물건을 훔친 것은 그 사람의 의식 속에 자리를 잡고 있다가, 그에게 불선한 과보를 안겨줍니다. 이것이 즐겁기 위해 한 행동으로 인해 괴로움이 발생하는 욕망의 전도몽상입니다.

이처럼 두 명의 친구는 붓다의 법회에 똑같이 참석했지만, 한 명의 친구는 이를 통해 흐름의 거룩한 경지에 들어 대행복을 증득할 수 있는 기회를 얻었습니다. 그러나 다른 친구는 국그릇 안에 있어도 국 맛을 모르는 국자처럼, 붓다의 가르침 안에 있었지만, 그것을 들으려고 하지 않았고 알려고도 하지 않았습니다. 그는 오직 물질적인 욕망만을 노렸습니다. 그 결과 그는 인간 삶의 괴로움 속에서 헤어나지 못했으며, 선한 과보를 증득할 기회마저 놓치고 말았습니다. 이렇게 감각적 욕망은 국 맛을 모르는 국자와 같이 내 안에 있는 행복을 모르게 하고, 그 행복을 밖에서만 찾으려

하게 하며, 인생의 참 의미를 모르게 합니다. 이것이 욕망의 전도 몽상입니다.

다. 독수리와 열 가지 욕망의 비유

눈·귀·코·혀·몸·정신의 통로를 통해 감각적 욕망이 일어납니다. 이런 감각적 욕망은 쓰면 쓸수록 커지며, 사용하지 않으면 소멸하는 구조를 갖고 있습니다. 이를 감각적 욕망의 증장구조라고 합니다. 그런데 감각적 욕망의 크기가 커지면 커질수록 받게 되는 괴로움의 크기도 커집니다. 그래서 인간 삶에서 나타나는 괴로움의 크기를 줄이거나, 이를 소멸시키기 위해서는 감각적 욕망의 크기를 줄여야 합니다.

'맛지마니까야'의 '뱀의 비유 경'에 보면, 사왓티 시의 제따 숲에 있는 기원정사에서 붓다는 수행승들에게 '감각적 쾌락의 욕망'에 대해 이를 설명하고 있습니다(M. I. 132). 여기를 보면, 감각적 쾌락의 욕망에 대해 이를 열 가지 비유로 설명합니다.

먼저, 감각적 쾌락의 욕망에 대해, 이를 뼈다귀에 비유합니다. 만약 개에게 피 묻은 뼈다귀만 준다면 개는 이것을 아무리 빨아도 그의 굶주림은 해결되지 못합니다. 이처럼 감각적 쾌락의 욕망을 갖는다고 해도 이로 인해 자신의 괴로움이 해결되지는 못합니다. 이것은 전도몽상일 뿐입니다. 그러니 이런 욕망에서 빨리 빠져나와야 합니다.

두 번째로, 감각적 쾌락의 욕망에 대해, 이를 고깃덩이에 비유합니다. 만약 독수리 또는 까마귀 등이 고깃덩이를 물고 가게 되면 주변의 독수리 등이 그를 가만히 놓아두지 않습니다. 이처럼 감각적 쾌락의 욕망을 쓰게 되면 주변의 불선한 마음작용들이 그를 가만히 내버려두지 않습니다. 그리고 불선한 마음작용들은 그를 끊임없이 괴롭힙니다. 그러니 괴로움에서 벗어나려면 감각적 쾌락의 욕망을 빨리 내려놓아야 합니다.

세 번째로, 감각적 쾌락의 욕망에 대해, 이를 건초 횃불에 비유합니다. 만약 사람이 바람 부는 방향으로 횃불을 들고 가면 거꾸로 불이 번져 그는 온몸에 화상을 입을 것입니다. 이처럼 감각적 쾌락의 욕망을 갖고 인생길을 가면 그것은 자신에게 거꾸로 불선한 과보를 일으켜서, 자신의 마음을 괴로움에 불타게 하며, 이로 인해 그의 마음은 상처를 입을 것입니다. 그러니 감각적 쾌락의 욕망을 빨리 꺼야 합니다.

네 번째로, 감각적 쾌락의 욕망에 대해, 이를 숯불 구덩이에 비유합니다. 만약 자신의 키보다 큰 숯불 구덩이에 빠지면 불에 타서 죽게 됩니다. 이처럼 감각적 쾌락의 욕망도 거기에 빠지면 자신의 마음이 괴로움에 불타서 죽을 수도 있습니다. 그러니 괴로움에서 벗어나려면 감각적 쾌락의 욕망에서 빨리 나와야 합니다.

다섯 번째로, 감각적 쾌락의 욕망에 대해, 이를 꿈에 비유합니다. 만약 아름다운 꿈을 꾸어서 즐거워하더라도 꿈에서 깨고 나면 허무해집니다. 그것은 실제로 일어난 사실이 아니기 때문입니다. 이처럼 감각적 쾌락의 욕망도 잠시만 즐거울 뿐입니다. 그 순간이 지나가고 나면 이것은 허무해지고, 괴로워집니다. 그래서 감각적 쾌락의 욕망은 자신에게 영원한 즐거움을 주지 못합니다. 그러니 거기서 빨리 깨어서 나와야 합니다.

여섯 번째로, 감각적 쾌락의 욕망에 대해, 이를 빌린 물건에 비유합니다. 만약 빌린 물건을 주인이 와서 달라고 하면 주어야 합니다. 그래서 이것에 집착한다는 것은 어리석음입니다. 이처럼 감각적 쾌락의 욕망도 시간이 와서 달라고 하면 그것은 사라집니다. 그것이 자신과 함께 영원히 같이 있을 수는 없습니다. 그래서 감각적 쾌락의 욕망에 집착해서는 안 됩니다. 그러니 감각적 쾌락의 욕망에 집착하지 말아야 합니다.

일곱 번째로, 감각적 쾌락의 욕망에 대해, 이를 과일이 열린 나무에 비유합니다. 먹고 싶은 사과를 따기 위해서 사과나무에 올라가려고 합니다. 그러나 나무 밑에서는 나무를 자르고 있습니다. 그래서 사람이 잘리는 나무 위로 올라가려고 하는 것같이 위험합니다. 이처럼 감각적 쾌락의 욕망은 평온의 나무를 자르는 것과 같이 자신을 위태롭게 하고, 위험하게 합니다. 그러니 거기서 빨리 내려와야 합니다.

여덟 번째로, 감각적 쾌락의 욕망에 대해, 이를 칼에 비유합니다. 만약 몸이 칼에 의해 파내지기도 하고 잘린다면 몸이 아프기도 하고, 자칫 목숨이 위태로울 수도 있습니다. 이처럼 욕망도 그 것을 행함으로써 나타나는 괴로움으로 마음이 잘리기도 하고, 마음이 아프기도 하며, 자칫 목숨이 위태로울 수도 있습니다. 이렇게 감각적 쾌락의 욕망은 칼처럼 날카롭습니다. 그러니 그것을 빨리 내려놓아야 합니다.

아홉 번째로, 감각적 쾌락의 욕망에 대해, 이를 창에 비유합니다. 만약 몸이 창에 의해 찔린다면 몸이 아프기도 하고, 자칫 목숨이 위태로울 수도 있습니다. 이처럼 욕망도 그것을 행함으로써 나타나는 불선한 행으로 마음을 찌른다면 마음이 아프기도 하고, 괴로움으로 빠져들며, 자칫 삶이 위태로울 수도 있습니다. 이렇게 감각적 쾌락의 욕망은 창끝처럼 날카롭습니다. 그러니 그것을 빨리 내려놓아야 합니다.

열 번째로, 감각적 쾌락의 욕망에 대해, 이를 뱀 머리에 비유합니다. 만약 뱀의 머리를 잘 잡지 못하고, 잘못 잡게 되면 뱀이 거꾸로 머리를 돌려서 뱀을 잡은 사람을 물어서 그는 고통을 당합니다. 그러나 뱀의 머리를 잘 잡으면, 뱀이 꼬리로 휘감을지언정 죽거나 죽을 정도의 고통을 당하지는 않습니다. 이처럼 감각적 쾌락의 욕망도 이를 제어하지 못하면 즐거워지려고 한 행동이 거꾸로 머리를 돌려서 괴로움을 줄 수도 있습니다. 그러니 괴로움에서 벗어나려면 감각적 쾌락의 욕망을 잘 단속해야 합니다. 이런 '열 가지 감각적 욕망의 비유'를 표로 나타내면 다음과 같습니다.

[표Ⅰ-11] 열 가지 감각적 욕망의 비유

비유의 구성		비유 내용	욕망 비유	욕망 단속
뼈다귀에 비유		아무리 빨아도 굶주림 해결되지 못한다.	전도몽상	빠져나와야 함
고깃덩이에 비유		주변의 독수리 등이 가만히 두지 않는다.	불선한 마음작용	내려놓아야 함
건초 햇불에 비유		온몸에 화상을 입을 것이다.	불선한 과보	꺼야 함
숯불 구덩이에 비유		큰 숯불 구덩이에 빠진다.	마음의 괴로움	나와야 함
꿈에 비유		꿈도 깨고 나면 허무하다.	허무	깨어나야 함
빌린 물건에 비유		주인이 와서 달라면 줘야 한다.	집착	집착 말아야 함
과일 열린 나무에 비유		잘리는 나무 위에 있는 것과 같이 위험하다.	평온의 나무	내려와야 함
칼에 비유		칼에 의해 파내지고 잘리는 것과 같다.	마음을 자름	내려놔야 함
창에 비유		창끝처럼 날카로워 찔리는 것과 같다.	마음을 찌름	내려놔야 함
뱀 머리에 비유		뱀이 머리를 돌려 물릴 수 있다.	괴로움	단속해야 함

이렇게 욕망은 전도몽상의 길입니다. 그러니 감각적 쾌락의 욕망을 내려놓고, 거기서 빨리 빠져나와야 행복의 길로 갈 수 있습니다. 이와 같은 비유에서 알 수 있듯이 감각적 쾌락의 욕망을 추구하면 이를 통해서 오히려 삶의 괴로움, 근심 및 걱정이 늘어나게 됩니다. 또한 이것은 행복을 감소시키며, 어려움을 낳게 하는 원인이 됩니다. 이렇게 즐겁기 위해서 한 감각적 쾌락의 욕망이 오히려 괴로움을 가져다줍니다. 그리고 감각적 쾌락의 욕망은 채워도 끝이 없습니다. 그래서 이것을 갖고 있을수록 자신에게 화를 초래할 뿐입니다.

그러니 감각적 쾌락의 욕망을 내려놓는 수행을 해야 합니다. 그래서 감각적 쾌락을 향한 욕망의 불꽃이 타오르지 않도록 고요한 마음으로 이를 잠재워야 합니다. 이것이 욕망의 전도몽상에서 빠져나오는 길입니다.

라. 까마귀와 탐·진·치의 바다

상대방을 알고, 나를 알면 백전백승합니다. 그러나 내가 나도 잘 모르는데 상대방을 잘 안다는 것은 쉽지 않습니다. 그래도 일반적으로 상대방을 안다는 것은 전쟁에서 승리할 수 있는 유용한 조건이 됩니다. 그리고 적과 싸워서 적을 물리치려면 이기기에 적합한 방법을 사용해야 합니다. 그러나 불을 끄기 위해 그곳에 기름을 붓는다면 이것은 불을 더욱 키우게 됩니다. 마찬가지로 탐·진·치를 물리치려고 하는데, 그곳에 갈애나 집착을 사용한다면 이것은 탐·진·치를 더욱 키울 뿐입니다. 그래서 탐·진·치를 물리치려면 탐·진·치와는 상극인 고요함과 지혜를 이용해야 합니다. 이렇게 상대방을 알고, 나에 대해서도 알아야 행복의 길로 갈 수 있습니다.

'담마파다'의 '길의 품'의 주석서를 보면, 사왓티 시의 제따 숲에 있는 기원정사에서 붓다는 수행승들에게 '바닷물은 줄지 않고 다시 차오른다'에 대한 이야기를 합니다(DhpA. III. 421~425). 여기를 보면, 어느 바닷가에서 까마귀들이 줄지어 거닐고 있습니다. 그런데 이렇게 바닷가를 거니는 까마귀들에게 거센 파도가 순식간에 덮칩니다.

그래서 그들 중 한 까마귀가 파도에 휩쓸려 바다에 빠지고 말았습니다. 그러자 나머지 까마귀들이 그 까마귀를 살리려고 부리로 바닷물을 퍼냅니다. 까마귀들은 "내가 부리로 바닷물을 다 퍼내서 친구 까마귀를 살려낼 것이다"라고 말하면서 부리로 바닷물을 열심히 퍼냅니다. 그러다 결국 까마귀들은 지치게 됩니다. 이렇게 그들이 바닷물을 부리로 퍼내서 바다에 빠진 친구 까마귀를 살려내려고 하지만, 그들이 아무리 노력한다고 해도 바닷물은 줄어들지 않으며 다시 차오릅니다. 그러니까 이것은 상대방을 모르는 것이며, 지혜롭지 못하고 어리석은 행동입니다. 비록 그들의 마음이 순수하고 감동적이라고 하더라도, 그것은 어리석은 행동입니다.

그것은 까마귀를 살릴 수 있는 적합한 방법이 아닙니다. 그래서 다른 안전한 도구를 사용해서 바다에 빠진 까마귀를 구출해야 합니다. 그리고 처음부터 지혜로운 까마귀라면 심하게 파도치는 바닷가에는 가지 않았을 것입니다. 그래서 파도가 잔잔할 때 바닷가에 가거나, 아니면 가더라도 배 위에서 바다를 안전하게 건널 것입니다. 이렇게 파도인 상대방에 대해서 알고, 이를 대비해서 행동해야 합니다.

이처럼 인간도 괴로움을 유발하는 욕망의 바다에 빠지면 거기에서 빠져나오기가 어렵게 됩니다. 이때 욕망으로 발생한 괴로움에서 빠져나오기 위해 갈애와 집착을 사용한다면 이는 더 큰 괴로움으로 그에게 돌아올 것입니다. 왜냐하면 일시적 즐거움은 조건이 다하면 사라지고, 이는 더 큰 괴로움으로 다가오기 때문입니다. 그래서 이런 방법으로는 욕망의 바다인 탐·진·치의 바다에서 빠져나올 수 없습니다.

그러니 이를 위해서는 탐·진·치의 바다에서 벗어나 고요함 속에 있거나, 아니면 지혜의 반야선을 타고 탐·진·치의 바다를 안전하게 건너야 합니다. 이렇게 탐·진·치에 대해서 알고, 이를 대비해야 합니다. 그러나 탐·진·치의 바다에 빠져 여기에 집착하고 갈애를 일으키면서, 여기에서 벗어나려고 한다면 그것은 전도몽상입니다. 왜냐하면, 탐·진·치는 쓰면 쓸수록 줄어드는 것이 아니라, 오히려 이들은 증가하는 증장구조를 갖고 있기 때문입니다. 그리고 재물에 대한 욕망, 권력에 대한 욕망, 삿된 것에 대한 욕망도 이와 같습니다. 또한 이들에 대한 욕망의 씨앗이 조금이라도 남아 있다면, 그것은 어느 순간 다시 불타올라 크게 번지게 될 것입니다.

'담마파다'의 '길의 품'에 보면 이것은 마치 '젖먹이 송아지가 어미소에 매이듯이, 그것에 다시 매이게 됩니다'라고 합니다(Dhp. 284). 그러니 탐·진·치의 세력이 확장되지 않도록 감각의 문을 잘 단속해야 합니다. 그리고 탐·진·치를 소멸시키기 위해서는 지혜를 얻기 위한 통찰과 수행을 해야 합니다. 그것이 탐·진·치에 대해 올바르게 알고, 이를 올바르게 물리치는 방법입니다. 이런 방법이 욕망의 전도몽상에서 벗어나는 길이며, 붓다가 말하는 팔정도의 길이고, 중도의 길입니다.

○ 남자의 욕구

욕계에 사는 인간의 마음에는 감각적 욕구에 대한 갈애와 이에 대한 집착이 수많은 생을 거쳐서 강하게 자리 잡고 있습니다. 그래서 남녀 간의 감각적 욕구는 이를 쉽게 떨쳐버릴 수는 없습니다. 그리고 감각적 욕구에 대한 갈애와 이에 대한 집착은 인간에게 괴로움으로 나타납니다. 그래서 감각적 욕구에 대한 갈애와 집착이 발생하지 않도록 이들을 잘 단속해야 합니다.

'맛지마니까야'의 '데바다하 경'에 보면, 싸끼야 국의 데바다하에서 붓다는 수행승들에게 '욕구의 갈애'에 대한 이야기를 합니다

(M. II. 223). 여기를 보면, 어느 마을에 한 남자가 있었습니다. 그는 마을에 있는 한 여자에게 강한 감각적 욕구를 갖습니다.

그래서 그는 이런 감각적 욕구에 의한 갈애로 그녀에게 집착하게 됩니다. 이를 통해 그는 그 여자에게 마음이 묶이게 됩니다. 그러나 이것은 그에 의한 일방의 마음입니다. 그래서 이런 일방의 마음은 쉽게 이루어질 수 없습니다. 따라서 그는 그녀에 대한 갈애와 집착으로 잠 못 이룹니다. 그리고 그는 그 여자가 다른 남자와 수다를 떨며 웃고 떠드는 모습만 보더라도, 그의 마음에는 슬픔, 비탄, 우울 및 불안 등이 자리를 잡습니다. 또한 그는 단순히 그 여자의 웃는 모습만 보더라도 고통의 연민에 빠집니다. 이것이 감각적 욕구에 대한 갈애와 집착에서 생겨나는 괴로움입니다. 이것은 끊임없이 일어나기 때문에 그를 괴로움에 빠트립니다. 그러나 그는 이것에서 쉽게 빠져나오지 못합니다. 그리고 이런 갈애와 집착은 그를 점점 더 괴롭게 만듭니다.

'담마파다'의 '길의 품'의 주석서를 보면, 사왓티 시의 제따 숲에 있는 기원정사에서 붓다는 수행승들에게 '이렇게 남자가 여자에 대한 번뇌의 덤불이 조금이라도 남아 있게 되면 이것은 젖먹이 송아지가 어미 소에 매이듯 마음을 속박한

다(Dhp. 284)'라고 이야기합니다. 이렇게 인간이 감각적 욕구에 매이면 그곳에서 빠져나오기 어렵게 됩니다.

이곳에 감각적 욕구인 어미 소가 있으며, 여기에 갈애와 집착하는 송아지가 있습니다.

이렇게 감각적 욕구에 매이면 여기에서 갈애와 집착이 일어나며, 이는 어미 소에 매인 송아지처럼 상대방을 계속 쫓아다닙니다. 그래서 그는 여기에서 벗어날 수 없습니다. 그리고 이것은 지혜가 성숙하기 전까지는 계속해서 그를 쫓아다닙니다. 그래서 이것은 그를 괴로움에 빠지게 합니다.

그러나 한 남자가 한 여자에게 향했던 감각적 욕구에 매임이 사라지면 이때는 이에 따른 갈애와 집착이 떨어져나가게 됩니다. 그러면 한 여자가 다른 남자와 수다를 떨며 웃고 떠드는 것을 보더라도, 그는 거기에서 슬픔, 비탄, 고통, 우울 및 불안 등을 느끼지 않습니다. 한 남자의 마음에 감각적 욕구에 대한 갈애가 없으면 그것이 더는 그를 괴롭히지 않기 때문입니다. 그래서 이것이 있을 때는 그를 죽음의 고통으로까지 인도했지만, 그것이 떨어져나가면 언제 그랬냐는 듯이 그것은 그에게 아무런 고통을 안겨주지 못합니다.

이처럼 마음에 지혜라고 하는 햇빛이 들게 되면 이런 곳에 있던 욕망의 그늘은 순식간에 사라집니다. 그리고 이곳에 언제 감각적 욕구가 있었냐는 듯이 마음은 순식간에 밝아집니다. 이것이 감각적 욕구의 갈애에 대한 특성입니다. 이렇게 마음의 변화로 인해 감각적 욕구에의 매임도 순식간에 끊어집니다. 그러면 이에 따른 갈애와 집착도 순식간에 사라집니다. 이처럼 행복해지기 위해서 감각적 욕구를 일으킨다고 하지만, 이는 거꾸로 괴로움을 낳게 하는 갈애와 집착을 낳습니다. 이렇게 욕망은 전도몽상을 가져오므로 이에서 벗어나야 합니다. 이것이 붓다가 들려주는 '욕망은 전도몽상인 것'입니다.

6. 분노는
엄습하는 것

'나'라고 하는 존재는 고정불변한 존재가 아닙니다. 그래서 항상 즐거운 상태로 있을 수는 없습니다. 이렇게 내가 갖고 있으며, 내가 좋다고 생각하는 것들인 젊음, 건강, 재물 및 명예 등이 영원하기를 바랍니다. 또한 사람은 내가 가진 즐거움, 행복 및 기쁨 등이 계속 유지되기를 원합니다. 그러나 이들은 수시로 변합니다. 그래서 이렇게 수시로 변하는 나를 보며 사람은 슬퍼하게 되고 분노를 일으키게 됩니다. 그리고 사람들은 노력은 조금만 하고도 성과는 많이 얻기를 원합니다. 그래서 노력은 하나만 해놓고 둘 이상의 결과를 얻으려 하며, 둘 이상의 결과를 얻지 못했다고 분노를 일으킵니다. 이것뿐만이 아닙니다. 자신의 능력은 하나뿐인데, 둘 이상 능력이 나오기를 원합니다. 그것이 자신의 한계입니다. 그러나 둘 이상의 능력이 나오지 못하는 나를 보고, 분노하고 비관합니다. 이렇게 분노는 즐거움이 항상하기를 원하고, 한 것보다 많이 얻기를 원하며, 자기의 능력을 과대평가하는 것으로부터 일어납니다. 따라서 분노는 바라는 대로 이루어지지 않으며 원하는 것을 얻지 못했을 때 일어납니다.

그리고 이렇게 마음에서 분노가 일어나면 질투, 인색 및 후회가 같이 따라서 일어납니다. 이렇게 분노는 마음을 엄습해서 마음을 괴롭게 만듭니다. 이를 통해 밖으로 나온 분노는 자신의 삶을 현생에서도 어렵게 만들고, 미래 생에서도 어렵게 만듭니다. 그러니 분노는 다스려야 합니다. 그리고 고요하고 편안한 삶이 유지되도록 마음의 도량을 자비로 넓혀놓아야 합니다. 그래서 어떤 분노가 들어오더라도 자비의 선한 마음으로 이를 단속할 수 있도록 넓은 마음의 도량을 만들어놓아야 합니다. 본 장에서는 이런 '분노는 엄습하는 것'에 대해 살펴보겠습니다.

가. 불씨와 같은 분노

분노는 마음속에 숨어 있습니다. 그리고 분노는 평상시에도 자신들의 아군을 모집해서 세력을 확장해나갑니다. 그리고 어느 순간에 그들의 세력이 쌓여서 이들이 선한 마음작용보다 힘이 세지면, 이때는 일순간에 분노가 폭발해버립니다. 이런 분노의 폭발에도 작은 불꽃과 같은 폭발이 있고, 화산과 같은 큰 폭발이 있습니다. 그런데 화산과 같은 큰 폭발은 앞뒤를 가리지 않으며, 요란하게 일어납니다. 이렇게 요란하게 일어난 폭발의 분노는 화산과 같이 큰 악업을 발생시킵니다. 그리고 이런 폭발의 분노는 어리석은 자를 미래 생에 사악처의 궁지로 몰아넣게 됩니다. 이렇게 분노는 마음으로 엄습해 들어옵니다.

'담마파다'의 '어리석은 자의 품'을 보면, 라자가하 시의 벨루 숲의 죽림정사에서 붓다는 수행승들에게 '악업은 그것을 지은 자를 계속해서 쫓아다닌다'에 대한 이야기를 합니다(Dhp. 71). 여기에서 보면, 악업을 지은 자의 악한 행위는 금방 모습을 드러내지는 않습니다. 그것은 재 속에 숨어 있는 불씨처럼 마음속에 숨어 있습니다.

그러다가 악업은 어느 순간 세력이 커지면 작열해서 어리석은 자를 쫓아갑니다. 또한 이는 새로 방금 짠 우유와 같이 금방 굳지 않습니다. 소에서 금방 짠 우유는 굳지 않고, 변하지도 않으며, 당분간 자연 상태를 유지합니다. 이렇듯 악한 행위도 금방 짠 우유처럼, 그 행위를 한 후에 바로 그것이 여물지는 않습니다. 만약 악한 행위를 한 후에 이것이 바로 여문다면, 누구든지 악한 일을 하지 못할 것입니다. 왜냐하면, 그것의 불선한 과보가 너무 크다는 것을 알게 되기 때문입니다.

또한 이전의 선한 행위가 악한 행위를 상쇄시키기도 합니다. 그래서 선한 행위의 효력이 다하면, 남아 있는 악한 행위의 불선한 과보를 받게 됩니다. 그러나 재 속에 숨겨진 불씨는 밟아도 즉시 꺼지지 않습니다. 불씨는 재 속에 숨어 있다가, 어느 순간에 다시 여건이 되면 불이 붙어서 주위의 모든 것을 불태워버릴 수도 있습니다. 이렇듯 악업은 악업을 지은 자의 마음속에 숨어 있다가, 어느 순간에 악업을 지은 자가 행한 길을 따라가서, 악업을 지은 자의 마음을 불태워버릴지도 모릅니다.

'어리석은 자의 품'의 주석서를 보면, 이런 악업을 낳게 되는 분노의 과보에 대한 이야기가 있습니다(DhpA. Ⅱ. 65~67). 옛적에 바라나시의 강둑에 있는 한 초암에 연각불이 살고 있었습니다. 그래서 초암의 주변에 사는 재가자들은 꽃, 등 및 향 등의 공양물을 갖고 가서, 그곳에 있는 연각불에게 예를 올리곤 했습니다.

그때 한 재가 신자가 연각불에게 공양물을 올리기 위해 초암으로 가고 있었습니다. 그런데 가던 길이 막혀서, 어쩔 수 없이 길 옆에 있는 한 농부의 밭을 밟고 지나갑니다. 그러나 나중에 이런 사실을 알게 된 밭의 주인인 농부는 너무 화가 났습니다. 그래서 그는 그에게 일어난 분노를 삭이지 못하고 연각불이 출타하고 초암에 없는 틈을 타서 그곳에 가서 초암을 부수고, 그곳을 불태워버립니다. 그리고 이렇게 초암이 불타 없어지게 되자, 연각불은 그 지역을 떠나 다른 곳으로 가게 됩니다. 이를 알게 된 재가 신자들은 농부를 찾아가 그에게 화를 내고, 그와 싸움을 합니다. 그리고 이를 연유로 해서 그 농부는 시름시름 앓다가 죽게 됩니다. 그런데 농부는 이런 악업에 의한 과보로 죽어서 아비지옥에 태어납니다. 그곳에서 그는 악업의 과보를 받게 됩니다. 이런 아비지옥의 악업을 받고서도 그에게는 아직 소멸하지 않은 과보가 남아 있게 됩니다. 그래서 그는 다시 뱀 귀신으로 현생에 태어납니다.

이렇게 그에게 엄습한 분노로 인해 그는 초암을 부수고 불태웠으며, 이로 인해 그는 아비지옥에 태어나는 불선한 과보를 받습니다. 그리고 그 후에도 그는 그에게 아직 남아 있는 분노에 의한 악업의 과보를 계속 받게 됩니다. 이렇게 분노의 악업은 그것을 지은 자의 과보가 끝날 때까지 그를 계속 쫓아다닙니다. 그러니 분노가 엄습하지 않도록 마음의 도량을 자비로 선하고 크게 만들어 놓아야 합니다.

○ 분노의 엄습과 통제

인생을 통해 마음으로 분노가 엄습합니다. 사람은 자신이 좋아하는 것이 사라지는 것을 보고 분노를 일으키며, 자신이 한 일보다 더 많은 결과를 얻기를 원하면서 분노를 일으키고, 자신의 능력에 비해 적게 일어난다고 하면서 분노를 일으킵니다.

그러나 이것은 한 만큼 받아야 하는 인과의 법칙에는 어긋나는 것입니다. 그래서 분노를 일으키면 일으킨 만큼 다시 불선한 과보를 받게 됩니다. 그러니 분노를 통제해야 합니다. 그리고 통제할 수 없는 바깥을 바꾸는 것보다는 어느 정도는 통제할 수 있는 자신의 마음을 바꿔야 합니다. 그래야 평온하며, 만족한 삶을 살 수 있습니다.

이처럼 자신의 마음에 분노가 엄습하게 되면, 내가 처한 상황보다 많은 것을 원하는 것이라는 것을 알아야 합니다. 그래서 자기가 한 일보다 조금 덜 받기를 원하는 것이 분노 없이 편안한 삶을 살 수 있습니다. 이렇게 원함이 줄면 분노도 줄며, 원함이 사라지면 분노도 사라집니다. 그래야 분노를 통제할 수 있으며, 분노의 엄습에서 차츰 벗어날 수 있습니다.

나. 눈먼 수행자의 전생

발생한 업과 과보에 대한 인과법칙은 분명합니다. 그리고 이렇게 발생한 과보는 그것이 소멸할 때까지 업을 지은 자를 계속해서 쫓아다닙니다. 이것은 흡사 수레가 소의 발자국을 따라가는 것과 같습니다. 이렇게 업은 업을 지은 자를 따라가서 과보로 나타납니다. 그래서 사람에게 일어난 분노의 업도 일으킨 자를 따라가서는 악업으로 나타납니다.

'담마파다'의 '쌍의 품'의 주석서를 보면, 사왓티 시의 제따 숲에 있는 기원정사에서 붓다는 수행승들에게 '악업은 악업을 만든 자를 따라다니는 것'에 대해 이야기합니다(DhpA. I. 3~35). 여기를 보면, 한때 수행승 중에 장로 마라빨라가 있었습니다.

그는 끊임없는 정진을 통해 눈에 병이 생겼습니다. 그래서 의사는 그에게 편히 누워서 잠을 잘 것을 권했습니다. 그러나 그는 수행에 진전을 보기 위해서 삼 개월간 눕지도 않을 것이고, 잠도 자지 않을 것이라고 결심합니다. 그리고 비록 눈이 파괴되고 망가질 지언정 붓다의 법을 지킬 것이라고 맹세합니다. 이렇게 수행을 정진한 결과, 그는 드디어 거룩한 존재의 경지에 오르게 됩니다. 그러나 그는 몸을 제대로 돌보지 않고 수행 정진하는 바람에 장님이 되고 말았습니다. 그 후의 어느 날 그는 붓다를 뵈러 제따 숲으로 가는 중이었습니다. 그 길에서 그는 앞을 보지 못하기 때문에 우연히 벌레 몇 마리를 밟고 지나가게 됩니다. 그런데 주변에서 이를 본 수행승들은 이로 인해 그에게 허물이 생겼다고 하며, 이것을 문제 삼습니다. 그리고 이런 문제를 수행승들은 붓다에게 전합니다. 그러자 이를 전해 들은 붓다는 이에 대해 "그는 벌레를 보지도 못했으며, 밟으려는 의도도 없었으므로 이는 허물이 되지 않는다"라고 말합니다.

그러면서 붓다는 그가 그럴 수밖에 없었던 이유에 대해, 장로 마라빨라의 전생 이야기를 수행승들에게 해줍니다. 마라빨라는 전생에 의사였습니다. 그리고 그는 한때 그곳에 살던 가난한 여인의 시력을 무료로 치료해서 회복시켜주기로 그녀와 약속합니다. 그러자 여인도 시력이 회복되면 자식과 함께 그의 하인이 되겠다고 약속합니다. 그리고 치료가 진행되면서 그녀는 점차 시력을 회복하기 시작합니다. 이렇게 시력이 점차 회복되자 그녀의 마음도 점차 변하기 시작합니다. 그래서 그녀는 의사의 하인이 되겠다는 약속을 지키고 싶지 않아집니다.

따라서 그녀는 시력이 점점 좋아지면서도 시력이 점점 나빠지는 것처럼 의사를 속입니다. 그런데 결국 이런 사실을 의사가 알아챕니다. 그리고 이런 사실에 대해 의사는 분노합니다. 그래서 그는 여인에게 치료와는 다른 약을 처방해줍니다. 그러자 여인은 시력이 회복되기는커녕 시력을 완전히 잃고 말았습니다. 참으로 안타까운 일입니다. 그리고 세월이 흐르고, 의사는 죽게 됩니다. 그리고 그는 다음 생인 이곳에서 수행자인 마라빨라로 태어났던 것입니다. 그런데 그는 이렇게 분노해서 여인에게 잘못된 치료를 한 행위로 인해 현생에서 그도 눈먼 수행자가 되는 과보를 받게 됩니다. 이렇게 마라빨라는 분노로 인해 현생에서 장님의 과보를 받게 된 것입니다.

이처럼 업으로 인해 발생한 과보는 소가 끄는 수레가 소의 발자국을 따라가듯, 업은 지은 자를 따라가서 과보를 받게 합니다. 그래서 분노를 일으키지 말아야 합니다. 분노를 일으키면 이에 의한 악업이 발생하게 되고, 이것은 악업을 일으킨 자를 쫓아가서 그에게 사악처에 나는 불선한 과보로 나타납니다. 이렇게 업을 따라가는 과보는 소가 끄는 수레와 같습니다. 이를 그림으로 나타내면 다음과 같습니다.

[그림I-2] 소가 끄는 수레의 과보

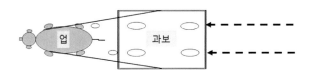

이처럼 자신이 쌓은 업에 의한 과보는 자신이 받게 됩니다. 그래서 과보는 그것을 지은 자를 과보가 소멸할 때까지 계속 쫓아다닙니다. 그리고 분노로 인해 쌓인 악업은 그것을 지은 자를 계속 쫓아가서, 과보가 끝날 때까지 그를 사악처로 인도합니다. 그러니 엄습하는 분노에 의한 악업은 짓지 말아야 합니다.

다. 본부인의 질투

원한은 수레바퀴와 같습니다. 원한은 원한으로 끊을 수 없습니다. 그래서 원한을 갖게 되면 원한의 수레바퀴가 작동하는 동안에는 계속해서 세세생생 서로 간에 원한 관계에 놓이게 됩니다. 이것은 서로가 서로에 대한 원한이므로 원한을 갖는다고 해서 이런 원한 관계가 끊어지는 것은 아닙니다. 그러니 어느 순간에 누군가에 의해 용서와 자비의 베풂이 이루어져야 분노에 의한 원한 관계가 끊어지게 됩니다.

'담마파다'의 '쌍의 품'을 보면, 사왓티 시의 제따 숲에 있는 기원정사에서 붓다는 수행승들에게 '원한은 원한으로 끊을 수 없다'라며, 야차녀 깔리에 관한 이야기를 합니다(Dhp. 5). 이의 주석서를 보면, 한 도시에 부유한 장자가 살고 있었습니다(DhpA. I. 45~50). 그런데 여기를 보면, 그의 아내는 아이를 낳지 못했습니다.

그래서 부유한 장자는 후처를 맞이합니다. 그리고 얼마 후에 후처는 임신하게 됩니다. 그러자 본부인은 자신이 본부인의 자리에서 쫓겨날까 봐 불안해하며, 후처의 임신을 질투합니다. 그래서 본부인은 음식에 약을 타서 후처의 임신을 낙태시킵니다. 그 후에 후처가 다시 임신하게 됩니다. 그러자 본부인은 이번에도 같은 방법을 써서 후처의 임신을 낙태시킵니다. 이런 상황이 반복되자 후처는 이런 낙태에 관해 본부인을 의심합니다. 그래서 그녀는 세 번째 임신했을 때는 그 사실을 본부인에게 알리지 않았습니다. 그러나 결국 임신 사실을 본부인이 알게 되고, 본부인은 다시 아이를 유산시킬 계략을 꾸밉니다. 이에 후처는 본부인에게 맞서서 아이를 지키려고 합니다. 그러다 본부인의 계략으로 인해 후처는 아이를 낳다가 죽게 됩니다. 그러자 후처는 죽기 전에 분노와 증오심에 불타서 본부인에 대한 복수를 다짐합니다. 그리고 이렇게 세 번에 걸친 후처의 낙태와 죽음이 본부인의 소행임을 남편이 알게 됩니다. 그래서 남편은 화를 내며 본부인을 때립니다. 그리고 이것을 원인으로 해서 본부인도 숨지게 됩니다.

이렇게 죽음을 맞이하게 된 본부인은 다음 생에 암탉으로 태어납니다. 그리고 후처는 암고양이로 태어납니다. 그래서 암고양이는 암탉이 알을 낳을 때마다 알을 빼앗아서는 이것을 먹어버립니다. 그러자 암탉은 죽을 때 분노하며, 이런 원한에 대한 복수를 다짐합니다. 그래서 다음 생에 암탉은 암표범으로 태어납니다. 그리고 암고양이는 다시 암사슴으로 태어납니다. 그래서 암표범은 암사슴이

새끼를 낳을 때마다 세 번이나 새끼를 잡아먹습니다. 이에 대해 다시 원한을 품은 암사슴은 다음 생인 붓다 시대에는 야차녀로 태어납니다. 이때 암표범은 사왓티 시의 귀족의 딸로 태어납니다.

이윽고 귀족의 딸은 성장해서 결혼하게 되고, 그녀는 아들을 낳게 됩니다. 그러자 야차녀는 여인의 친구로 변장해서 나타납니다. 그리고 그녀의 아들을 죽입니다. 두 번째로 여인이 아들을 낳게 되자, 이번에도 야차녀는 그녀의 친구로 변장해서 아들을 죽입니다. 그리고 여인이 세 번째 아들을 낳게 되자, 여인은 이번에는 친척들을 불러들여서 아들의 주변을 지키게 합니다. 그러나 이번에도 야차녀는 나타납니다. 이렇게 여인과 야차녀의 악연은 끈질깁니다. 이번에는 여인이 아들을 안고, 붓다께서 계신 제따 숲으로 도망갑니다. 그리고 아들을 붓다의 발아래에 놓습니다. 이어서 야차녀가 승원에 도착했으나, 야차녀는 신들이 지키고 있는 승원에 들어갈 수 없었습니다. 잠시 시간이 흐르고, 붓다의 허락을 받은 아난다에 의해 야차녀는 붓다를 만나게 됩니다.

그리고 붓다는 야차녀에게 가르침을 베풉니다. "야차녀여! 원한은 원한으로 끊을 수 없으며, 원한은 원한을 여읠 때만 끊을 수 있다." 이런 붓다의 가르침을 듣고 나서, 야차녀는 그 자리에서 흐름에 든 경지를 성취합니다. 이런 야차녀의 성취를 보고 나서, 붓다는 여인에게 아들을 야차녀에게 건네주라고 합니다. 여인은 잠시 머뭇거렸지만, 붓다에 대한 믿음으로 아들을 야차녀에게 건네줍니다. 그리고 아이를 받아든 야차녀는 아이의 볼에 자비의 입을 맞추고, 다시 아이를 여인에게 되돌려줍니다.

이로써 수많은 세월을 거쳐 야기된 이들의 분노에 의한 원한 관계는 끝이 나게 됩니다. 이렇게 원한은 원한을 여읨으로써 끝이 나게 됩니다. 이 둘의 원한 관계는 그동안 너무나도 힘들고 긴 고통의 수레바퀴였습니다. 왜냐하면 원한은 원한으로 끊을 수 없기 때문입니다. 그리고 원한은 더 큰 고통만을 안겨다줄 뿐입니다. 이들은 자신의 원한을 갚기 위해 세세생생 상대방에게 원한을 사는 일을 했습니다. 그러나 수많은 생을 거쳐서 원한을 갚더라도 이런 원한 관계는 끝이 나질 않았습니다.

그러니 분노에 의한 원한이 있다면 용서와 자비의 베풂으로써 현생에서 더 잘해줘야 이런 원한의 연결고리를 끊을 수 있습니다. 그래서 자신과 원한 관계에 있는 자가 주변에 있다면 그에게 용서와 자비를 베풀어야 합니다. 그러면 이로 인해 자신의 현생도 좋아지고, 미래 생도 좋아지게 됩니다. 이것이 자신에게 이득이 되는 행입니다. 이런 것을 깨닫고 행하게 되면 원한은 순식간에 사라지고, 마음은 행복으로 가득하게 됩니다. 이런 '원한의 수레바퀴'를 그림으로 나타내면 다음과 같습니다.

[그림I-3] 원한의 수레바퀴

이렇게 분노하면 질투, 인색 및 후회가 같이 따라서 나타납니다. 그래서 분노로 인해 원한을 갖게 되면 이런 질투, 인색 및 후회로 인해 그들의 관계는 더욱 악한 관계로 발전합니다. 따라서 원한은 원한으로 끊을 수 없습니다. 만약 원한을 원한으로 끊으려 하면 이는 더 큰 원한을 낳게 해서, 이런 악업의 수레바퀴가 계속될 뿐입니다.

그래서 오로지 원한의 악업을 끊을 수 있는 것은 용서와 자비의 베풂이 있음으로써 이런 원한의 연결고리를 끊을 수 있습니다. 그리고 원한의 연결고리를 먼저 끊게 되면 이로 인한 선한 과보를 더 크게 받을 수 있습니다. 이렇게 자신에게 선한 과보가 발생하도록 행동하는 것이 진정으로 원한을 갚는 길입니다. 그리고 이것이 분노의 엄습을 막고, 대행복으로 가는 길입니다.

라. 분노를 먹고 사는 야차

야차는 분노를 먹고 삽니다. 그래서 분노가 있는 곳에는 야차가 나타납니다. 그러나 분노가 없으며, 고요한 곳에는 야차가 살 수 없습니다. 이곳에서 야차는 점차 힘을 잃고 소멸하게 됩니다. 그래서 고요한 마음으로 분노를 일으키지 않는 것이 분노를 먹고 사는 야차가 날뛰지 않게 하는 것이며, 이들을 잘 제어하는 것입니다.

'쌍윳따니까야'의 '추악한 용모 경'에 보면, 사왓티의 제다와나 숲에서 붓다는 '분노와 야차'에 대한 이야기를 합니다(S. I. 233). 여기를 보면, 한때 추악하고 왜소한 야차가 신들의 제왕인 제석천이 없을 때, 그의 보좌에 잠시 앉았던 적이 있습니다.

그런데 이것을 본 하늘나라의 사람들은 그의 모습에 실망하기도 하고, 그가 그런 제왕의 자리에 앉는 것에 대해 분노하기도 했습니다. 그러나 하늘나라의 사람들이 그에 대해 실망하고, 분노하면 할수록 야차의 모습은 더욱 화려해지고, 위세도 당당해집니다. 왜냐하면, 야차는 분노를 먹고 살기 때문입니다. 이때 신들의 제왕인 제석천이 나타납니다. 그리고 그는 서서히 야차에게로 다가갑니다. 이렇게 야차에게로 다가선 제석천은 야차의 앞에 서서, 오른쪽 어깨로 옷을 넘기고, 왼쪽 무릎은 땅에 댑니다. 그리고 합장을 하고 난 연후에 야차에게 자신의 이름을 고요하게 세 번 외칩니다.
"나는 신들의 제왕인 제석천이다. 나는 신들의 제왕인 제석천이다. 나는 신들의 제왕인 제석천이다." 그런데 신들의 제왕인 제석천이 고요하게 자신의 이름을 세 번 외칠 때마다, 분노를 먹고 사는 야차의 몸은 점점 더 왜소해지고, 초라해졌습니다. 이렇게 야차의 몸이 점점 더 왜소해지고, 추악해지고, 작아져서, 결국에는 그곳에서 사라지고 말았습니다. 그러자 신들의 제왕인 제석천은 보좌에 앉아서 다음과 같은 시를 읊습니다. "나는 다른 존재 때문에 쉽게 마음이 상하지 않으며, 화를 내지도 않고, 분노를 일으키지도 않는다. 내가 이렇게 된 지는 오래되었다. 그리고 나는 거친 말을 하지 않고, 덕을 내세우지도 않는다. 다만 나를 잘 제어할 뿐이다." 이렇게 신들의 제왕인 제석천은 분노하지 않고, 고요한 덕을 펼침으로써 신들의 제왕이 될 수 있는 성품을 갖추게 됩니다. 그리고 이를 통해 천계를 다스릴 수 있게 됩니다.

그리고 인간이 분노하면 이때 질투, 인색 및 후회가 뒤따라 옵니다. 그래서 이것은 현생과 미래 생에 불선한 과보를 인간에게 가져옵니다. 그리고 이는 인간을 파멸의 길로 인도합니다. 그래서 이렇게 분노를 일으키면 일으킬수록 야차는 이를 좋아하며, 분노를 일으킨 자를 반깁니다. 그리고 이를 통해 야차는 분노를 먹고 힘을 얻게 되며, 그들의 삶을 살아나갑니다. 그래서 이것이 분노를 먹고 사는 야차와 덕을 펼치는 신들의 제왕인 제석천의 차이입니다. 그러니 야차가 좋아하는 분노를 일으키지 말아야 합니다. 이것이 붓다가 들려주는 분노의 엄습입니다.

○ 야차

분노를 먹고 사는 야차는 욕계에 있는 인간계에도 속하지 않으며, 아귀보다는 약간 높은 단계의 귀신을 말합니다. 또한 야차는 인간과 건달 바 사이의 존재이기도 합니다. 그리고 야차는 영혼, 유령, 도깨비, 요정과 괴물 등으로 불리기도 합니다.

경전에 등장하는 야차는 실제로 초인적이며, 신적이고, 악마적인 존재를 의미하기도 합니다. 그래서 사람들에게 분노가 가득 차게 되면 분노를 먹고 사는 야차들은 좋아합니다. 그리고 어느 때 야차는 제석천의 자리에 잠깐 앉아 있기도 합니다. 때로는 야차를 신적인 존재라고 해서 이를 신, 제석천과 사천왕 등으로 부르기도 합니다.

그러나 그런 고요한 자리에 야차는 어울리지 않습니다. 그래서 그는 그곳에 오래 머물러 있지 못합니다. 그리고 분노가 사라지고, 고요함이 가득한 시기가 오면 야차는 이내 그곳에서 사라지게 됩니다. 이곳에는 그의 힘을 키워줄 분노가 더는 없기 때문입니다. 이것이 초인적이며 악마적인 존재인 야차입니다. 이렇게 분노를 먹고 사는 야차와 같이 분노는 사람의 마음속으로 엄습해 들어옵니다. 그러니 수행을 통해 이를 다스리고, 단속해야 합니다. 이것이 붓다가 들려주는 '분노는 엄습하는 것'입니다.

7. 어리석음은
밝지 못한 것

어리석음은 무명이라고도 하며, 마음이 밝지 못한 것을 말합니다. 이런 어리석음이 마음에 나타나면, 그가 하는 행동은 지혜롭지 못하게 되며, 양심이 없게 되고, 수치심이 없게 되며, 들뜸이 일어나게 됩니다. 그래서 어리석은 행동을 하게 되면 마음은 밝지 못하게 되고, 어둠 속으로 빠져들게 됩니다. 따라서 이는 마음에 괴로움을 만들고, 불선을 만듭니다. 이렇게 어리석음은 밝지 못한 무명의 업을 일으킵니다.

이런 무명의 원인은 번뇌이고, 번뇌의 원인은 갈애입니다. 따라서 갈애, 번뇌 및 무명이라고 하는 불선한 마음에 의해 인간 삶의 괴로움은 시작됩니다. 그래서 어리석음인 무명은 윤회하는 십이연기의 출발점이 됩니다. 이렇게 어리석음은 인간의 윤회와 이에 따라 발생하는 괴로움에 원인을 제공합니다. 그리고 이것은 쉽게 사라지지도 않으며, 성자 중에서도 최고봉인 아라한의 성자가 되어서야 비로소 사라집니다.

그래서 어리석음에서 벗어나려면 존재에 대한 올바른 인식을 갖추어야 하며, 인간 삶에서 탐·진·치를 일으키는 족쇄에서 벗어나야 합니다. 이를 위해서는 어리석음에 대해 알아야 하며, 이것이 인간 삶에 밝지 못함을 가져온다는 것을 알아야 합니다. 그래야 이것에서 벗어나서 대행복으로 가는 길로 잘 갈 수 있게 됩니다. 그래서 본 장에서는 '어리석음은 밝지 못한 것'에 대해 살펴보겠습니다.

가. 해와 달의 네 가지 오염

어리석음은 마음에 얼룩이 끼여 밝지 못하게 된 것을 말합니다. 그래서 얼룩에 의해 어두워진 마음은 대상의 실상을 바르게 보지 못하도록 합니다. 이렇게 어리석음은 사람의 마음을 오염시키고, 그를 어두운 곳에 있게 합니다. 그러니 이런 어리석음으로 인한 마음의 오염에서 벗어나서 마음이 밝음을 갖고, 광명을 비추도록 해야 합니다.

'앙굿따라니까야'의 '오염의 경'에 보면, 사왓티 시의 제따 숲에 있는 기원정사에서 붓다는 수행승들에게 '광명을 비추지 못하는 네 가지 오염'에 대한 이야기를 합니다(A. Ⅱ. 53). 여기에는 해와 달, 그리고 수행자를 밝게 하지 못하게 하는 네 가지 오염이 있습니다.

우선, 하늘에는 해와 달이 떠서 빛을 냅니다. 그런데 빛나야 할 해와 달이 빛나지도 않고, 밝게 비추지도 않으며, 광명을 내지도 못하는 네 가지 오염이 있습니다.

이것에는 먼저, 구름이 끼게 되면 해와 달이 보이지 않게 됩니다. 두 번째로, 안개가 끼게 되면 해와 달이 보이지 않게 됩니다. 세 번째로, 먼지와 연기가 끼게 되면 해와 달이 보이지 않게 됩니다. 마지막으로, 일식과 월식이 있게 되면 해와 달이 보이지 않게 됩니다. 이렇게 해와 달이 보이지 않게 되는 네 가지 오염으로 인해 해와 달은 빛나지도 않으며, 밝게 비추지도 않고, 광명을 내지도 않게 됩니다.

그리고 수행자도 수행을 통해 세상을 밝게 비추게 됩니다. 그런데 수행자를 빛나지 않게 하며, 밝게 비추지도 않게 하고, 광명을 내지도 않게 하는 네 가지 오염이 있습니다.

이것에는 먼저, 곡주나 과일주 등의 술을 마시는 것을 삼가지 않는 것입니다. 두 번째로, 잘못된 성적인 행위를 삼가지 않는 것입니다. 세 번째로, 금·은 등의 재산을 탐내는 것을 삼가지 않는 것입니다. 마지막으로, 삿된 생계 수단으로 생계를 유지하는 것입니다. 이렇게 수행자를 오염시키는 네 가지 오염은 수행자를 빛나지 않게 하며, 밝게 비추지도 않게 하고, 광명을 내지도 않게 합니다. 이렇게 '수행자를 오염시키는 네 가지 오염'을 표로 나타내면 다음과 같습니다.

[표 I -12] 수행자를 오염시키는 네 가지 오염

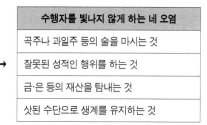

빛나지 않는 네 오염	수행자를 빛나지 않게 하는 네 오염
구름이 끼는 것	곡주나 과일주 등의 술을 마시는 것
안개가 끼는 것	잘못된 성적인 행위를 하는 것
먼지와 연기가 끼는 것	금·은 등의 재산을 탐내는 것
일식과 월식이 있는 것	삿된 수단으로 생계를 유지하는 것

이처럼 수행의 기본목적은 인간 삶의 괴로움에서 벗어나고자 하는 것입니다. 이를 위해서는 먼저 계를 청정하게 해야 합니다. 이것이 확립되지 않으면 수행에 장애를 가져오기 때문입니다. 그래서 수행의 토대는 계를 청정히 하는 것(계학)입니다. 그리고 이를 바탕으로 한 수행을 통해 마음의 청정과(정학) 지혜의 청정을 (혜학) 증득할 수 있어야 합니다. 그래서 수행에 장애를 주며, 수행자를 오염시키는 네 가지 오염에서 벗어나야 합니다. 이렇게 계학·정학·혜학의 청정을 통해 어리석음의 어둠은 사라지고, 수행자의 마음은 밝게 빛나게 됩니다.

나. 어리석은 여섯 가지 파멸의 문

지혜로운 삶은 현생을 윤택하게 하고, 미래 생도 윤택하게 합니다. 그러나 어리석은 삶은 현생도 불행하게 하고, 미래 생도 불행하게 합니다. 그래서 인간이 사는 욕계의 현생에서 문명의 발전은 지혜로운 삶에서 나오며, 탐욕과 욕망의 삶에서 나오지 않습니다. 오히려 탐욕과 욕망이 일어나면 이는 인간의 문명을 파괴하고, 인간을 괴로움에 빠트립니다. 이처럼 어리석은 사람은 파멸의 문을 나섭니다. 그러나 이를 넘어서 지혜로운 삶을 살게 되면, 이는 자신을 더 나은 세상으로 인도할 것입니다.

'디가니까야'의 '씽갈라까에 대한 훈계의 경'을 보면, 라자가하 시의 벨루 숲의 죽림정사에서 붓다는 장자의 아들 씽갈라까에게 '재가자가 계율을 지키지 않아서 발생하게 되는 여섯 가지 파멸의 문이 있으며, 그에 따른 각각의 여섯 가지 위험'이 있다고 이야기합니다(D. Ⅲ. 182~185). 여기를 보면, 인간을 파멸로 몰고 가는 여섯 가지 파멸의 문이 있습니다. 어리석은 자들은 이런 문을 나서게 됩니다.

그래서 재가자가 어리석게도 파멸의 문을 나서게 되면, 이렇게 파멸의 문을 열고 나간 그의 행동으로 인해 그는 불행하게 되고, 그의 인생은 파멸로 이르게 됩니다.

이런 여섯 가지 파멸의 문에는 먼저, 계율을 지키지 않으며 불선한 것을 취하기만 하는 파멸의 문이 있습니다. 이 문을 나서면 여기에는 여섯 위험이 그를 맞이하기 위해 기다리고 있습니다. ① 현세에서 재산을 소실하게 합니다. ② 불화를 갖게 합니다. ③ 질병을 갖게 합니다. ④ 불명예를 갖게 합니다. ⑤ 인간을 뻔뻔스럽게 합니다. ⑥ 인간이 지혜롭지 못하도록 합니다.

두 번째로, 때가 아닐 때 거리를 배회하는 파멸의 문이 있습니다. 이 문을 나서면 여기에는 여섯 위험이 그를 맞이하기 위해 기다리고 있습니다. ① 자신을 보호하지 못하며 수호하지 못합니다. ② 처자식을 보호하지 못하며 수호하지 못합니다. ③ 재산을 보호하지 못하며 수호하지 못합니다. ④ 범죄의 의심을 받게 합니다. ⑤ 헛소문이 퍼지게 합니다. ⑥ 많은 괴로운 것들이 앞에 놓이게 합니다.

세 번째로, 집을 지키지 않으며, 홍행거리를 찾아다니는 파멸의 문이 있습니다. 이 문을 나서면 여기에는 여섯 위험이 그를 맞이하기 위해 기다리고 있습니다. ① 집을 지키지 않으며 춤판이 벌어지는 곳만 찾아다닙니다. ② 집을 지키지 않으며 가요가 있는 곳만 찾아다닙니다. ③ 집을 지키지 않으며 음악이 있는 곳만 찾아다닙니다. ④ 집을 지키지 않으며 낭송이 벌어지는 곳만 찾아다닙니다. ⑤ 집을 지키지 않으며 징 등의 연주가 벌어지는 곳만 찾아다닙니다. ⑥ 집을 지키지 않으며 북 등의 연주가 벌어지는 곳만 찾아다닙니다.

네 번째로, 도박에 미치는 파멸의 문이 있습니다. 이 문을 나서면 여기에는 여섯 위험이 그를 맞이하기 위해 기다리고 있습니다. ① 도박에서 이기면 원한을 낳습니다. ② 도박에서 지면 잃은 것을 한탄합니다. ③ 도박에서 현재의 돈을 모두 낭비합니다. ④ 모임에서 하게 되는 진술에 효과가 없습니다. ⑤ 친구와 동료들로부터 경멸을 받습니다. ⑥ 도박꾼이라는 오명을 쓰게 되며 배우자를 부양할 자격을 잃고, 또한 결혼 상대자로 원하는 사람이 없습니다.

다섯 번째로, 악한 친구를 사귀는 파멸의 문이 있습니다. 이 문을 나서면 여기에는 여섯 위험이 그를 맞이하기 위해 기다리고 있습니다. ① 악한 친구로 도박꾼을 사귀게 되며 재산을 전부 탕진합니다. ② 악한 친구로 도락가를 사귀게 되며 유혹에 빠져 마음을 탕진합니다. ③ 악한 친구로 음주에 빠지며 유혹에 빠져 심신을 상실합니다. ④ 악한 친구로 사기꾼을 사귀며 가진 것을 모두 잃습니다. ⑤ 악한 친구로 협잡꾼을 사귀며 인간관계가 나빠집니다. ⑥ 악한 친구로 폭력배를 사귀며 가정에 파탄을 가져옵니다.

마지막으로, 게으름에 빠지는 파멸의 문이 있습니다. 이 문을 나서면 여기에는 여섯 위험이 그를 맞이하기 위해 기다리고 있습니다. 이것은 다음과 같습니다. ① 너무 춥다고 일하지 않습니다. ② 너무 덥다고 일하지 않습니다. ③ 너무 이르다고 일하지 않습니다. ④ 너무 늦다고 일하지 않습니다. ⑤ 너무 배고프다고 일하지 않습니다. ⑥ 너무 배부르다고 일하지 않습니다. 이렇게 사람을 파멸로 이르게 하는 여섯 가지 파멸의 문이 있습니다. 그래서 이런 어리석은 파멸의 문을 나서지 않도록 이를 피해야 합니다. 그리고 행복을 가져다주는 지혜의 문을 나서야 합니다. 이런 '어리석은 여섯 가지 파멸의 문'을 표로 나타내면 다음과 같습니다.

[표Ⅰ-13] 어리석은 여섯 가지 파멸의 문

어리석은 파멸의 문	문을 나서서 받게 되는 파멸의 과보
불선한 것을 취하기만 하는 것	현세에서 재산을 소실함. 불화가 생김. 질병이 찾아옴. 불명예를 얻음. 뻔뻔스러운 사람이 됨. 지혜롭지 못함
때가 아닐 때 거리를 배회하는 것	자신을 보호하지 못하며 수호하지 못하게 됨. 처자식을 보호하지 못하며 수호하지 못하게 됨. 재산을 보호하지 못하며 수호하지 못하게 됨. 범죄의 의심을 받게 됨. 헛소문이 퍼지게 됨. 많은 괴로운 것들이 앞에 놓이게 됨
집을 지키지 않으며, 흥행거리만 찾아다님	춤판이 벌어지는 곳만 찾아다님. 가요가 있는 곳만 찾아다님. 음악이 있는 곳만 찾아다님. 낭송이 벌어지는 곳만 찾아다님. 징 등의 연주가 벌어지는 곳만 찾아다님. 북 등의 연주가 벌어지는 곳만 찾아다님
도박에 미치는 것	이기면 원한을 낳음. 지면 잃은 것을 한탄함. 현재의 돈을 모두 낭비함. 모임에서 진술에 효과가 없게 됨. 친구와 동료의 경멸을 삼. 도박꾼이라는 오명을 쓰며 배우자를 부양할 자격이 없게 되고 결혼 상대로 원하는 자가 없게 됨
악한 친구를 사귀는 것	도박꾼을 사귀게 되며 재산을 탕진함. 도락가를 사귀게 되며 유혹에 빠져 마음을 탕진함. 음주에 빠지며 유혹에 빠져 심신을 상실함. 사기꾼을 사귀게 되며 가진 것을 모두 잃음. 협잡꾼을 사귀게 되며 인간관계가 나빠지게 됨. 폭력배를 사귀게 되며 가정에 파탄을 가져오게 됨
게으름에 빠지는 것	너무 춥다고 일을 않음. 너무 덥다고 일을 않음. 너무 이르다고 일을 않음. 너무 늦다고 일을 않음. 너무 배고프다고 일을 않음. 너무 배부르다고 일을 않음

이처럼 어리석은 자가 여섯 가지 파멸의 문을 나서면, 그는 불행하게 되며, 행복에서 벗어나게 됩니다. 그리고 인간으로 태어나서 삶의 목적인 청정함을 얻지 못하게 되며, 올바른 삶도 영위하지 못하게 되고, 삶의 세월을 낭비하게 됩니다. 그리고 이런 행위는 그가 몸이 파괴되어 죽음에 이르게 되면 사악처인 불선한 곳으로

그를 인도합니다. 이렇게 여섯 가지 파멸의 문을 나서면 서른여섯 가지의 위험이 그를 맞이하기 위해 도사리고 있습니다. 그러니 어리석음의 어둠으로 인도하는 파멸의 문은 나서지 말아야 합니다.

○ 비참한 곳으로 가는 어리석은 삿된 원리

남에게 해를 가하면, 법률에 따라 처벌을 받게 됩니다. 그러나 남에게 해를 가하면 받게 되는 벌이 이것만 있는 것이 아닙니다. 그가 남에게 해를 입힌 이런 행에 의한 불선한 의도는 그의 마음에 불선한 업으로 저장됩니다. 이렇게 마음에 저장된 업은 미래 생에 그에게 불선한 과보로 나타납니다. 이것은 인과의 법칙에 따라 한 치의 오차도 없이 진행됩니다. 따라서 그가 남에게 해를 가해서 받게 되는 이런 과보는 현생서 받게 되는 벌뿐만이 아니고, 미래 생에 받아야 하는 불선한 과보도 있습니다. 그래서 비참한 곳으로 가게 되는 어리석은 삿된 행들은 피해야 합니다.

'앙굿따라니까야'의 '웃따라의 경'에 보면, 마하싸밧투 지방의 쌍케이야산의 다바잘리까 승원에서 붓다는 수행승들에게 '사람을 비참한 곳으로 떨어지게 하는 여덟 가지 삿된 원리'에 대해 이야기합니다(A. Ⅳ. 163~164). 여기를 보면, 데바닷따가 여덟 가지 삿된 원리에 정복당해 붓다에게 위해를 가합니다. 이렇게 그는 붓다의 몸에서 피가 나게 하는 등의 불선한 행으로 죽은 뒤에 지옥에 떨어지는 과보를 받게 됩니다.

이렇게 데바닷따는 여덟 가지 삿된 원리에 정복당했으며, 마음이 그것에 사로잡혀 있습니다. 그래서 그는 몸이 파괴되어 죽은 뒤에 비참한 곳인 지옥에 떨어져서 일 겁이 지나도록 구제받을 수 없게 됩니다. 이처럼 그가 정복당해서 지옥의 과보를 받게 되는 여덟 가지 어리석은 삿된 원리가 있습니다.

그것은 ① 삿된 이익을 추구하는 것이고, ② 불이익을 추구하는 것이며, ③ 삿된 명예를 추구하는 것이고, ④ 치욕을 추구하는 것이며, ⑤ 삿된 환대를 추구하는 것이고, ⑥ 천대를 추구하는 것이며, ⑦ 삿된 욕망을 추구하는 것이고, ⑧ 악한 벗을 추구하는 것입니다. 이런 여덟 가지 삿된 원리에 사로잡힌 인간은 마음이 어둡게 되고, 밝지 못하게 되며, 악함을 추구하게 됩니다. 그래서 이런 삿된 원리는 지옥에 나는 불선한 과보를 갖게 하며, 인간의 마음을 점점 깊은 나락의 길로 빠져들게 합니다.

따라서 지금 자기가 어려움에 부닥쳤더라도, 거기에 좌절해서 점점 삿된 업을 지어서는 안 됩니다. 만약에 이런 어려움이 오면 이것으로 인해 전생에 진 빚을 갚는다고 생각해야 합니다. 또한 한편으로는 내가 미래 생에 쓸 것을 미리 저축해놓는다고 여겨야 합니다. 그런데 현재 받는 삿된 명예나 삿된 환대 등은 공덕의 통장에 저축해놓은 것을 찾아 쓰는 것입니다. 그래서 이런 삿된 원리를 계속 추구한다면, 언젠가는 공덕 통장의 잔액이 바닥날 것입니다. 그리고 더 나아가 통장에 빚이 쌓이게 되면 그때는 지옥의 옥졸들이 빚을 받으러 올 것입니다. 그래서 지옥의 빚을 진 자는 지옥의 고통을 받게 됩니다. 따라서 공덕의 통장에 잔액이 항상 남아 있도록 해야 합니다. 그리고 이것이 탕진되지 않도록 항상 관리해야 합니다. 그래야 작은 불선한 업으로 빚을 지더라도 즉시 갚을 수 있게 됩니다.

이렇게 공덕의 통장에 잔액이 쌓이게 하는 방법으로는 보시, 지계, 인욕, 정진, 선정, 지혜의 육바라밀이 있습니다. 이를 활용해서 공덕의 통장에 잔액을 쌓아놓으면, 샘이 솟는 샘물에서 신선한 물이 계속 공급되듯이 공덕의 통장은 당신의 인생에 괴로움의 갈증을 풀어주고, 행복의 신선한 물을 계속 공급해줄 것입니다. 그러니 밝지 못한 어리석은 삿된 원리를 행해서는 안 됩니다. 이렇게 사람을 비참한 곳으로 가게 하는 여덟 가지 어리석은 삿된 원리를 표로 나타내면 다음과 같습니다.

[표 I-14] 비참한 곳으로 가게 하는 삿된 원리

공덕의 통장을 비우고, 인간을 비참한 곳으로 가게 하는 여덟 삿된 원리	공덕의 통장에 잔액이 쌓이는 방법
삿된 이익을 추구하고, 불이익을 추구하는 것	보시, 지계, 인욕, 정진, 선정, 지혜의 육바라밀
삿된 명예를 추구하고, 치욕을 추구하는 것	
삿된 환대를 추구하고, 천대를 추구하는 것	
삿된 욕망을 추구하고, 악한 벗을 추구하는 것	

이처럼 공덕의 통장을 비우도록 하며, 인간을 비참한 곳으로 가게 하는 여덟 가지 삿된 원리가 있습니다. 그런데 여기에 현혹되어서 어리석은 행을 추구하면 이것은 행한 자를 쫓아서 그를 사악처인 비참한 곳으로 인도합니다. 그리고 사악처는 그의 과보가 다할 때까지 그것을 지은 자를 계속해서 쫓아다닙니다. 그러나 자신이 쌓은 업을 다른 사람이 대신 해소해줄 수는 없습니다. 따라서 이를 막는 방법은 이런 행을 하지 않거나, 했다면 선한 공덕을 쌓아서 비참한 곳으로 가게 될 업을 상쇄시켜야 합니다. 그래서 항상 공덕의 통장에 선한 공덕의 잔액이 쌓이도록 자신이 직접 육바라밀의 선한 행을 해야 합니다. 그래야 위급할 때 이것을 꺼내어 쓸 수 있습니다. 이것이 어리석음의 어둠에서 벗어나는 길입니다.

다. 피해야 할 나쁜 친구

유유상종이라는 말이 있듯이, 가까이 있는 친구에 의해 영향을 받게 됩니다. 그래서 선한 친구는 그를 밝고 선한 곳으로 인도하고, 괴로움에서 벗어나는 길로 인도합니다. 그러나 나쁜 친구는 그를 밝지 못하며 불선한 곳으로 인도하고, 괴로움이 수반되는 험한 길로 인도합니다. 그래서 그를 불선한 곳으로 인도하는 나쁜 친구는 피해야 하며, 그를 선한 길로 인도하는 선한 친구와 인생의 길을 가야 합니다. 그리고 자신도 주변을 선한 길로 인도하는 선한 친구가 돼야 합니다.

'디가니까야'의 '씽갈라까에 대한 훈계의 경'에 보면, 라자가하 시의 벨루 숲의 죽림정사에서 붓다는 장자의 아들 씽갈라까에게 '친구가 아니면서 친구인 척하는 나쁜 친구로 네 종류의 사람'이 있으며, 이런 친구는 피해야 한다고 합니다(D. Ⅲ. 185). 여기를 보면, 친구인 척하지만 실제로는 선한 친구가 아니며, 오히려 그를 불선한 길로 인도하는 나쁜 친구가 있습니다. 이런 친구에는 네 종류의 친구가 있습니다.

먼저, 무엇이든지 가져가기만 하는 나쁜 친구가 있습니다. ① 그는 도움은 주지 않고, 무엇이든 가져가기만 하는 친구입니다. ② 그는 적은 것을 주고, 많은 것을 요구하는 친구입니다. ③ 그는 두려움 때문에 해야 할 일을 행하지 않으며, 하지 말아야 할 일을 하는 친구입니다. ④ 그는 이익을 챙기기 위해 봉사를 하는 친구입니다.

두 번째로, 말만 앞세우는 나쁜 친구가 있습니다. ① 그는 과거의 일로서 친절하게 대하며, 이익을 주지 않는 친구입니다. ② 그는 미래의 일로서 친절하게 대하며, 이익을 주지 않는 친구입니다. ③ 그는 무익한 말로 호의를 얻으려 하는 친구입니다. ④ 그는 현재의 해야 할 일에는 난색을 보이는 친구입니다.

세 번째로, 듣기 좋은 말만 하는 나쁜 친구가 있습니다. ① 그는 악한 일을 하는 것에는 동의합니다. ② 그는 선한 일을 하는 것에는 동의하지 않는 친구입니다. ③ 그는 눈앞에서는 칭찬하는 친구입니다. ④ 그는 등 뒤에서는 비난하는 친구입니다.

마지막으로, 나쁜 짓거리에만 동료가 되어주는 나쁜 친구가 있습니다. ① 그는 방일의 원인이 되는 곡주나 과일주 등의 취기 있는 것을 취할 때만 동료가 되어주는 친구입니다. ② 그는 때가 아닐 때 거리를 배회하는 것에만 동료가 되어주는 친구입니다. ③ 그는 홍행거리를 찾아다닐 때만 동료가 되어주는 친구입니다. ④ 그는 방일의 원인이 되는 놀이에 미쳐서 행동할 때만 동료가 되어주는 친구입니다. 이렇게 '피해야 할 나쁜 친구와 피해야 할 행'을 표로 나타내면 다음과 같습니다.

[표 I-15] 피해야 할 나쁜 친구와 피해야 할 행

피해야 할 나쁜 친구	피해야 할 나쁜 친구의 행위
무엇이든 가져가기만 하는 친구	무엇이든 가져가기만 한다. 적은 것으로 많은 것을 원한다. 두려움 때문에 해야 할 일을 하지 않는다. 이익을 챙기기 위해 봉사한다.
말만 앞세우는 친구	과거의 일로서 친절하다. 미래의 일로서 친절하다. 무익한 말로 호의 얻으려 한다. 현재 할 일에는 난색을 보인다.
듣기 좋은 말만 하는 친구	악한 일에 동의한다. 선한 일에는 동의하지 않는다. 눈앞에서는 칭찬한다. 등 뒤에서는 비난한다.
나쁜 짓거리에만 동료가 되어주는 친구	방일의 원인이 되는 곡주 등의 취기 있는 것을 취할 때만 동료가 되어준다. 거리를 배회할 때만 동료가 되어준다. 흥행거리를 찾아다닐 때만 동료가 되어준다. 방일의 원인이 되는 놀이에 미쳐서 행동할 때만 동료가 되어준다.

이처럼 피해야 할 나쁜 친구를 자신의 주변에 두어서는 안 됩니다. 또한 자신도 주변 사람을 불선한 방향으로 인도하는 나쁜 친구가 돼서는 안 됩니다. 이것은 미래 생에 자신을 사악처에 나게 하는 불선한 업을 생성하기 때문입니다. 그래서 이런 행은 자신을 위해서 한다고 하지만 오히려 자신을 불행하게 만들고, 괴로움에 빠져들게 합니다. 따라서 이런 행동을 하는 것은 밝지 못한 어리석음입니다. 그러니 자신의 주변 사람들이 어리석음의 어둠에서 벗어나 선한 방향으로 갈 수 있도록 선한 길로 친구를 인도하는 선한 친구가 돼야 합니다. 이것이 자신의 미래 생을 선처로 이끌며, 다른 사람의 미래 생도 좋게 만드는 길입니다.

○ 천한 사람의 조건

태어날 때부터 천한 사람과 고귀한 사람으로 결정되는 것은 아닙니다. 또한 태어날 때 귀한 집안에서 태어났다고 하더라도, 이로 인해 이후의 삶에서도 고귀한 사람이 되는 것은 아닙니다. 그래서 성장하는 과정에서 행한 행동으로 천한 사람과 고귀한 사람으로 불리게 됩니다. 그리고 고귀한 사람은 사람들로부터 존경을 받게 되고 삶이 평온하며, 미래 생에 좋은 과보를 받게 됩니다. 그러나 천한 사람은 사람들로부터 손가락질을 받게 되며 삶이 어렵게 되고, 미래 생에 불선한 과보를 받게 됩니다. 그래서 태어난 것에만 의지하고 이것에만 집착한다면 이것은 불선한 어리석음의 길로 그를 인도합니다.

'숫타니파타'의 '천한 사람의 경'을 보면, 사왓티 기원정사에서 붓다는 불을 섬기는 바라문인 바라드와자에게 '천한 사람을 만드는 조건'에 대해 이야기합니다(Stn. 21). 이처럼 천한 사람으로 불리지 않도록 사람은 신·구·의 삼행에 항상 주의해야 합니다.

여기를 보면, 천한 사람으로 불리게 되는 스무 가지의 조건이 있습니다. 먼저, 화를 내고 악하며 시기심이 많고 사람을 속이는 사람이 있습니다. 두 번째로, 이 세상에 있는 생명을 해치며 자비심을 갖지 못하는 사람이 있습니다. 세 번째로, 마을이나 도시를 약탈하고 파괴하며 세상을 어지럽히는 사람이 있습니다. 네 번째로, 숲속에서나 마을에서도 남이 나에게 주지 않는 것을 빼앗아 사용하는 사람이 있습니다. 다섯 번째로, 빚을 지고 빚을 갚으라는 독촉을 받으면서도 이를 갚을 빚이 없다고 발뺌을 하는 사람이 있습니다. 여섯 번째로, 자기의 물건이 아닌 것을 빼앗으려고 지나가는 사람을 해치거나 물건을 약탈하는 사람이 있습니다. 일곱 번째로, 법정이나 모임에서 증인으로 불리어 나갔을 때 자신의 이익을 위해 거짓으로 증언하는 사람이 있습니다. 여덟 번째로, 삿되고 음란한 유혹으로 부적절한 관계를 맺는 사람이 있습니다. 아홉 번째로, 자신의 재물이 풍족하면서도 늙고 연로한 부모를 돌보지 않는 사람이 있습니다. 열 번째로, 부모와 형제자매 등의 가족들을 돌보지 않고 욕하거나 때리는 사람이 있습니다. 열한 번째로, 올바른 충고를 구하는 자에게 자신의 이익을 위해 일부러 잘못 알려주거나 부정확하게 알려주는 사람이 있습니다. 열두 번째로, 나쁜 일을 하고도 그것을 숨기려 하거나 거짓으로 무마하려고 하는 사람이 있습니다. 열세 번째로, 남에게서 좋은 환대와 대접을 받으려고 하면서도 남에게 좋은 환대와 대접을 하려고 하지 않는 사람이 있습니다. 열네 번째로, 성직자, 수행자와 걸식자들을 거짓으로 속이려 하는 사람이 있습니다. 열다섯 번째로, 식사 시간이 되었는데도 성직자, 수행자와 걸식자들을 불손하게 대하며 그들에게 음식을 주지 않는 사람이 있습니다. 열여섯 번째로, 바르지 않은 마음을 일으키며 소소한 것을 탐내고 진실하지 못한 말을 하는 사람이 있습니다. 열일곱 번째로, 자기는 내세우고 남은 무시하며 마음이 교만함으로 가득 차 있는 사람이 있습니다. 열여덟 번째로, 다른 이를 화나게 하고 창피함을 모르며 부끄러움을 느끼지 못하는 사람이 있습니다. 열아홉 번째로, 깨달은 자를 비방하고 출가자나 그들의 제자들을 업신여기는 사람이 있습니다. 스무 번째로, 범천의 지위를 얻거나 거룩한 존재의 경지에 들지 못하였으나 이런 것을 얻었다고 거짓으로 말하는 사람이 있습니다. 이렇게 스무 가지의 행동을 하는 사람은 인생을 살면서 천한 사람의 조건을 갖게 됩니다.

이처럼 모든 사람은 태어날 때부터 부모님의 조건에 의해 귀한 사람이나 천한 사람으로 정해지는 것은 아닙니다. 그가 태어난 후에 성장하면서 행한 여러 조건에 의해 그는 천한 사람이 되기도 하고, 귀한 사람이 되기도 합니다. 이런 '천한 사람이 되는 스무 가지 조건'을 표로 나타내면 다음과 같습니다.

[표I-16] 천한 사람이 되는 스무 가지 조건

천한 사람이나 귀한 사람으로 불리는 것은		
날 때부터 정해진 것은 아닙니다.	→	태어난 후에 행하는 삶의 성품에 의해 붙여지는 것입니다.
천한 사람의 스무 가지 조건		
화를 내고, 악하며, 시기심이 많고, 사람을 속이는 것		
이 세상에 있는 생명을 해치며, 자비심을 갖지 못하는 것		
마을이나 도시를 약탈하고, 파괴하며, 세상을 어지럽히는 것		
남이 나에게 주지 않는 것을 빼앗아 사용하는 것		
빚을 지고, 갚을 빚이 없다고 발뺌을 하는 것		
지나는 사람을 해하거나, 물건을 약탈하는 것		
자신의 이익을 위해 거짓으로 증언하는 것		
삿되고 음란한 유혹으로 부적절한 관계를 맺는 것		
재물이 풍족하면서도, 늙고 연로한 부모를 돌보지 않는 것		
가족들을 돌보지 않고, 욕하거나 때리는 것		
일부러 잘못 알려주거나, 부정확하게 알려주는 것		
그것을 숨기려 하거나, 거짓으로 무마하려고 하는 것		
대접을 받으려고 하면서, 남에게는 하려고 하지 않는 것		
성직자, 수행자와 걸식자들을 거짓으로 속이려 하는 것		
수행자와 걸식자들에게 불손하며, 음식을 주지 않는 것		
소소한 것을 탐내고, 진실하지 못한 말을 하는 것		
남은 무시하며, 마음이 교만함으로 가득 차 있는 것		
창피함을 모르며, 부끄러움을 느끼지 못하는 것		
출가자나 그들의 제자들을 업신여기는 것		
거룩한 존재의 경지를 얻었다고 거짓으로 말하는 것		

이처럼 사람은 태어날 때부터 천한 사람이나, 고귀한 사람으로 정해진 것은 아닙니다. 설령 이 세상에 태어날 때 가지고 온 공덕의 보따리가 작더라도 그곳에 복을 많이 쌓게 되면 공덕의 보따리는 커지게 됩니다. 그리고 이렇게 커진 공덕의 보따리를 적기적소에 잘 쓰는 사람이 고귀한 사람입니다. 또한 세상에 태어날 때 가지고 온 공덕의 보따리가 컸다면 이제는 그것을 사용해서 다른 이에게 베풀면서 살면 됩니다. 이를 통해 그 사람은 공덕의 보따리가 더 커지며, 고귀한 사람이 됩니다.

이렇게 태어날 때 천하게 태어났어도 그 후에 고귀하게 행하는 사람이 있으며, 태어날 때도 고귀하게 태어났고 인생을 살면서도 고귀하게 행하는 사람이 있습니다. 그러면 이때 그가 행한 공덕에 의해 그는 고귀한 사람으로 불리게 되며, 그의 미래 생도 고귀하게 됩니다. 그렇지 못하고 천한 사람의 스무 가지 조건을 갖게 된다면 그는 고귀하게 태어났더라도 천한 사람으로 불리게 됩니다. 이런 사람은 현생과 미래 생이 천하고, 어렵게 됩니다. 그러니 이런 사람을 두고 밝지 못한 어리석은 사람이라고 합니다.

라. 승냥이로 변한 제석천의 충고

태어날 때 사람들은 저마다 현생에서 사용할 업의 보따리를 갖고 태어납니다. 이런 업의 보따리에는 선업도 있고, 악업도 있으며, 공덕도 있습니다. 그래서 현생에서는 이런 업의 보따리를 하나둘씩 풀면서 살게 됩니다. 그리고 이런 업들은 현생에서 쌓은 업들과 서로 상쇄되기도 하고, 커지기도 하며, 소멸하기도 합니다. 그러면서 이런 업에 의한 과보가 나타납니다. 그래서 업에 의한 과보는 딱히 정해진 것이 아니며, 그것이 발현될 때마다 갖춰지는 업의 조건에 따라 과보는 다르게 나타납니다. 따라서 업의 발생을 좋게 하려면 계속해서 선업을 지어야 합니다. 그렇게 하면 업의 보따리에 공덕이 빼곡히 쌓이게 돼서 밝지 못한 어리석음이 일어나도 여기에서 벗어날 수 있게 됩니다.

'담마파다'의 '갈애의 품'의 주석서를 보면, 사왓티 시의 제따 숲에 있는 기원정사에서 붓다는 수행승들에게 '어리석은 탐욕은 모든 것을 잃게 한다'라는 이야기를 합니다(DhpA. IV. 65~69). 여기를 보면, 한 수행승이 마을을 향해 탁발을 나갔습니다.

그리고 그는 물을 구하기 위해 한 집에 들릅니다. 그런데 그 집에 있던 젊은 처자가 그 수행승을 보고 한눈에 사랑에 빠집니다. 그리고 수행승이 문밖을 나갈 때 처자는 "존자여, 다음에도 물을 얻으러 오십시오"라고 말합니다. 다음에 수행승이 탁발을 나와서 다시 그 집에 들릅니다. 그러자 처자는 이번에는 쌀죽을 줍니다. 그리고 다음번에 수행승이 다시 그 집에 탁발을 오자, 이번에는 쌀밥을 줍니다. 다음번에 수행승이 다시 그 집에 탁발을 나오자 이번에 처자는 수행승의 옆에 앉습니다. 그리고 "존자여, 지금 이 집에는 아무도 없습니다"라고 수행승에게 말합니다. 이렇게 계속되는 처자의 이야기를 듣게 되자, 수행승은 그동안 평안했던 수행 생활에 갑자기 불만이 생기기 시작합니다. 그리고 수행승의 몸은 점점 여위어갑니다. 이를 옆에서 지켜보고 있던 붓다는 그를 부릅니다. 그리고는 그에게 처자의 전생 이야기를 해줍니다.

그 처자는 전생에 현명한 궁수와 결혼했던 여인입니다. 그러나 그녀는 잠깐 만난 악인의 유혹에 빠져서 남편의 살해에 가담하게 됩니다. 그리고 여인은 결국에는 악당에게서도 버림을 받습니다. 그래서 여인은 이를 무척 슬퍼하며 괴로워합니다. 그러자 제석천이 그 여인을 불쌍히 여기고, 그녀가 잘못을 깨닫도록 마부와 악사를 데리고 옵니다. 그리고 제석천은 승냥이로 변신하고, 마부는 물고기로 변신하며, 악사는 새로 변신해서 그녀 앞에 나타납니다. 그리고 승냥이는 고기 한 점을 물고, 그녀 앞에 있는 다리 위를 지나갑니다. 이때 승냥이는 다리 아래의 물에서 물고기가 튀어오르는 것을 봅니다. 그러자 승냥이는 튀어오르는 물고기를 잡으려고 입에 물고 있던 고기를 옆에 던져놓고는 물로 뛰어듭니다. 그러자 그 주위를 날아가고 있던 새 한 마리가 날아와서는 쏜살같이 고기를 낚아채서 멀리 날아가버립니다. 또한 승냥이는 물고기를 잡으려고 물에 뛰어들었지만, 물고기가 이내 사라져버리는 바람에 잡지 못했습니다. 그러자 승냥이는 슬퍼하며 오던 길을 되돌아갑니다.

이 광경을 보고 있던 여인은 크게 웃습니다. "승냥이는 바보 멍텅구리. 고기도 잃고, 물고기도 잃어버렸구나. 그리고 거지처럼 슬퍼하는구나." 그러자 승냥이는 여인을 보고 "남의 허물은 보이나, 자신의 허물은 보지 못하는구나, 너도 남편과 애인을 모두 잃어버리고 슬퍼하지 않느냐?"라고 말합니다. 이렇게 궁수와 여인은 불선한 인연으로 얽혀 있습니다. 그래서 현생에서는 이런 인연의 굴레를 풀어야 합니다.

이런 이야기를 끝내고, 붓다는 전생에서 이어진 현생의 이야기를 합니다. "수행승이여, 그때의 현명한 궁수는 그대이며, 여인은 처자이고, 제석천은 나였다." 이렇게 처자와의 불선한 인연이 현생에까지 이어집니다. 그러니 이제는 이런 인연의 굴레에서 벗어나야 합니다. 그래서 선한 공덕으로 밝지 못한 어리석음에서 벗어나야 합니다. 이를 두고 붓다는 이야기합니다. "아름다운 것을 탐닉하고 갈애가 증장하면, 속박이 강화되어 진실을 보지 못하게 된다. 그러니 악마의 속박을 끊어야 한다"라는 가르침을 줍니다. 이런 붓다의 가르침을 듣고 수행승은 처자와의 인연을 수행의 공덕으로 청정하게 하고, 마음을 추스르고 다잡아 수행에 정진해서 흐름의 경지를 얻게 됩니다. 이렇게 악업의 연결고리에서 벗어나려면 어리석음에서 벗어나 진리를 탐구하는 청정한 수행의 길로 정진해야 합니다.

이처럼 인간은 전생에서 넘어온 인연의 보따리를 풀면서 현생을 살게 됩니다. 그런데 현생에서 선한 행을 함으로써 공덕을 쌓게 되면 이런 공덕의 힘으로 현생에서의 운명은 선하게 바뀌게 됩니다. 그리고 어리석음에서 벗어나 미래 생은 평온하게 됩니다. 그래

서 이런 선한 행을 통해 공덕을 쌓는 것이 밝지 못한 어리석음에
서 벗어나는 길입니다.

○ 많이 먹는 자의 다섯 가지 유형

열심히 일하고 적절하게 먹는 것은 삶에 활력을 줍니다. 그러나
몸에 부담이 되도록 많이 먹는 것은 심신에 무리를 줍니다. 이렇
게 필요 이상으로 과도하게 음식물을 섭취하는 것은 심신을 힘들
게 하며, 괴로움을 유발합니다. 그래서 이는 어리석음입니다. 따라
서 수행 생활에서는 삶을 유지할 정도로만 최소한의 음식물을 섭
취합니다. 이렇게 최소한의 음식물을 섭취하는 것이 수행에 도움
을 주기 때문입니다.

'담마파다'의 '코끼리의 품'을 보면, 사왓티 시의 제따 숲에 있는
기원정사에서 붓다는 수행승들에게 '게으를 뿐만 아니라 많이 먹
는 것'에 대한 이야기를 합니다(Dhp. 325). 이의 주석서를 보면, 나
태함과 무기력함에 빠져서 많이 먹는 자가 있습니다(DhpA. IV.
16). 여기를 보면, 많이 먹는 자에는 다섯 가지 유형의 사람이 있
습니다.

먼저, 너무 많이 먹어서 식후에 혼자서 일어나지 못하고 손을
잡아달라고 하는 사람이 있습니다. 두 번째로, 너무 많이 먹어서

식후에 옷이 꽉 끼어 옷이 찢어질 것 같다고 하는 사람이 있습니다. 세 번째로, 너무 많이 먹어서 식후에 일어날 수가 없어 바닥에 계속 누워 있는 사람이 있습니다. 네 번째로, 너무 많이 먹어서 주변에 음식물을 흘리고 식후에 주변에 까마귀들이 먹을 정도로 음식을 남기는 사람이 있습니다. 마지막으로, 너무 많이 먹어서 먹은 것을 식후에 토해내는 사람이 있습니다. 이것이 나태함과 무기력함에 빠져서 많이 먹는 사람의 다섯 유형입니다.

이런 유형 중의 하나에 해당한다면 음식을 섭취할 때 주의해야 합니다. 왜냐하면 적당한 양의 음식물 섭취는 바람직하나, 과도한 음식물의 섭취는 그를 나태함과 무기력함 속으로 몰아넣기 때문입니다. 그리고 이런 나태하고 무기력한 마음은 사람의 현생도 어렵게 하며, 미래 생에도 불선한 과보를 받게 합니다. 따라서 이렇게 나태함과 무기력함 속에서 빠져나오려고 과도하게 음식물을 섭취하는 행동이 오히려 그를 더 나태하고 무기력하게 만듭니다. 이것이 밝음을 추구하나 어둠 속으로 가는 어리석은 행동입니다. 그러니 많이 먹는 자의 다섯 가지 유형에서는 벗어나야 합니다. 이것이 붓다가 들려주는 '어리석음은 밝지 못한 것'입니다.

이상에서 살펴본 바와 같이 인간은 쏜살같이 빠르게 '달려가는 인생'을 살며 그 속에서 괴로워하는 삶을 살고 있습니다. 이것은 욕계에 사는 인간의 특성이기도 합니다. 그리고 이는 삼계의 세상에서 '돌고 도는 인생'을 갖게 합니다. 그러니 이렇게 빠르게 '달려가는 인생'에서 자신이 가고자 하는 바른 인생길에 대해 다시 한 번 사유하고 숙고해봐야 합니다.

Ⅱ. 돌고 도는 인생

인간은 '돌고 도는 인생'을 통해 존재의 삶을 살게 됩니다.

삼계의 세상에서 '인간의 탄생은 신비로운 것'이며, 그래서 '부모님은 은혜로운 존재'입니다. 이렇게 얻은 '인생은 나그넷길'이며, 이때 '인연의 장은 자신이 만들게' 됩니다. 이를 통해 '과보는 업의 창고에서 나오게' 되며, 그래서 존재의 '생사는 돌고 돌게' 됩니다. 이렇게 돌고 도는 '지옥은 고통이 가득한' 곳이며, '우주는 장엄한' 곳입니다. 이처럼 신비로운 삶을 통해 인간은 삼계에 '돌고 도는 인생'을 살게 됩니다.

사람의 인생은 '돌고 도는 인생'입니다. 그래서 어떨 때는 불행한 삶을 살다가도 어떨 때는 행복한 삶을 살게 되기도 합니다. 이렇게 인간에게 한없는 행복이 일어나지도 않으며, 한없는 불행이 일어나지도 않습니다. 그리고 불행의 끝에는 반드시 행복이 오게 됩니다. 이렇게 인간의 인생에는 고정된 틀이 없습니다. 항상 변하며, 돌고 도는 것이 인생입니다.

영화 '신과 함께'의 삽입곡으로 가수 조용필이 노래한 '돌고 도는 인생'이란 것이 있습니다. 이 노래의 노랫말은 "…우리의 사랑 아름다운 사랑 그대가 멀리 떠나면 나 홀로 남아 쓸쓸하게 노래 불러야지. 어디를 향해 걷는가, 돌고 돌아가는 인생 우리의 길목엔 사연 많더라. 이런저런 인생도 우리 것…"입니다. 노래의 내용은, 인생은 돌고 도는 것이며 인생길에는 사연이 많지만 결국 그 인생도 우리 것이며 혼자서라도 가야만 하는 것이 인생길이라는 것입니다. 그런데 이런 우리의 인생길은 오직 한길만 있는 것은 아닙니다. 사람마다 다양한 인생길을 가고 있습니다. 그래서 이 길만이 올바른 길이라고 규정할 만한 '오로지 한길'은 없습니다. 왜냐하면 사람마다 업이 다르고, 존재가 다르며, 부모에게서 받은 성품이 다르기 때문입니다. 그래서 수없이 많은 존재가 수없이 많은 다양한 인생길을 달려가고 있습니다. 따라서 이런 다양한 인생길들은 모두가 의미가 있고, 소중한 길입니다.

그리고 이 세상에 사는 대부분의 존재는 현생에서 '달려가는 인생'길을 마치게 되면, 다시 새로운 길을 가게 될 것입니다. 이렇게 '돌고 도는 인생'길에서 죽음을 맞이하게 되면 새로운 길을 향해 떠나게 됩니다. 이처럼 대부분 존재는 이번 한 생만으로 존재로 사는 삶이 끝나지 않으며, '돌고 도는 인생'의 길을 지속하게 됩니다. 그러니 '돌고 도는 인생'의 길에 대한 의미에 대해 생각해봐야 합니다. 이를 통해 현생을 행복하게 살고, 미래 생을 대비해야 합니다. 그리고 더 나아가 대행복으로 가는 올바른 길도 찾아야 합니다. 그래서 이 장에서는 윤회하는 존재의 '돌고 도는 인생'에 대해 살펴보겠습니다.

1. 인간 탄생은 신비스러운 것

이 세상에는 수없이 많은 존재계에서 수없이 많은 존재가 삶을 살아나가고 있습니다. 그래서 이렇게 수없이 많은 존재계 중에서 사람으로 태어난다는 것은 참으로 신비스러운 일이 아닐 수 없습니다. 지나가는 말로 삼신할머니가 점지해야 사람으로 태어난다는 이야기도 있습니다. 그러나 일반적인 의학상식으로는 어머니와 아버지 사이로부터 인간의 형성은 시작됩니다. 이런 과정을 살펴보면, 어머니에게 태아가 입태됩니다. 그리고 이어서 부모님의 보살핌 속에서 태아가 성장하게 되고, 다가오는 출산의 진통 속에서 아기는 태어납니다. 이렇게 인간으로 태어나는 과정은 그야말로 신비롭습니다. 이런 신비로움 속에서 인간은 육체와 정신을 갖게 됩니다. 이런 심신의 형성과정에 대해 붓다는 경전을 통해 이를 자세히 설명하고 있습니다.

이런 심신의 형성과정에서 가장 중요한 것은 존재지속심입니다. 그래서 전생에 쌓아 놓은 업에 의해, 현생에서 한 생을 살게 되는 존재지속심이 마음에서 일어납니다. 그런데 이런 존재지속심에 의해 다음 생에 어떤 존재로 태어나서 어떤 삶을 살게 될지가 결정됩니다. 그래서 이 세상에 다시 태어나는 순간의 존재지속심이 토끼의 존재지속심이면 토끼로 태어나며, 다시 태어나는 순간의 존재지속심이 천신의 존재지속심이면 천신으로 태어나고, 다시 태어나는 순간의 존재지속심이 사람의 존재지속심이면 사람으로 태어납니다. 이처럼 존재의 삶에서는 존재지속심이 중요한 작용을 하게 됩니다.

그리고 이렇게 전생으로부터 넘어와서 나타나는 존재지속심이 부모로부터 받게 되는 유전자와 결합하게 되면 인간으로서의 몸과 마음을 구성하게 됩니다. 그리고 이렇게 해서 형성된 심신으로 인간으로서의 한 생을 살게 됩니다. 그래서 본 장에서는 '인간 탄생은 신비스러운 것'에 대해 살펴보겠습니다.

가. 인간의 형성과 탄생

인간의 형성과 탄생을 위해 전생의 나에게서 받게 되는 존재지속심이 있으며, 현생의 부모에게서 받게 되는 유전자가 있습니다. 이것을 원인으로 해서 현생에 인간으로 태어나는 조건이 발생하게 되면 이것을 원인과 조건으로 해서 인간의 형성과 탄생이 있게 됩니다.

○ 입태 원인: 전생의 나에게서 받는 존재지속심

세상에 존재로 태어나기 위해서는 몸과 마음이 있어야 합니다. 이때 마음을 형성하며 심신을 결합하는 요소가 있습니다. 이것이 존재를 형성하는 삼 요소인 의식·업·갈애입니다. 이는 존재지속심의 형성에 종자·밭·수분이 되며, 입태의 원인이 됩니다.

'앙굿따라니까야'의 '존재의 경'에 보면, 웨살리 시의 마하 숲에 중각 강당에서 붓다는 아난다에게 '존재의 형성'에 대해 이야기합니다(A. I. 223). 여기를 보면, 전생에서 넘어온 업으로 인해, 현생에 존재로 태어나고자 하는 '존재의 형성'이 있습니다.

이렇게 존재가 현생에서 삶을 받기 위해서는 존재 형성의 삼 요소가 있어야 하며, 이것은 의식·업·갈애입니다. 여기서 의식은 삶을 생성하기 위한 종자가 됩니다. 그리고 업은 종자가 터를 잡게 되는 밭이 되며, 이를 통해 업은 의식인 종자가 클 수 있도록 이곳에 영양분을 제공하게 됩니다. 또한 갈애는 종자가 자라나는 데 힘이 되는 수분이 되어줍니다. 이렇게 존재로의 삶을 생성하는 데 종자·밭·수분이 되는 세 가지 원인인 의식·업·갈애가 있습니다. 이를 통해 세상에 존재로 태어나는 삶을 형성하게 되는 존재지속심이 형성됩니다.

그런데 세상은 욕계·색계·무색계의 삼계로 형성되어 있습니다.

그래서 존재지속심이 형성될 때 여기에 불선이 있게 되면 욕계(지옥·아귀·축생·아수라·인·천) 중에서도 하층 세계인 사악처(지옥·아귀·축생·아수라)에 태어납니다. 그리고 존재지속심에 선이 있게 되면 욕계의 상층 세계인 천상에 태어납니다. 또한 여기에 선이 있으면서도, 고요함이 있으면 범천의 세계인 색계의 세계에 태어납니다. 그리고 마음에 더 큰 고요함이 있으면 정신의 세계인 무색계의 세계에 태어납니다. 이처럼 존재 형성의 삼 요소에 의해 형성된 존재지속심에 의해 현생에서 어떤 존재로 태어날지가 결정됩니다.

그래서 이때의 존재지속심이 인간으로 태어나는 마음이면 어머니의 몸에 입태가 일어납니다. 이렇게 전생의 나에게서 넘어오는 삼 요소에 의해 형성되는 존재지속심이 입태의 원인이 됩니다. 이런 '존재 형성의 삼 요소와 존재지속심'을 그림으로 나타내면 다음과 같습니다.

[그림 II-1] 존재 형성의 삼 요소와 존재지속심

수분(갈애)

존재지속심

밭(업)

종자(의식)

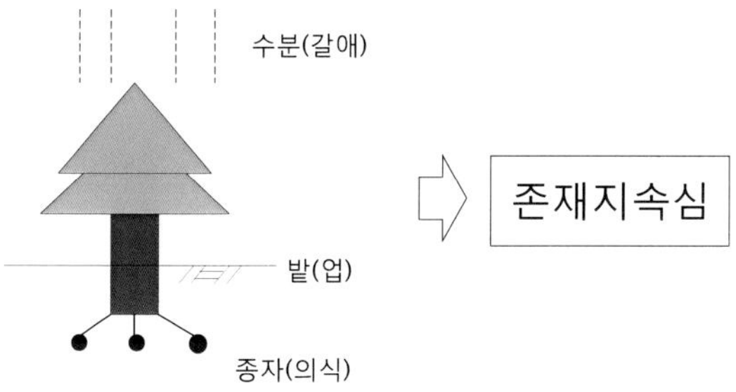

나무의 형성이 있으려면 나무의 종자가 있어야 하며, 또한 나무의 종자가 자라기 위한 밭과 수분도 있어야 합니다. 그리고 인간의 형성이 있으려면 인간의 의식이 있어야 하며, 또한 의식이 자리를 잡기 위한 업과 갈애가 있어야 합니다. 그래서 이를 통해 형성된 존재지속심에 의해 인간존재는 형성됩니다.

이처럼 존재로 태어나는 데 종자·밭·수분이 되는 삼 요소가 의식·업·갈애입니다. 그래서 이렇게 전생에서 생성된 삼 요소가 인간의 존재지속심을 만들게 되면, 이를 통해 태어나는 존재는 욕계 중에서도 인간의 몸을 받게 됩니다. 따라서 최소한 인간계 이상의 상층 세계에 태어날 수 있도록 의식·업·갈애를 선하게 갖춰놓아야 합니다. 그러면 이것이 어머니의 몸에 일어나는 입태의 원인이 됩니다. 이렇게 인간 탄생은 신비스러운 것입니다.

○ 입태 원인: 현생의 부모에게서 받는 네 자양

존재 형성의 삼 요소를 통해 인간으로 세상에 태어나는 존재지속심이 갖춰졌다면 이를 원인으로 어머니의 몸에 태아의 입태가 이루어집니다. 그리고 이렇게 어머니의 몸에 태아의 입태가 이루어지기 위해서는 부모로부터 네 가지 자양을 받아야 합니다. 그러면 존재지속심과 네 자양을 원인으로 해서 어머니의 몸에 태아의 입태가 이루어집니다.

'맛지마니까야'의 '갈애 멸진의 긴 경'에 보면, 사왓티 시의 제따숲에 있는 기원정사에서 붓다는 수행승들에게 '존재의 입태를 생성시키고, 삶을 유지하는데 필요한 네 자양'에 대한 이야기를 합니다(M. I. 261). 여기를 보면, 인간에게 삶을 태어나게 해주며, 태어난 존재가 삶을 계속 이어가도록 삶을 보양시키는 자양이 있습니다. 그리고 이런 자양에는 네 가지가 있습니다.

먼저, 여기에는 의식의 자양이 있습니다. 이는 존재가 이어지도록 하는 마음의 흐름에 연속성을 갖게 합니다. 두 번째로, 의도의 자양이 있습니다. 이런 의도에 의한 행에 의해 업이 발생하고, 업은 윤회를 일으킵니다. 그리고 이는 윤회하는 존재의 형성을 가져옵니다. 그래서 의도에 의해 형성은 일어납니다. 세 번째로, 접촉의 자양이 있습니다. 이는 대상에 접촉을 일으키며, 이를 통해 삶이 실현되고, 의식과 의도가 자리를 잡게 합니다. 마지막으로, 물질의 자양이 있습니다. 이는 지·수·화·풍에 의해 물질을 생성합니다. 이를 통해 몸을 형성하게 됩니다. 이렇게 의식, 의도, 접촉 및 물질의 네 자양이 있어야 이를 원인으로 해서 어머니의 몸에 태아의 입태가 이루어지게 됩니다.

그런데 네 자양은 선한 방향으로 일어나기도 하고, 불선한 방향으로 일어나기도 합니다. 이때 불선한 방향으로 일어나는 네 자양이 있습니다. 이것은 삿된 갈애를 토대로 하고, 근원으로 하며, 원인으로 해서 일어납니다. 그래서 물질, 접촉, 의도 및 의식인 네 자양에 삿된 갈애를 일으키면 이런 갈애에 의한 자양은 불선한 방향으로 삶을 이어지게 합니다. 그러므로 삿된 갈애를 일으키지 말아야 하며, 선한 방향으로 마음을 일으켜서 선한 곳의 자리에 입태가 이루어질 수 있도록 해야 합니다. 그래서 선처의 방향으로 존재가 설정될 수 있도록 네 자양에 삿된 갈애가 없도록 마음을 잘 닦아야 합니다. 이렇게 전생의 나로부터 넘어온 존재지속심과 부모로부터 받게 되는 '네 자양'을 원인으로 해서 어머니의 몸에 태아의 입태가 이루어집니다. 이렇게 '어머니의 몸에 태아의 입태가 이루어지는 원인'을 표로 나타내면 다음과 같습니다.

[표 II-1] 어머니의 몸에 태아의 입태 원인

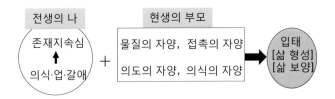

이처럼 어머니의 몸에 태아의 입태가 이루어지는 원인으로 전생의 나에게서 형성된 '존재 형성의 삼 요소(의식·업·갈애)'와 이에 의해 형성된 존재지속심이 있습니다. 그리고 현생에서 부모에 의해 받게 되는 의식, 의도, 접촉 및 물질인 네 자양이 있습니다. 이렇게 존재지속심과 네 자양이 결합하게 되면 어머니에게 태아의 입태가 이루어지는 원인이 형성됩니다. 그리고 현생을 살면서 계속해서 이런 네 자양이 공급되면서 인간은 성장하면서 연속적으로 심신이 변하는 인생을 살게 됩니다. 이렇게 네 자양은 존재의 태어남을 생성시키며, 또한 태어난 삶을 보양하기도 합니다. 그래서 이런 삼 요소와 네 자양을 원인으로 해서 어머니의 몸에 태아의 입태가 이루어집니다.

○ 입태 조건

어머니의 몸에 태아가 입태되기 위해서는 입태의 원인이 되는 존재지속심과 네 자양이 있어야 합니다. 또한 입태되는 순간에 이를 가능하게 하는 세 가지 조건이 있습니다. 이것으로 인해서 어머니의 몸에 정상적으로 태아의 입태가 이루어집니다.

'맛지마니까야'의 '갈애 멸진의 긴 경'에 보면, 사왓티 시의 제따숲에 있는 기원정사에서 붓다는 수행승들에게 '부모로부터 생명을 받게 되는 것'에 대한 이야기를 합니다(M. I. 266). 여기를 보면, 태아의 입태를 위해선 세 가지 조건이 있어야 합니다.

세상에 인간으로 태어나기 위해서는 어머니의 몸에 태아의 입태가 있어야 합니다. 그리고 이를 위해서는 부모님의 결합과 어머니의 경수가 있어야 하며, 그리고 전생으로부터 연결되는 재생연결식이 있어야 합니다. 그래서 부모로부터 새로운 생명을 받기 위해서

는 부모님의 결합, 어머니의 경수 및 재생연결식이라는 세 조건이
조화를 이루는 순간에 어머니에게 태아의 입태가 이루어집니다.
이런 '태아 입태의 원인과 조건'을 표로 나타내면 다음과 같습니다.

[표 II-2] 태아 입태의 원인과 조건

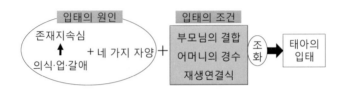

이처럼 입태의 원인은 대부분 전생에서 오는 '존재 형성의 삼 요
소(의식·업·갈애)'에 의해 존재지속심이 형성되어야 하며, 여기에 현
생의 부모로부터 받게 되는 네 자양이 있어야 합니다. 이것이 입태
의 원인이 됩니다. 그리고 여기에 현생에서 부모님의 결합과 어머
니의 경수가 있어야 하며, 또한 이런 원인과 조건을 연결하는 재생
연결식이 조화를 이루어야 합니다. 이렇게 재생연결식은 전생에서
넘어올 때 존재지속심과 결합하고 있다가 입태가 있고 나면, 재생
연결식은 사라지고 존재지속심만 남게 됩니다. 이렇게 이들 입태
의 원인과 조건인 인연이 충족되면 이를 통해 어머니에게 태아의
입태가 이루어집니다. 이렇게 인간 탄생은 신비스러운 것입니다.

○ 모태에 안착과 성장

어머니의 자궁에 태아가 입태되면, 그곳에 태아는 잘 안착합니다. 그리고 그곳에서 태아는 열 달여의 기간 동안 성장하게 됩니다. 이 기간에 어머님은 태아의 올바른 성장을 위해 갖은 노고와 불편함을 아끼지 않고, 본인의 희생을 감수합니다.

'쌍윳따니까야'의 '인다까의 경'을 보면, 라자가하 시의 인다까라는 야차의 처소인 인다산의 봉우리에서 붓다는 야차의 질문에 대해 답변을 합니다(S. I. 206). 여기를 보면, 야차인 인다까는 붓다에게 육신의 형성과 모태에 안착에 대해 질문을 합니다.

야차인 인다까는 인간으로의 육신은 어떻게 얻게 되며, 어떻게 모태에 안착하게 되는지에 대해 붓다께 묻습니다. 그러자 붓다는 인간으로 태어나는 과정에 대해 인다까에게 다음과 같이 설명하고 있습니다. 먼저, 초기에는 깔랄라가 생겨나며, 여기서 압부다가 일어나고, 이를 통해 뻬씨가 생겨납니다. 그리고 이것이 가나로 성장하고, 이는 빠싸카를 생성하며, 이를 통해 머리카락, 몸의 털 및 손발톱 등이 생성됩니다. 이렇게 어머니의 태내에서 태아는 성장하고, 존재의 형성과 태어남이 있게 됩니다.

먼저, 임신 직후 1주일을 깔랄라라고 합니다. 이때 태아의 크기는 아주 작아서, 세 가닥의 양모로 이루어진 실타래의 끝에 놓인 기름방울만 한 크기입니다. 두 번째로, 임신 후 2~3주를 압부다라고 합니다. 이때는 고기 씻은 물의 색깔을 하고 있습니다. 세 번째로, 임신 후 3~4주를 뻬씨라고 합니다. 이때는 용해된 주석 모양이며, 색깔은 분홍색을 띠고 있습니다. 네 번째로, 임신 후 4~5주를 가나라고 합니다. 이때는 달걀 모양을 하고 있습니다. 다섯 번째로, 임신 후 6주 이상을 빠싸카라고 합니다. 이때는 두 팔, 두 다리 및 머리의 기초가 되는 다섯 개의 돌기가 생겨납니다. 그리고 태내에서 42주 이상 지나면, 머리카락, 몸의 털 및 손발톱 등이 생겨납니다(전재성 2014: 227). 이런 과정을 통해서 태아는 태내에서 영양분을 공급받으며, 서서히 성장하게 됩니다. 그리고 이때 어머니는 태아의 올바른 성장을 위해 갖은 노고와 불편함을 아끼지 않고, 본인의 희생을 감수합니다. 이렇게 어머니의 몸에서 태아가 입태되고, 성장하며, 출생하게 되는데, 이런 일련의 인간 탄생은 신비로우며, 경이로운 것입니다.

나. 인간 유전, 심신 형성 및 전생 기억

인간은 몸과 마음인 오온(색·수·상·행·식)으로 구성됩니다. 이때 몸과 마음은 전생으로부터 전해져 오는 것과 부모로부터 물려받아 유전되는 것이 있습니다. 그런데 이 둘을 조합시키는 것은 전생의 업에 의해 만들어진 존재지속심이며, 이는 현생에서 살게 될 존재를 선택하게 됩니다. 이렇게 부모로부터의 유전과 심신의 형성은 존재지속심에 의해 선택됩니다. 이처럼 현생의 인생, 현생의 부모 및 현생의 자리를 선택한 것은 자신의 마음을 형성하고 있는 존재지속심입니다. 그러니 현생의 인생이 힘들더라도 자신이 선택한 자신의 삶에 대해 남을 원망해서는 안 됩니다.

'앙굿따라니까야'의 '선정에 의지함의 경'에 보면, 사왓티 시에서 붓다는 수행승들에게 '인간을 형성하는 몸과 마음의 실상'에 대해 이야기합니다(A. IV. 422). 여기를 보면, 몸과 마음을 구성하는 심신은 고정되어 있지 않으며, 계속 변하고 있습니다. 그리고 이를 통해 형성되는 심신으로 인간의 삶을 살아나가게 됩니다.

'인간 유전'을 위해서는 전생의 존재지속심과 현생의 네 자양이 필요합니다. 이 중에서 존재지속심이 선택한 현생의 부모로부터 받게 되는 네 자양이 있습니다. 이런 네 자양은 의식·의도·접촉·물질의 자양입니다. 여기서 물질은 색이고, 의식은 마음이며, 의도·접촉은 마음작용입니다. 이런 네 자양을 유전으로 부모로부터 물려받게 됩니다. 그리고 이를 통해 현생의 나는 부모로부터 받게 되는 수·상·행인 마음작용과 색인 몸에 의해 부모의 행동양식인 유전자를 받게 됩니다. 그래서 부모와 비슷한 용모, 비슷한 행동 및 비슷한 의식으로 삶을 살아가게 됩니다. 따라서 나라와 지방의 특색들이 이런 행동 양식을 통해서 후대로 전해져 내려옵니다. 그러나 이는 전생의 존재지속심과 화합해서 심신의 변화와 성장을 가져오게 되므로 자식은 부모와 비슷하면서도 다른 삶을 살게 됩니다.

'심신 형성'하는 오온은 항상 변화합니다. 여기서 오온은 색(물질)·수(느낌)·상(지각)·행(의도)·식(의식)을 말합니다. 이런 심신을 오온인 색·수·상·행·식과 비교하면, 이때 몸은 색인 물질이 되며, 마음은 수·상·행·식인 느낌·지각·의도·의식이 됩니다. 그래서 인간은 색·수·상·행·식인 오온으로 몸과 마음을 구성하게 됩니다. 이때 마음을 구성하는 수·상·행·식 중에서 수·상·행은 마음을 작용시키는 마음작용인 마음 기제이며, 식은 마음을 말합니다. 이는 전생의 나와 현생의 부모로부터 유전자를 물려받아 형성하게 됩니다. 그리고 이런 심신의 구성을 통해 현생의 몸과 마음이 형성됩니다.

'전생 기억'은 쉽지 않습니다. 현생에서 형성되는 이런 마음 기제는 현생의 부모로부터 받게 되는 기제이기 때문에 일반 범부가 전생을 기억한다는 것은 쉽지 않습니다. 이렇게 전생을 기억하는 것이 현생에서 어려운 이유가 있습니다.

먼저, 부모로부터 유전으로 형성되는 마음 기제에 의해 전생을 연결하는 전생의 마음 기제가 끊어졌기 때문입니다. 두 번째로, 전생에서는 의도만 업으로 저장되며 주변 상황이나 현황 등이 현생으로 넘어오는 존재지속심에 자세히 저장되지는 않습니다. 세 번째로, 전생의 기억 중에서도 강한 충격을 주는 일부만 존재지속심에 저장되어 현생으로 넘어옵니다. 그래서 심층의식에는 저장되어 있을 수 있지만 현생으로 넘어온 존재지속심에는 저장이 안 되어 있을 수 있습니다. 네 번째로, 인지할 수 없는 전생을 알려고 한다면 신통력을 계발해야 합니다. 그래야 존재지속심과 심층의식에 저장된 전생의 기억을 꺼내서 볼 수 있습니다. 이는 고도의 집중력을 요구하는 집중 수행과 통찰 수행을 통해 사선정 이상에 들어야 숙명통을 통해서 전생을 알 수 있게 됩니다. 그러나 이런 신통력이 없는 일반 범부가 전생을 그대로 기억하기는 어렵습니다. 이런 사유들로 인해 일반 범부가 전생을 기억한다는 것은 쉽지 않게 됩니다. 이런 '인간의 유전과 전생'에 대해 이를 표로 나타내면 다음과 같습니다.

[표 II-3] 인간의 유전과 전생

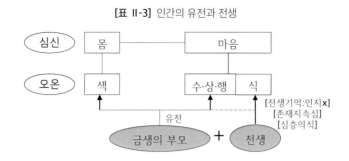

이처럼 인간은 심신인 몸과 마음으로 구성됩니다. 이는 오온인

색·수·상·행·식으로 구분되며, 현생의 부모로부터 대부분 색·수·상·행을 물려받고 인생의 유전자를 물려받습니다. 그리고 대부분 전생으로부터 넘어온 존재지속심에 의해 형성된 마음으로 인간으로서의 형성과 오온의 유전이 완성됩니다. 이런 과정을 거쳐서 형성된 존재지속심에 의해 인간은 현생의 한 생을 살게 됩니다. 그러나 이렇게 형성된 오온도 인간의 삶을 사는 동안에 계속해서 변하게 됩니다. 이것이 인간의 유전으로 형성된 오온의 무상성입니다.

다. 인간의 존재 이유

세상은 욕계·색계·무색계의 삼계로 구성되어 있습니다. 그리고 존재들은 삼계의 세계 중에서도 자신이 선택한 하나의 세계에 태어납니다. 그러면 존재들이 이 세상에 존재하게 되는 이유는 무엇일까요? 그것은 존재마다 특별한 목적을 갖고 이것을 처리하기 위해 이 세상에 태어납니다. 이렇게 현생에서 처리해야 할 업의 보따리를 꾸리는 것이 존재지속심입니다. 그래서 현생에서는 전생으로부터 갖고 온 이런 업들을 처리하며 살게 됩니다.

그래서 존재지속심은 존재가 어느 곳에 태어나서, 어떤 존재로 살게 될지를 결정해줍니다. 다시 말해서 지금까지 수없이 많은 전생에서 쌓은 업 중에서 이번 생에서 발현되어야 할 업의 더미들을 존재지속심에 담아서 이 세상에 태어납니다. 따라서 이때 존재지속심에 내재된 업의 구성이 인간이라면 인간으로 태어납니다. 그리고 내재된 업의 구성이 천신이라면 천신으로 태어납니다. 또한 내재된 업의 구성이 동물이라면 동물로 태어납니다. 이렇게 존재지속심에 의해 현생에서 태어날 존재의 자리가 결정되며, 이렇게 해서 형성된 몸과 마음으로 존재의 한 생을 살게 됩니다.

　이렇게 과거의 업을 포함하고 있는 존재지속심은 현생에서 인간의 삶에 지대한 영향을 미치게 됩니다. 그리고 그곳에 담아 온 업을 하나씩 꺼내서, 이를 작동시키며 인간의 삶을 살고 있습니다. 이때 마음에 쌓아 놓은 선업은 락과로 나타나고, 악업은 고과로 나타납니다. 그리고 이것은 다시 미래 업을 발생시켜 다음 생에 태어날 존재지속심의 토대를 제공하기도 합니다. 이렇게 존재는 매번의 생마다 각기 다른 존재지속심을 갖게 됩니다. 그리고 그곳에 담아 온 업을 해소하면서 한 생을 살게 됩니다.

　그리고 현생에 갖고 온 업이라는 숙제를 다 풀고 나면 그 성적표에 의해 다음 생으로 가게 되는 존재지속심을 받아서 윤회의 흐름을 갖게 됩니다. 이것이 존재지속심에 의한 윤회의 흐름입니다. 이처럼 이 세상에 태어난 이유는 존재지속심에 내재한 업의 발생, 업의 변화 및 업의 소멸을 현생에서 처리하기 위해서입니다. 이렇게 인간으로의 태어남은 인간으로 태어나야 할 업이 있다는 것이며, 이를 처리하기 위해 인간의 몸과 마음을 받아서 태어난 것입니다. 이를 표로 나타내면 다음과 같습니다.

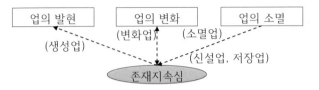

[표 II-4] 인간의 존재 이유

개별업: 생성업, 소멸업, 신설업, 저장업
혼합업: 변화업(증장업, 감소업, 상쇄업)

이처럼 '인간의 존재 이유'는 전생에서 넘어온 존재지속심에 저장된 업을 해소하기 위해 이 세상에 태어납니다. 그리고 이렇게 존재지속심에 저장된 업에 의해 현생에서 과보가 발생하게 됩니다. 이때는 과보를 발생시키는 생성업이 있으며, 업의 발현이 증장·감소·상쇄되는 변화업이 있습니다. 그리고 업의 발생을 소멸시키는 소멸업이 있습니다. 또한 새로이 의도의 행에 의해 형성되는 신설업이 있으며, 이는 다시 종자로서 심층의식 등에 저장업이 됩니다. 그리고 이는 존재지속심에 변화를 가져옵니다.

이처럼 전생에서 생성된 업을 현생에서 해소하기 위해 현생에 존재지속심을 갖고 태어납니다. 그리고 이런 개별업과 혼합업에 의해 현생에서의 삶이 지속합니다. 이렇게 인간의 몸을 받게 하는 존재지속심에 저장된 업의 해소를 위해 인간으로 태어납니다. 그러니 마음에 선업을 많이 지어야 합니다. 그래야 선처에 나게 되며, 이를 통해 선한 과보를 받게 됩니다.

○ 인간 삶의 형성

인간은 전생의 업에 의해 만들어진 존재지속심에 의해 현생의 한 생을 살게 됩니다. 그리고 현생에서는 존재지속심이 만든 전생의 업에 의한 과보를 받으며, 업을 해소해 가는 과정에 있습니다. 그래서 인생은 자신이 만든 업에 의한 과보를 받으며 살게 됩니다. 그러므로 현생에서 받게 되는 불선한 과보에 의한 괴로움에 너무 속상해할 필요는 없습니다. 왜냐하면, 이런 업에 의한 과보는 자신이 만든 것을 자신이 받게 되는 것이기 때문입니다. 그래서 인생이 잘 풀렸다고 너무 좋아할 필요는 없습니다. 또한 인생이 잘 안 풀렸다고 너무 슬퍼할 필요도 없습니다. 그것은 단순히 지나온 세월에서 쌓아놓은 업에 의한 과보일 뿐입니다. 그래서 과보를 하나씩 받을 때마다 업들이 하나씩 해소되기도 하고, 새로운 업이 형성되기도 합니다. 그리고 새로 생성된 업은 존재지속심과 심층의식에 저장됩니다. 이렇게 저장된 업을 조건으로 다음에 받을 과보가 일어나며, 이를 통해 인간 삶은 형성됩니다.

그러나 새로운 업을 저장하지 않고, 내재된 업이 다 소멸하면 이때는 더는 윤회하지 않는 열반의 상태가 됩니다. 그리고 다시는 존재로의 태어남은 없게 됩니다. 그러나 대부분의 인생은 감각적 욕망에 매인 삶을 살고 있습니다. 그리고 존재지속심은 이런 감각적 욕망을 증장시키는 구조로 구성되어 있습니다. 그래서 대부분 인간은 욕망으로 만들어진 업에 의해 계속 윤회하는 삶을 살게됩니다. 그리고 윤회하는 삶 안에서 어느 인생을 살게 될지는 자신에게 달려 있습니다. 그러나 한 가지 확실한 것은 인간의 존재는 청정으로부터 와서 청정으로 되돌아가는 과정에 있다는 것입니다. 그래서 인간의 존재는 모두 다 소중한 존재이며, 존귀한 존재입니다.

이런 인생의 길에서 인간은 심신으로 구성됩니다. 그래서 인간의 삶에서 외부의 대상이 눈·귀·코·혀·몸·정신을 통해 심신으로 들어오면, 이를 통해 앎이 형성됩니다. 이를 삼사화합이라고 합니다. 그리고 여기서 일어난 앎에 행동하려는 촉발이 일어나면, 이를 통해 신행·구행·의행의 삼행을 일으키면서 인간은 세상을 살게 됩니다. 이를 통해 발생된 업은 다시 존재지속심이나 심층의식에 저장됩니다. 이와 같은 작용으로 인간의 삶은 형성됩니다. 따라서 인간의 삶은 자신에게서 나오고, 자신에게로 들어가는 삶입니다. 이처럼 인생은 자신이 가진 감각의 문을 통해서 자신이 만들고, 그 문을 통해 자신이 받게 되는 삶입니다. 이런 '인간 삶의 형성'을 표로 나타내면 다음과 같습니다.

[표 II-5] 인간 삶의 형성

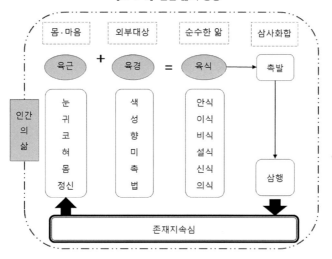

이처럼 인생은 존재지속심이 눈·귀·코·혀·몸·정신으로 나타나는 것입니다. 그래서 이런 것들이 작동되지 않는다면, 그것은 더는 삶이 없는 죽음의 길입니다. 그래서 이런 것들을 나타내며 사는 것이 인생입니다. 그러므로 인생의 주체는 자신이며, 이를 통해 자신이 만든 업의 과보를 자신이 받으며 살게 됩니다. 따라서 현재의 삶을 통해서 미래의 삶을 형성하는 것도 자기 자신입니다. 이렇게 업을 통해 만들어진 존재지속심에 의해 미래의 존재로 다시 태어납니다. 그래서 이렇게 '돌고 도는 인생'의 삶에 대해 그것이 괴롭다고, 다른 이를 탓할 것은 없습니다. 이것은 자신이 지어서 자신이 받게 되는 것이기 때문입니다. 그래서 운명을 짓는 것도 자신이고, 운명을 바꿀 수 있는 것도 자신입니다. 그러니 인간의 삶을 현명하게 살아야 합니다.

이렇게 인생의 방향은 자신이 선택한 것입니다. 그래서 다른 사람이 대신해서 자신의 인생을 살아주지는 못합니다. 다른 사람은 방향을 제시해줄 수는 있지만, 결국 방향을 틀어서 길을 바르게 가야 하는 것은 자신입니다. 이처럼 인생은 결국 자신이 혼자서 가야만 하는 길입니다. 그래서 이 길에서 오는 난관은 자신이 부딪쳐야 하고, 자신이 해결해야 하며, 자신이 이겨내야 합니다. 이렇게 계속 변화되며, 저장되는 업을 조건으로 다음에 받을 과보가 일어나며, 이를 통해 인간 삶은 형성됩니다.

라. 작지만 큰 존재들

인생을 살면서 우리는 다양한 여러 존재를 만나게 됩니다. 이들은 몸집이 큰 존재들도 있고, 몸집이 작은 존재들도 있습니다. 그런데 우리는 이들을 대할 때 그들의 크기나 모습을 보고 이들의 위력을 평가해서는 안 됩니다. 왜냐하면, 이들의 크기가 크다고 해서 위력이 큰 존재인 것도 아니며, 또한 이들의 크기가 작다고 해서 위력이 작은 존재인 것이 아니기 때문입니다. 그래서 이들의 크기가 작더라도 이들을 무시하지 말아야 하며, 오히려 이들을 존중해 줘야 하고, 받들어주어야 합니다. 그래야 이를 통해 자신의 삶이 윤택하게 됩니다.

'쌍윳따니까야'의 '젊은이의 경'을 보면, 사왓티 시의 제따 숲에 있는 기원정사에서 붓다는 빠세나디왕에게 '작거나 어리다고 해서 깔보거나 업신여겨서는 안 될 네 가지 존재'에 대해 이야기합니다 (S. I. 69). 여기를 보면, 세상에는 작거나 어리다고 해서 이들을 깔보거나 업신여긴다면 큰 재앙을 가져올 수 있는 네 가지 존재가 있습니다.

그것은 왕족, 뱀, 불 및 수행승입니다. 그러니 재앙을 맞지 않기 위해서는 이들을 잘 돌봐야 합니다. 그리고 이들의 크기가 작더라도, 이들을 존중해줘야 합니다.

먼저, 깔보거나 업신여겨서는 안 되는 존재에 어린 왕족이 있습니다. 만약에 어린 왕족을 보면서 이들이 자신보다 작거나 어리다고 해서 그를 깔보거나 업신여긴다면 나중에 자신에게 큰 재앙을 불러올 수 있습니다. 어린 왕족은 나중에 커서 한 나라의 지배자가 되어 왕의 지위에 오를 수도 있으며, 지배 계급에 오를 수도 있습니다. 또한 한 국가의 왕자는 장차 그 나라를 통치할 국왕이 될 것입니다. 그래서 이들이 자신보다 작거나 어리다고 해서 이들을 깔보거나 업신여긴다면, 나중에 이들에게서 공격을 받거나 처벌을 받을 수도 있습니다. 그러니 목숨을 지키고 보존하려면 이들을 깔보거나 업신여겨서는 안 됩니다.

두 번째로, 깔보거나 업신여겨서는 안 되는 존재에 뱀이 있습니다. 만약에 뱀의 크기가 자신보다 작다고 해서 이들을 깔보거나 업신여긴다면 나중에 자신에게 큰 재앙을 줄 수도 있습니다. 그래서 뱀이 변신해서 당신에게 해를 입히거나, 또한 뱀이 맹독이 있다면 이들에게 물린 자리에 독이 퍼져 당신을 죽음으로 몰고 갈 수도 있습니다. 그러니 목숨을 지키고 보존하려면 이들을 깔보거나 업신여겨서는 안 됩니다.

세 번째로, 깔보거나 업신여겨서는 안 되는 존재에 작은 불씨가 있습니다. 만약에 작은 불의 불씨가 작다고 해서 이들을 깔보거나 업신여긴다면 나중에 자신에게 큰 재앙을 불러올 수도 있습니다. 그래서 작은 불씨가 가물거리다가 바람을 타거나 옆에 태울 것을 만나 옮겨붙는다면, 모든 것을 태우는 큰 참사를 겪을 수도 있습니다. 그러니 목숨을 지키고 보존하려면 이들을 깔보거나 업신여겨서는 안 됩니다.

마지막으로, 깔보거나 업신여겨서는 안 되는 존재에 수행승이 있습니다. 만약에 수행승이 아직 미숙하거나 어리다고 해서 이들을 깔보거나 업신여긴다면 나중에 자신에게 큰 재앙을 불러올 수 있습니다. 그래서 이들이 성장해서 흐름에 든 성자가 된다면 이들을 깔보거나 업신여긴 업은 당신에게 큰 불선한 과보를 줄 수도 있습니다. 따라서 악처에 나는 불선한 과보를 받지 않으려면 이들을 깔보거나 업신여겨서는 안 됩니다. 그러므로 이들을 바른 성품으로 올바로 대하고 이들을 존중해주어야 합니다. 이렇게 '작지만 큰 네 가지 존재'를 그림으로 나타내면 다음과 같습니다.

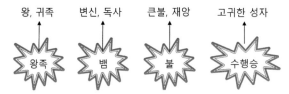

[그림 II-2] 작지만 큰 네 가지 존재

왕, 귀족 　　변신, 독사 　　큰불, 재앙 　　고귀한 성자

왕족　　　　뱀　　　　　불　　　　수행승

　이처럼 왕족, 뱀, 불 및 수행승은 작거나 어리다고 해서 이들을 깔보거나 업신여겨서는 안 될 존재들입니다. 그러나 이들만이 아닙니다. 이들과 마찬가지로 이 세상 대부분 존재는 그들의 겉모습만 보고 그들을 무시하거나 깔보아서는 안 됩니다. 왜냐하면 세상의 모든 존재는 각자 삶의 존재 이유를 갖고 삶을 살아가고 있으며, 이들은 청정으로부터 와서 청정으로 가는 고귀한 존재들이기 때문입니다. 그래서 이들에게 불선한 행을 하게 되면 이는 불선한 업을 형성해서, 그에게 사악처에 나는 불선한 과보를 형성할 수도 있습니다. 그래서 자기 주변에 있는 사람의 모습이 작게 보인다고 해서 그들을 깔보거나 업신여겨서는 안 됩니다. 만약에 그런 행동을 한다면 오히려 그런 행동을 한 자기 자신이 큰 피해를 받을 수 있습니다.

　그래서 슬기로운 사람은 자신에게 이로운 것이 무엇인지를 살펴봐야 합니다. 그리고 이렇게 '돌고 도는 인생길'에서 만나게 되는 모든 인간에 대해 그들의 가치를 존중해주어야 하며, 귀하게 여겨야 하고, 이를 받아들여야 합니다. 이렇게 하는 것이 자신의 현생과 미래 생에 이익이 되기 때문입니다. 이처럼 인간으로 태어난다는 것은 귀하고 소중한 인연의 결과입니다. 그래서 인간의 탄생은 신비로운 것이며, 이들의 삶은 경이로운 것입니다. 이것이 붓다가 들려주는 '인간 탄생은 신비로운 것'입니다.

2. 부모님은
은혜로운 존재인 것

존재의 탄생에는 다양한 방법이 있습니다. 이런 방법에는 태생, 화생, 습생 및 난생이 있습니다. 인간은 태생의 방법으로 생명의 탄생을 맞게 됩니다. 그래서 인간으로 태어났다면 부모님이 있다는 것입니다. 이렇게 부모님이 있기에 이 세상에 인간으로 사는 삶을 갖게 됩니다. 그뿐만이 아닙니다. 부모님은 자식을 낳아주시고, 길러주시며, 보호해주십니다. 만약에 부모님이 없었다면 이런 것은 가능하지 않습니다. 그리고 부모님은 자식들이 전생에서 갖고 온 업을 해소하고, 이를 소멸할 수 있도록 자연스럽게 옆에서 도와주고 있습니다.

그런데 인간의 몸을 받는 것은 '맹구우목'이라고 했습니다, 일백년에 한 번 바다 밖으로 머리를 내미는 거북이가 우연히 바다를 떠도는 조그마한 나무판자의 구멍으로 머리를 내밀 확률보다 낮다는 것입니다. 그만큼 인간의 몸 받기는 어렵다는 뜻입니다. 따라서 이렇게 어렵게 인간으로 태어난 만큼, 현생에서는 전생에서의 불선한 업을 소멸시키고, 미래 생에서 선한 과보를 받을 수 있도록 선한 업을 지어야 합니다.

그래서 이 세상에 나라는 존재를 태어나게 해주시고, 업이 소멸할 수 있도록 도와주시는 부모님의 은혜는 한량없이 크다는 것입니다. 이것은 보통 인연이 아닙니다. 부모와 자식 간의 관계는 팔천 겁 이상의 큰 인연으로 맺어진 사이라고 합니다. 그리고 이런 인연은 앞으로도 수많은 생을 거쳐서 지속될 것입니다. 그러니 업을 풀 수 있도록 낳아주시고, 길러주신 부모님의 은혜에 감사하는 것은 자신을 위한 길이기도 합니다. 그리고 이런 감사의 행은 미래 생을 행복으로 이끄는 선한 과보를 낳게 할 것입니다. 그래서 본 장에서는 이런 '부모님은 은혜로운 존재인 것'에 대해 살펴보겠습니다.

가. 어린아이의 위험

세상을 올바르게 사는 올바른 인식이 아직 구축되어 있지 않은 어린아이가 있습니다. 이런 어린아이는 세상의 위험에 노출됩니다. 따라서 세상을 살아나가는 데 올바른 인식이 구축되기 전까지는 부모님의 돌봄이 필요합니다. 그래서 부모님은 각종 위험으로부터 어린아이를 보호하며, 어린아이가 무사히 성장할 수 있도록 돌봐줍니다. 따라서 이런 부모님의 도움이 없다면, 어린아이는 이렇게 험난한 세상을 올바로 살아가기 어렵습니다.

'앙굿따라니까야'의 '감각적 쾌락에 빠짐의 경'에 보면, 붓다는 수행승들에게 '어린아이의 보호를 위한 주변의 대응'에 대한 이야기를 합니다(A. Ⅲ. 5). 여기를 보면, 한 집에 올바른 인식이 아직 구축되어 있지 않은 아주 어린 아이가 있습니다.

그런데 이를 돌봐주는 부모님이 잠깐 한눈을 파는 사이에, 그 아이는 나뭇조각을 입으로 가져가 입에 넣어버립니다. 어린아이는 나뭇조각의 위험을 모르며, 그것을 먹으면 안 된다는 것을 모릅니다. 그래서 이를 뒤늦게 알아챈 부모님은 황급히 나뭇조각을 아이의 입에서 빼내려고 합니다. 그러나 나뭇조각은 쉽사리 입에서 빠지지 않습니다. 이렇게 나뭇조각을 빼내는 것이 어려우면, 이제는 왼손으로 아이의 머리를 잡고 오른손가락을 갈고리처럼 만들어서 아이의 입에 넣고, 어린아이가 울더라도 나뭇조각을 빼내려고 노력합니다. 자신의 몸에 상처가 나고, 자신이 위험에 처해도 아이를 구하려고 온 힘을 다합니다. 이렇게 위급한 상황에서 어린아이를 구하기 위해 부모님은 자신의 모든 힘을 다합니다. 이는 아이의 목숨이 달려 있기 때문입니다.

이처럼 부모님은 자신의 이익과 상관없이 아이의 이익을 바라고, 안녕을 바랍니다. 그래서 위급한 상황에서 아이가 바르게 치유될 수 있도록 최선을 다합니다. 그리고 이를 위한 올바른 방법이라면 자신의 희생을 무릅쓰고서라도 아이를 위험으로부터 구해내려고 합니다. 그것이 부모님의 마음입니다. 그리고 이와 더불어서 자비로운 부모라면 연민의 마음을 갖고 자비한 방법으로 아이를 치유합니다. 이를 통해 아이가 치유되면 그 후에도 부모님은 아이가 올바르게 자라도록 아이를 잘 돌보아줍니다.

이렇게 아이가 위험에서 벗어나 올바르게 잘 자랄 수 있도록 최선을 다하는 것이 아이를 위한 부모님의 마음입니다. 그리고 자식을 위한 부모님의 사랑은 선업을 통해 부모와 자식 간에 깊은 관계를 형성합니다. 이렇게 선업을 쌓아서 자식이 축복을 받도록 하고자 하는 것이 부모님의 마음입니다. 이렇게 부모님의 은혜가 크다는 것을 알아야 합니다. 이런 인연은 부모와 자식 간에 강력한 윤회의 연결고리를 형성하게 됩니다. 그래서 내생에서도 이런 인연의 연결고리는 이어질 것입니다.

나. 부모님의 은혜

세상에서 가장 밀접한 관계는 부모와 자식 간의 관계입니다. 이들 간의 관계는 현생에서 떼려야 뗄 수 없는 관계입니다. 전생에서 팔천 겁 이상의 인연이 있어야 부모와 자식 간의 인연이 맺어진다고 합니다. 여기서 겁은 수억 년 이상을 지칭하는 무한히 긴 기간입니다. 그래서 팔천 겁의 인연인 이런 관계는 전생과 현생, 그리고 내생으로까지 계속 이어지게 되는 중요한 관계를 형성합니다. 따라서 부모님과의 관계를 잘 유지해야 합니다. 그리고 부모님의 은혜를 잊어서는 안 되고, 이를 갚기 위해 항상 선한 노력을 해야 합니다. 왜냐하면 이런 인연은 과거·현재·미래로 이어지며 서로 간에 밀접한 관계를 형성하기 때문입니다.

'앙굿따라니까야'의 '부모의 경'에 보면, 사왓티 시에서 붓다는 수행승들에게 '부모님의 은혜'에 대한 이야기를 합니다(A. Ⅰ. 61). 여기를 보면, 한쪽 어깨에는 어머니를 이고, 다른 쪽 어깨에는 아버지를 인 상태로 수백 년을 사는 사람이 있습니다.

그는 부모님에게 목욕을 시켜드리고, 몸에 향료를 발라드리며, 안마도 해드리고, 마사지도 해드리며 지극정성으로 부모님을 봉양합니다. 그리고 부모님이 그 사람의 어깨 위에서 똥오줌을 싸더라도 그는 이를 다 감수하고 기꺼이 부모님의 수발을 돕습니다. 이렇게 그는 부모님을 위해 최선의 행을 다합니다. 이렇게 부모님을 안락하게 보살펴드리는 것은 자식된 도리입니다. 이것이 팔천 겁의 기간을 거쳐 맺어진 전생의 업을 갚을 기회입니다. 그리고 이런 행은 업을 해소하는 데 큰 선행이 됩니다. 그러나 이것이 아주 큰 선행이라고 해도, 이것으로 부모님의 은혜를 다 갚지는 못합니다. 왜냐하면, 부모님이 수없이 많은 겁의 인연을 통해서 자신의 입태를 받아들였으며, 잉태해서 고통을 이겨내시며 낳아주고, 어떤 역경 속에서도 길러주시며, 성장할 수 있도록 보살펴주고, 그가 현생에 가지고 온 업의 해소를 위해 옆에서 돌보아주신 은혜는 이것보다 훨씬 더 큰 은혜이기 때문입니다.

그러나 이런 은혜를 다 갚아드리는 방법이 있습니다. 그것은 부모님에게 붓다의 가르침을 접할 수 있도록 해드리고, 가르침에 대한 믿음을 심어드리며, 계·정·혜의 삼행을 닦을 수 있도록 보살펴드리는 것입니다. 이를 통해서 부모님은 마음이 평온하게 유지되며, 청정한 마음을 갖게 됩니다. 그리고 미래 생에 부모님은 평온한 삶을 살게 될 것입니다. 이처럼 진리의 법을 찾는 행을 할 수 있도록 부모님을 그 길로 인도하면, 그제야 이것은 부모님의 은혜를 다 갚는 것이며, 그 은혜보다 넘치게 갚는 것이 됩니다. 그래서 부모님에게 붓다의 가르침을 접할 수 있도록 권해드리고, 이를 배우고 익히도록 해드려야 합니다. 이렇게 부모님의 운명을 선하게 바꿔드리는 것이 부모님의 은혜에 대해 자식으로서 해드릴 수 있는 최상의 축복입니다. 그리고 이것이 부모님의 크나큰 은혜를 갚는 것이며, 넘치게 갚는 것이 됩니다. 이렇게 자식들은 자신을 낳아주고, 길러주신 부모님을 잘 존중하고, 보살펴주어야 합니다. 그러면 이를 통해 자식들도 윤회의 연결고리에서 자신의 업이 소멸하고 선한 과보를 받게 되며, 더 나은 삶을 얻을 수 있게 됩니다.

다. 늙은 바라문과 부모님의 유산

부모님에게서 물려받을 수 있는 재산에는 물질적인 재산과 정신적인 재산이 있습니다. 여기서 부모님에게서 물려받는 물질적인 재산은 범위가 한정되어 있습니다. 그리고 이것은 쓰면 쓸수록 줄어듭니다. 그러나 부모님에게서 물려받는 정신적인 재산은 범위가 한정되어 있지 않습니다. 이것은 횃불의 화와 같아서 나누어 쓰면 쓸수록 더욱 불어납니다. 그래서 선한 곳에 쓰면 선한 정신적인 재산이 늘어나게 되고, 불선한 곳에 쓰면 불선한 정신적인 손실이 늘어나게 됩니다. 그리고 이것은 현생뿐만이 아니고, 미래 생에도 영향을 미칩니다. 그러니 자녀들에게 선한 정신적인 재산을 물려주어야 합니다. 그리고 자식들은 부모님에게서 선한 정신적인 재산을 물려받아야 합니다. 또한 이렇게 해서 받은 선한 정신적인 재산을 선한 곳에 써야 합니다. 그러면 자신들의 현생도 행복하게 되고, 미래 생도 행복하게 됩니다.

'담마파다'의 '코끼리의 품'에 대한 주석서를 보면, 사왓티 시의 제따 숲에 있는 기원정사에서 붓다는 수행승들에게 '현인들도 부모님을 잘 보살폈소, 그대들은 잘하고 있는 것이요'라고 하며, 늙은 바라문과 그의 아들에 관한 이야기를 합니다(DhpA. Ⅳ. 7~15). 여기를 보면, 사왓티 시에 네 명의 아들과 팔십만 냥의 재산을 가진 부호의 바라문이 살고 있었습니다. 그는 아이들을 정성껏 키웠습니다.

그리고 아이들이 성장해서 결혼할 나이가 되자, 바라문은 아이들을 결혼을 시키면서 각각 일십만 냥씩 재산을 나누어줍니다. 세월이 흘러 바라문의 아내가 죽자, 아이들이 모여 아버지에 대해 의논합니다. 그리고 새어머니가 들어오면 아버지의 전 재산이 그녀에게로 가니, 우리가 아버지를 잘 모시자고 합니다. 그리고는 서로 번갈아가며 맛있는 음식도 해드리고 옷도 해드리며 주물러도 드리고 하면서 아버지를 잘 보살펴드립니다. 하루는 아들이 아버지의 시중을 들고 있다가 아버지에게 이야기합니다. "아버지. 이렇게 따로 살면 힘든 점이 많습니다. 그러니 재산을 저희에게 물려주시고 같이 사는 것이 어떻습니까?"라고 제안을 합니다. 그래서 아버지는 자신이 가진 전 재산을 아들들에게 일십만 냥씩 똑같이 나누어줍니다. 그러던 어느 날 아버지는 목욕을 마치고 큰아들 집으로 갔습니다. 그러나 그곳에는 여러 가지 보살피지 못하는 이유가 있습니다. 그래서 아버지는 그 집을 나와서, 다른 자식들 집으로 가게 됩니다. 그러나 그곳에서도 여러 가지 이유로 인해 집을 나오게 됩니다.

이렇게 늙어서 연로해진 바라문은 갈 곳이 없어지게 되고, 결국은 여러 곳을 전전하다가 그를 받아주는 붓다의 승원으로 가게 됩니다. 그곳에서 그는 붓다의 가르침을 받게 됩니다. 그 당시에는 '부모님에게 재산을 받고도 부모님을 돌보지 않는다면 죽어야 한다'라는 법이 있었습니다. 붓다는 이것을 시로 만들어서 바라문에게 알려줍니다. 그리고 이런 바라문의 이야기가 동네 아이들의 입을 거쳐서 먼 곳에 있는 아들들에게까지 알려집니다. 그러자 아들들은 자신들의 잘못을 뉘우치고 참회하며 아버지를 모시고 가서 다시 극진하게 보살펴드립니다. 붓다는 나중에 이들의 집을 방문해서 그들을 칭송합니다. "옛 현인들도 부모님을 잘 보살폈소,

그대들은 잘하고 있는 것이요"라고 그들을 격려합니다. 그리고 그들에게 '코끼리 숲을 그리워하는 코끼리'에 대한 법문을 합니다. 그리고 붓다의 가르침을 받은 이들은 흐름의 경지에 들게 되고, 후일에 거룩한 존재의 경지에까지 이르게 됩니다.

이렇게 아버지는 아들들에게 붓다의 가르침인 선한 정신적인 재산을 나누어줍니다. 비록 아버지가 물려준 물질적인 재산에 의해 그들은 서로 질투하고 시기했지만, 아버지가 물려준 선한 정신적인 재산은 그들을 선한 곳으로 이끌었습니다. 그리고 이것을 받은 아들들은 이를 통해 선한 길이자 더 나은 깨달음의 길을 가게 됩니다. 이것이 선한 정신적인 재산입니다. 그래서 부모와 자식 간에는 이를 물려주고, 이를 받으며, 이를 계발해야 합니다. 이렇게 부모님은 자식을 낳아주시고 길러주시며 자신에게 있는 물질적, 정신적 재산까지 아낌없이 나누어주십니다. 그러니 자식들은 이런 부모님의 은혜에 감사해야 하며, 이를 갚기 위해 정진해야 합니다.

라. 뒤늦은 후회와 그녀의 길

인간은 삶을 살면서 많은 어려움에 직면합니다. 누구도 아무런 어려움 없이 세상을 사는 사람은 없습니다. 깨달은 성자라도 인간으로 사는 삶은 전생의 업에 의해 어려울 수 있습니다. 이렇게 모든 사람은 인생에 어려움이 있습니다. 그래서 인간은 이를 처리하기 위해 자신이 현생에 갖고 온 업을 하나씩 풀어가며 살고 있습니다. 이렇게 인간으로 태어났다면 인간으로 풀어야 할 업이 있다는 것입니다. 따라서 나만 어려움이 있다는 생각은 버려야 합니다. 대부분 사람은 어려운 업을 갖고 있습니다. 그것이 사람으로 태어난 숙명입니다. 그리고 이렇게 생성된 업 중에서도 부모님과는 두꺼운 업을 만들기 때문에 이를 잘 풀어야 합니다. 이것을 잘못 풀면 자신에게 후회와 절망으로 다가옵니다. 그러므로 뒤늦은 후회를 하기 전에 부모님과의 선한 업을 잘 만들어야 합니다. 그것이 부모님의 은혜를 갚는 길입니다.

'담마파다' '천의 품'에 대한 주석서를 보면, 사왓티 시의 제따 숲에 있는 기원정사에서 붓다는 수행승들에게 '뒤늦은 후회와 그녀의 길'에 대해 이야기합니다(DhpA. II. 260~268). 여기를 보면, 한 마을에 부유한 상인의 딸 빠따짜라가 있었습니다.

그녀는 자라서 어느덧 아름다운 16세가 되었습니다. 그녀의 부모는 그녀의 거처를 지키기 위해 7층의 가장 높은 곳에 방을 마련하고 하인들에게 그녀를 감시하도록 했습니다. 그런데도 전생에 인연이 있었는지, 그녀는 그곳에 있는 하인과 눈이 맞았습니다. 그래서 그와 함께 집을 빠져나가 다른 마을에서 부부의 연을 맺고 살게 됩니다. 그러나 이런 행복도 잠시 잠깐이었습니다. 그녀가 두 번째 아이를 낳을 때 남편이 독사에 물려 죽게 됩니다. 그러자 그녀는 두 아이를 데리고 친정집을 향해 떠납니다. 그런데 그날따라 비가 많이 왔습니다. 그래서 불어난 강물로 강을 건너는 길이 끊어졌습니다. 그녀는 할 수 없이 아이를 한 명씩 데리고 불어난 강물을 건너려고 합니다. 그러나 그 과정에서 두 아이가 그만 강물에 휩쓸려버렸습니다. 그래서 그녀는 두 아이마저 모두 잃게 됩니다. 이런 비극으로 인해 그녀는 통곡하며 친정집을 향해 걷습니다. 그리고 얼마 가지 않아서 반대편에서 오는 친정집의 하인을 만나게 됩니다. 그리고 그로부터 그녀는 친정집의 소식을 듣게 됩니다.

그런데 친정집에도 지난밤 폭우가 집을 덮쳤습니다. 그리고 엎친 데 덮친 격으로 폭우로 인해 부모님은 모두 돌아가시고, 집은 소실됐습니다. 그래서 부모님을 오늘 화장해드렸다는 소식입니다. 이런 소식까지 듣게 되자 급기야 그녀는 지난 세월의 회한과 고통으로 정신이 나갑니다. 그리고 답답한 옷을 벗어던지고 통곡합니다. 한없는 회한의 눈물이 그녀의 두 눈에서 흘러내립니다. 이렇게 실성한 그녀는 산발한 머리를 이끌고 길거리를 방황하며 돌아다닙니다. 그러자 주변 사람들은 그녀에게 '미친 사람'이라고 손가락질하며, 쓰레기와 흙더미를 그녀에게 던집니다. 이렇게 가련한 그녀를 안전한 곳으로 인도할 분은 붓다뿐입니다. 그래서 이를 알게 된 붓다는 그녀를 불러세웁니다. "그대여, 걸음을 멈추고, 정신을 차려라! 그대는 걸음을 멈추고, 정신을 차려라!" 이런 붓다의 일성으로 인해 그녀는 정신이 번쩍 듭니다. 그리고 그녀는 자신을 돌아봅니다. 그리고 자기의 차림새가 부끄러워 주변의 옷으로 몸을 가립니다. 이렇게 붓다는 정신이 돌아온 그녀를 불러세우고는 그녀에게 이야기합니다.

"그대여! 그대의 안식처는 이 세상을 떠난 부모님도 아니요, 그대의 남편도 아니고, 그대의 자식들도 아니다. 오직 그대만이 그대의 안식처이며, 피난처이고, 귀의처가 된다." 이처럼 붓다는 자신의 안식처는 자기 자신이라고 합니다. 과거의 후회도 아니고, 미래의 불안도 아니며, 오직 현재의 그대만이 그대에게 안식처를 제공합니다. 그러니 현명한 자는 이제 자신을 안식처로 삼아야 하며, 과거나 미래가 아닌 현재를 안식처로 삼아야 합니다. 그래야 이를 통해 마음이 고요하고 평온하게 됩니다. 이런 붓다의 가르침을 받고, 빠따짜라는 마음이 평온해집니다. 그리고 붓다에 귀의하고, 마음을 닦아, 후일에 흐름에 든 자가 되어 마음의 안식처를 찾게 됩니다.

이렇게 자식과 부모님을 잃으면 자신의 모든 것을 잃은 듯합니다. 그러나 자신에게 진정한 안식처를 제공하는 것은 자기 자신입니다. 사람마다 자신의 업이 있으며, 이것에 의해 자신이 받아야 할 과보가 있습니다. 따라서 악업에 의한 불선한 과보는 다른 사람이 지은 것을 자신이 받는 것이 아니라, 자신이 지은 것을 자신이 받게 되는 것입니다.

그러나 그런 길에서도 부모님은 그가 선한 길로 잘 갈 수 있도록 옆에서 최선을 다해 조력해주십니다. 이렇게 부모님이 자신이 가는 길을 돌보아주고 보살펴주지만, 결국 그 길을 나서는 것은 자기 자신입니다. 그러니 그것을 잘 받을 수 있는 시기를 놓치면 안 됩니다. 그래서 자신에게 후회와 절망이 없도록 해야 합니다. 그러한 길이 붓다의 가르침 안에 있으며, 그 안에서 자신의 안식처를 찾아야 합니다. 그리고 부모님도 붓다의 가르침의 안에서 안식을 찾을 수 있도록 그들을 인도해야 합니다. 그것이 부모님의 은혜를 갚는 길이며, 이를 넘치게 갚는 길입니다. 그러면 이렇게 만든 선한 인연은 그들을 선한 곳으로 인도할 것입니다. 이것이 붓다가 들려주는 '부모님은 은혜로운 존재인 것'입니다.

3. 인생은 나그넷길인 것

　'인생은 나그넷길'이라는 노래가 있습니다. 인생은 빈손으로 왔다가 빈손으로 돌아가는 길이라는 것입니다. 실제로 태어날 때는 주먹을 쥐고 태어나지만, 죽을 때는 손을 펴고 빈손으로 죽음을 맞이합니다. '공수래공수거'입니다. 이렇게 빈손으로 왔다가 빈손으로 가는 인생길에서도 우리가 선택할 수 있는 두 종류의 길이 있습니다. 그것은 고를 증가시키는 길과 고를 감소시키는 길입니다. 즉, 선한 길과 불선한 길이 있습니다. 그런데 일반적으로 사람들은 괴로움을 감소시키는 길을 가고자 합니다. 그러나 인간은 고를 감소시키기 위해 행복을 찾아간다고 하면서, 행동은 정작 고를 증가시키는 행위를 하고 있습니다.

　이렇게 사람들은 고를 감소시키고자 하며, 이를 위해 즐거움과 감각적 쾌락을 찾습니다. 그리고 거기에 심취하며 이를 즐기는 삶을 살게 됩니다. 그러나 시간이 지나 감각적 쾌락이 줄어들거나 거기에서 깨어나게 되면 이내 괴로움이 그를 엄습해 옵니다. 이렇게 즐거움은 지속될 수 없으며, 그에게 남은 공허함은 오히려 그에게 큰 괴로움을 안겨다줍니다. 그래서 인간은 고를 감소시키고자 감각적 쾌락을 추구하지만, 그 길이 괴로움을 일으키는 길이라는 것을 알아야 합니다. 이렇게 정해진 틀이 없는 것이 인생의 길인 나그넷길입니다.

그러나 모든 사람이 그 길을 가는 것은 아닙니다. 인생길을 올바르게 가는 사람들도 있습니다. 그래서 그들에게서 올바른 인생길을 배워야 합니다. 이를 통해 참다운 인생길을 가야 합니다. 이렇게 인생에는 괴로움을 향해 가는 길이 있으며, 괴로움이 감소되는 길이 있습니다. 그리고 이는 불행의 길과 대행복의 길입니다. 그런데 붓다는 인간 삶의 괴로움에서 벗어나기 위해 대행복으로 가는 길을 제시합니다. 그런데 어떤 길을 선택하느냐는 각자의 몫입니다. 그리고 그에 따른 과보는 그것을 선택해서 업을 지은 자가 받으면 됩니다. 이렇게 인생은 정해진 것이 없는 나그넷길입니다. 그래서 본 장에서는 이런 '인생은 나그넷길인 것'에 대해 살펴보겠습니다.

가. 생·노·병·사의 길

인생길에서는 생·노·병·사하는 과정을 거치며 살게 됩니다. 이런 생·노·병·사의 길은 피하고 싶다고 해서 피할 수 없으며, 욕계에 사는 어떤 사람도 피해갈 수 없는 길입니다. 그래서 인간은 태어남의 조건들이 화합하면 세상에 태어나며, 세월이 흐르면 늙게 되고, 노쇠하면 병들게 되며, 세상과의 인연이 다하게 되면 죽음을 맞게 됩니다. 이것은 하늘의 천신이나 지옥의 존재들이라도 마찬가지입니다. 하늘나라의 천신들도 수명이 있으며, 이들도 하늘나라에서의 수명이 다하면 죽음을 맞이하게 됩니다. 그러면 이들도 다시 삼계의 어느 곳으로 윤회하게 되는 삶을 살게 됩니다. 이것이 바로 삼계의 어떤 존재도 피해갈 수 없는 생·노·병·사의 길입니다.

'맛지마니까야'의 '저승사자 경'에 보면, 사왓티 시의 제따 숲에 있는 기원정사에서 붓다는 수행승들에게 '피할 수 없는 인생의 한 단면'에 대해 이야기합니다(M. Ⅲ. 178). 여기를 보면, 붓다와 수행승들이 생·노·병·사하는 인생에 대해 문답하는 장면이 나옵니다. 이 세상의 모든 존재는 세월이 흐르면 생·노·병·사하게 됩니다.

붓다가 묻습니다. "갓 태어난 어린아이가 이부자리에 똥, 오줌을 누고, 주변이 지저분해지고, 냄새가 나는 그것을 본 적이 있는가? 예, 붓다여, 본 적이 있습니다. 그리고 나이 먹어 구십이나, 백 세가 되어 허리가 휘고, 지팡이에 의지하며, 머리는 희게 되고, 얼굴에 검버섯이 피며, 주름이 진 것을 본 적이 있는가? 예, 붓다여, 본 적이 있습니다. 또한 병들어 힘이 없고, 다른 사람에게 의지하며, 고통스러워하는 자를 본 적이 있는가? 예, 붓다여, 본 적이 있습니다. 그리고 결국은 죽어서 얼굴에 핏기가 없으며, 말도 못 하고, 행동도 못 하며, 의식이 없는 사람을 본 적이 있는가? 예, 붓다여, 본 적이 있습니다. 이런 것은 태어난 모든 존재가 피할 수도 없으며, 받을 수밖에 없다." 이처럼 붓다는 태어난 모든 존재는 하늘의 천신이나, 지옥의 존재들이라도 생·노·병·사하는 존재의 삶을 살게 된다는 것입니다.

그리고 이런 길은 태어난 모든 존재가 지금까지 살아오고 있었으며, 앞으로도 살아나가게 될 길입니다. 그러니 이렇게 생·노·병·사하는 나그넷길에서 인간으로서 올바른 삶을 살아나가야 합니다. 그리고 인간으로 태어나 삶을 잘 살아나가기 위해서는 선한 마음으로 선한 공덕을 쌓아야 합니다. 이것이 생·노·병·사하며 살게 되는 인생을 올바르게 살아나가는 길입니다. 그리고 이것이 생·노·병·사를 피할 수 없는 운명을 갖고 태어난 인간이 할 수 있는 올바른 길입니다. 그러면 이를 통해 나그넷길인 현생도 평온하게 되며, 미래 생도 평온하게 됩니다.

○ 빛과 어둠의 인생길

인생길을 살다 보면 찬란한 빛의 길을 따라 올라갈 때도 있으며, 깜깜한 어둠의 길을 따라 내려갈 때도 있습니다. 인간은 이런 길들 사이에서 숨 가쁘게 삶을 살아나가고 있습니다. 이런 삶을 통해서 인간의 몸과 마음은 항상 변화하며, 인간이 사는 현재의 시공간도 성·주·괴·공을 거치면서 항상 변하고 있습니다. 이렇게 인간은 변하며 돌고 도는 인생길에서 어둠의 인생길과 빛의 인생길을 거쳐 나아가고 있습니다.

'쌍윳따니까야'의 '사람의 경'을 보면, 꼬살라 국의 사왓티 시에서 붓다는 빠쎄나디 왕에게 '세상에는 인생을 따라가는 방향에 따라 네 종류의 사람이 있다'라고 이야기를 합니다(S. I. 93~96). 여기를 보면, 세상에서 발견할 수 있는 사람을 '인생을 따라가는 길에 따라 네 종류의 사람'으로 이를 구분할 수 있습니다.

그래서 이런 네 종류의 인생길이 있다는 것을 알아야 하며, 이 중에서 자신이 가려고 하는 길을 잘 선택해서 잘 가야 합니다. 먼저, '어둠에서 어둠으로 가는 사람'이 있습니다. 여기에 어떤 사람이 미천하고 가난한 집안에서 태어났습니다. 그리고 그의 집안은 먹을 음식, 입을 옷과 잠자리가 부족합니다. 또한 그의 몸은 등이 굽었고, 병이 있거나, 몸이 불구이거나, 성하지 못하게 태어납니다. 이렇게 그는 어두운 곳에서 태어났습니다. 그리고 그는 자라나면서 신체적으로 나쁜 일을 하고, 말로 나쁜 일을 하며, 생각으로 나쁜 일을 합니다. 이렇게 그는 어두운 곳으로 가고 있습니다. 이로써 그는 몸이 파괴되어 죽은 뒤에 괴로운 곳, 나쁜 곳, 지옥의 세계에 태어납니다. 이런 사람이 암흑에서 암흑으로 가며, 어둠에서 어둠으로 가고, 피와 같은 어둠에서 피와 같은 어둠으로 가는 사람입니다. 이런 사람이 '어둠에서 어둠으로 가는 사람'입니다.

두 번째로, '어둠에서 빛으로 가는 사람'이 있습니다. 여기에 어떤 사람이 미천하고, 가난한 집안에서 태어났습니다. 그리고 그의 집은 먹을 음식, 입을 옷과 잠자리가 부족합니다. 또한 그의 몸은 등이 굽었고, 병이 있거나, 몸이 불구이거나, 성하지 못하게 태어납니다. 이렇게 그는 어두운 곳에서 태어났습니다. 그러나 그는 자라면서 신체적으로 선한 일을 하고, 말로 선한 일을 하며, 생각으로 선한 일을 합니다. 이렇게 그는 빛이 나는 곳으로 나아갑니다. 이로써 그는 몸이 파괴되어 죽은 뒤에는 선한 곳, 천상의 세계에 태어납니다. 이와 같은 사람이 지상에서 수레에 오르고, 수레에서 말 등에 오르며, 말 등에서 코끼리 어깨에 오르고, 코끼리 어깨에서 궁전으로 오르는 사람입니다. 이런 사람이 바로 '어둠에서 빛으로 가는 사람'입니다.

세 번째로, '빛에서 어둠으로 가는 사람'이 있습니다. 여기에 어떤 사람이 권세가 있고, 부유하며, 고귀한 집안에서 태어났습니다. 그리고 그의 집은 먹을 음식, 입을 옷과 잠자리가 풍족합니다. 또한 그의 몸은 보기 좋고, 깨끗하며, 아름다움을 갖추었습니다. 이렇게 그는 빛이 나는 곳에서 태어났습니다. 그러나 그는 자라나면서 신체적으로 나쁜 일을 하고, 말로 나쁜 일을 하며, 생각으로 나쁜 일을 합니다. 이렇게 그는 어두운 곳으로 갑니다. 이로써 그는 몸이 파괴되어 죽은 뒤에 괴로운 곳, 나쁜 곳, 지옥의 세계에 태어납니다. 이와 같은 사람이 궁전에서 코끼리 어깨로 내려가고,

코끼리 어깨에서 말 등으로 내려가며, 말 등에서 수레로 내려가고, 수레에서 땅으로 내려가는 사람입니다. 이런 사람이 바로 '빛에서 어둠으로 가는 사람'입니다.

마지막으로, '빛에서 빛으로 가는 사람'이 있습니다. 여기에 어떤 사람이 권세가 있고, 부유하며, 고귀한 집안에서 태어났습니다. 그리고 그의 집은 먹을 음식, 입을 옷과 잠자리가 풍족합니다. 또한 그의 몸은 보기 좋고, 깨끗하며, 아름다움을 갖추었습니다. 이렇게 그는 빛이 나는 곳에서 태어났습니다. 그리고 그는 자라나면서 신체적으로 선한 일을 하고, 말로 선한 일을 하며, 생각으로 선한 일을 합니다. 이렇게 그는 빛이 나는 곳으로 나아갑니다. 이로써 그는 몸이 파괴되어 죽은 뒤에 선한 곳, 천상의 세계에 태어납니다. 이와 같은 사람이 수레에서 수레로 옮기고, 말 등에서 말 등으로 옮기며, 코끼리 어깨에서 코끼리 어깨로 옮기고, 궁전에서 궁전으로 옮기는 사람입니다. 이런 사람이 바로 '빛에서 빛으로 가는 사람'입니다. 이런 사람은 주변에 선한 마음을 일으키며, 주변을 청정한 곳으로 만들어 나아갑니다. 이렇게 인생을 따라가는 길에 따라 네 종류의 사람이 있습니다. 이렇게 '인생을 따라가는 길에 따른 네 종류의 사람'을 표로 나타내면 다음과 같습니다.

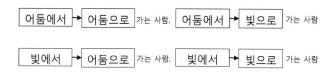

[표 II-6] 인생을 따라가는 길에 따른 네 종류의 사람

그리고 이런 인생의 길은 자신이 결정하게 됩니다. 그런데 이렇게 자신이 결정한 인생의 길에 따라서 현재의 삶뿐만이 아니라 미래의 삶도 영향을 받게 됩니다. 그러니 그것을 알고 자신이 갈 길을 잘 선정해야 합니다. 그러면 자신이 지은 업에 따른 과보는 자신이 받게 됩니다. 그래서 이미 태어난 곳은 자기가 바꿀 수 없지만 앞으로 받게 되는 운명은 자신이 바꿀 수 있습니다. 그러니 인생을 밝은 빛의 방향으로 이끌어야 합니다. 그러면 이를 통해 현생도 평온하게 되며, 미래 생도 평온하게 됩니다. 이렇게 변화무쌍한 길이 인생의 길인 나그넷길입니다.

나. 스승과 두 명의 제자

인생의 길에서는 다양한 많은 사람을 만나서 사귀게 됩니다. 그리고 이들과 서로 도움을 주고받습니다. 그런데 '근묵자흑'이란 말이 있습니다. 나쁜 무리 속에 있으면 거기에 물든다는 말입니다. 또한 '지란지교'란 말이 있습니다. 친구를 사귀려면 좋은 친구와 사귀라는 말입니다. 그래서 인생을 선한 길로 인도하는 좋은 친구와 길을 같이 가야 합니다. 그러나 나쁜 영향을 주는 친구라면 같이 가는 것보다는 혼자 가는 것이 낫습니다. 그리고 이를 통해 붓다가 알려주는 올바른 인생길로 가야 합니다.

'담마파다'의 '어리석은 자의 품'을 보면, 사왓티 시의 제따 숲에 있는 기원정사에서 붓다는 수행승들에게 '인생의 길에서 어리석은 자와 함께 가는 우정의 길은 없으니, 자신보다 뛰어나거나 같은 자와 함께 가지 못한다면 무소의 뿔처럼 뚜벅뚜벅 혼자서 가야 하리니'에 대한 이야기를 합니다(Dhp. 61). 이에 대한 주석서를 보면, 그 당시에 장로 마하깟싸빠가 있었습니다(DhpA. Ⅱ. 19~23). 그런데 그에게는 두 명의 제자가 있었습니다. 그리고 장로는 이들과 삡팔리 동굴에서 수행을 같이하고 있었습니다.

그런데 두 명의 제자 중에 한 제자는 성실했으나, 한 제자는 불성실했습니다. 그리고 성실한 제자는 의무에 충실했으나, 불성실한 제자는 책임을 회피하고 남의 일을 자신의 공으로 돌리는 나쁜 버릇이 있었습니다. 그래서 성실한 제자가 스승을 위해 세숫물과 양치할 솔을 준비하면, 불성실한 제자는 스승에게 달려가 "스승님 세숫물과 양치할 솔을 준비했습니다"라고 말합니다. 그리고 성실한 제자가 목욕물을 준비하면, 스승에게 달려가 "스승님 목욕물을 준비했습니다"라고 하며, 다른 사람이 한 일을 마치 자신이 한 일처럼 꾸밉니다. 이렇게 그는 다른 사람이 한 공을 자신의 공으로 가로채곤 합니다. 그러던 어느 날 불성실한 제자는 장로를 후원하는 가정을 방문하게 되었습니다. 그런데 그는 그곳에서 스승이 아프다며 음식을 요청하고는 그것을 자신이 가로챘습니다. 그 일이 있고 얼마 후에 스승인 장로는 이런 사정을 알게 됩니다.

그래서 스승은 그를 일깨우기 위해 그를 불러서는 크게 나무랍니다. 그런데 스승의 이런 나무람은 그를 위해서입니다. 그도 자기가 잘못한 것을 알아야 고칠 수 있습니다. 그러나 제자는 스승으로부터 큰 나무람을 듣게 되자 스승이 자기를 싫어하는 것이라고 오해합니다. 그리고 이에 앙심을 품고는 스승의 출타 시에 스승의 거처를 부숴버리고, 그곳을 불태우고는 도망가버립니다. 이렇게 도망을 간 제자는 그것을 원인으로 해서 나중에 큰 병이 나서 죽게 되고, 그는 아비지옥에 떨어지게 됩니다.

이런 관계를 설명한 붓다는 수행승들에게 불성실한 제자의 전생 이야기를 들려줍니다.

전생에서 스승은 씽갈라 새였습니다. 그리고 불성실한 제자는 원숭이였습니다. 그때 씽갈라 새는 열심히 새집을 짓고 나서 원숭이에게 말합니다. "집이 있어 너무 좋다. 그러니 너도 스스로 집을 짓는 것이 어때"라며 충고합니다. 그러자 원숭이는 화를 내며 새집을 부수어버립니다.

그런데 이런 불선한 행은 스승과 제자 사이에 불선한 과보의 연결고리를 형성하게 했습니다. 그래서 불성실한 제자는 스승의 올바른 충고에도 불구하고, 태어날 때마다 스승의 집을 부수게 됩니다. 그러면 이것은 또 다른 과보를 낳습니다. 그러니 여기에서는 다시금 선한 과보의 연결고리를 만들어야 합니다. 그래서 인생의 길에서는 불선한 과보의 연결고리를 계속 만드는 것보다는 차라리 혼자서 가는 것이 낫습니다. 따라서 인생의 올바른 방향이 정해지면 무소의 뿔처럼 뚜벅뚜벅 혼자서 가야 합니다. 이것이 나그넷길인 인생길을 잘 가는 길입니다.

○ 나루터의 뗏목

인생길에서 만나게 되는 어려움을 극복하기 위해 우리는 많은 방편을 사용하게 됩니다. 그러나 이런 방편들이 어려움을 극복하기 위해 적절한 때도 있고, 부적절한 때도 있습니다. 이때 적절한 방편을 사용했다면 인생길에서 맞게 되는 어려움에서 벗어날 것입니다. 이렇게 인생의 어려움을 극복하기 위해 방편을 사용한 것이므로 방편을 사용한 목적이 달성됐다면, 이제 방편은 놓아두고 나그넷길인 인생길을 가야 합니다.

'맛지마니까야'의 '뱀의 비유 경'에 보면, 사왓티 시의 제따 숲에 있는 기원정사에서 붓다는 수행승들에게 인생이라는 여행길에서 사용한 방편을 '뗏목의 비유'를 통해 이야기합니다(M. Ⅰ. 135). 여기를 보면, 평온한 피안의 세계를 향해 떠나는 한 사람이 있었습니다. 그는 여행을 가다가 어두운 언덕과 큰 물이 넘치는 강을 만나게 됩니다.

그런데 이편에 있는 어두운 언덕과 큰 물이 넘치는 강둑은 위험합니다. 그리고 강의 저편에 있는 강둑은 밝은 언덕이며, 평온한 곳입니다. 그래서 강을 건너 저편의 강둑으로 가려고 하지만 강물은 세차게 흐르고 있으며, 지금 있는 강둑의 나루터에는 나룻배도 없고, 또한 강을 무사히 건널 수 있는 다리도 없습니다. 그래서 그가 무사히 강을 건너서 저편의 언덕으로 가기 위해서는 무언가 방편이 필요합니다.

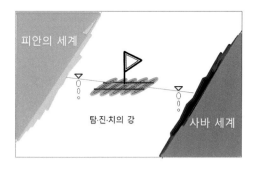

이렇게 강물은 물살도 세고 위험해서, 강을 무사히 건너려면 무언가 방편이 필요합니다. 그래서 그는 주변에서 방편을 찾아봅니다. 그리고 풀, 가지, 나무 등을 모아서 뗏목을 만듭니다. 그리고 잘 만들어진 뗏목을 이용해 노를 잘 저어서 안전하게 저쪽 언덕으로 건너갑니다.

이렇게 피안의 세계인 저쪽 언덕에 도달하자, 그는 생각합니다. "이제 뗏목을 타고 이 강을 안전하게 건넜으니, 이제는 뗏목을 어깨에 메거나 머리에 이고 깨달음인 목적지로 가면 어떨까?" 그러나 그것은 단지 뗏목에 대한 집착을 일으킨 것입니다. 이렇게 뗏목을 어깨에 메거나, 머리에 이고 열반인 목적지로 향해 가는 것은 길을 가는 데 전혀 도움이 되지 않습니다. 그것은 오히려 목적지로 향해 가는 데 방해가 됩니다. 그래서 강을 건너 저쪽 언덕에 무사히 도착했다면, 이제는 타고 온 뗏목을 육지로 올려놓거나, 물속에 놓아두고 가야 할 곳을 향해 떠나야 합니다.

이처럼 인간의 삶에서 탐·진·치의 강을 건너서 열반을 향해 가려는 사람은 지혜가 있는 반야선을 방편으로 사용합니다. 그리고 이를 사용해서 탐·진·치의 강을 무사히 건넌 사람은 강을 건너기 위해 사용했던 이런 방편에도 집착하지 말아야 합니다. 이렇게 해야 그 사람은 반야선을 바르게 사용한 것입니다. 이렇게 강을 건너가기 위해 사용했던 반야선에도 집착하지 말고, 이것을 내려놓고 열반의 길을 가야 합니다.

붓다는 이렇게 뗏목의 비유를 들어 인생의 방편에 관해 이야기합니다. 인간은 인생의 나그넷길에서 수많은 방편을 사용합니다. 그러나 이것들을 다 갖고 나그넷길을 갈 수는 없습니다. 그러니 여기에 집착해서는 안 됩니다. 그리고 인생길에서 선한 마음을 형성하기 위해서는 선한 행위를 해야 합니다. 그리고 이를 위해 사용한 선한 기제에도 집착해서는 안 됩니다. 하물며 불선한 행위로 방편을 사용해서는 안 되며, 여기에 집착해서도 안 됩니다. 이렇게 대행복으로 가기 위해서는 나그넷길인 인생길에서 사용한 재물·명예·칭송·명성·칭찬 등의 방편들도 모두 내려놓고, 열반의 길을 향해 뚜벅뚜벅 나아가야 합니다.

다. 잠 못 이루는 여행자의 길

인생이 한순간에 지나갔다고 말합니다. 인생의 길은 나그네의 길이며, 여행자의 길입니다. 이 세상에 잠시 인간으로 왔다가, 다시 떠나야만 합니다. 이렇게 여행자의 길은 지나고 나면 잠깐입니다. 그리고 인생 백 년은 쏜살같이 지나갑니다. 실제로 이런 시간은 우주의 250억 년의 시간에 비하면 지극히 찰나의 짧은 시간입니다. 그러나 어떨 때는 짧은 시간이라도 길게 느껴질 때가 있습니다. 그리고 어떨 때는 긴 시간이라도 눈 깜박할 사이에 지나갔다고 느낄 때도 있습니다. 그것은 시간에 상대성이 있기 때문입니다. 그래서 즐거운 시간은 금방 지나가고, 괴로운 시간은 상대적으로 길게 느껴집니다. 이렇게 인생길에서 느끼는 시간과 공간의 개념은 상대적입니다. 그래서 '잠 못 이루는 자에게 밤은 길게 느껴지고, 피곤한 자에게는 가야 할 길은 멀게 느껴집니다.' 그러니 이렇게 힘든 불선한 길은 피해야 합니다.

'담마파다'의 '어리석은 자의 품'을 보면, 사왓티 시의 제따 숲의 기원정사에서 붓다는 수행승들에게 '잠 못 이루는 자의 밤은 길며, 피곤한 자의 가야 할 길은 멀게 느껴진다'라고 이야기합니다 (Dhp. 60). 이에 대한 주석서를 보면 꼬살라국에 빠세나디라는 왕이 있었습니다(DhpA. Ⅱ. 1~12). 그런데 어느 날 왕은 시내를 시찰하다가 칠 층 저택의 높은 난간에서 한 여인이 나타났다가 사라지는 것을 보게 됩니다.

  그런데 왕은 그녀를 보고 나서, 그녀에게서 한밤에 보름달이 나타났다가 구름 속으로 사라진 것 같은 강렬한 느낌을 받습니다. 다음 날 왕은 신하를 시켜 여인에 대해 수소문합니다. 그리고 여인이 그곳에 사는 평민의 집안과 결혼해서 남편이 있다는 사실을 알게 됩니다. 그러나 왕은 여인에 대한 갈망이 일어났습니다. 그래서 왕은 그녀의 남편을 궁전의 시종으로 만들어서, 그에게 불가능한 일을 시킨 후에 그를 항명죄로 처벌하고, 여인을 취하려고 합니다. 왕은 신하를 시켜 남편을 궁전의 시종으로 만든 후에 그에게 명령을 내립니다. 그것은 한 요자나(약 20㎞)의 거리에 있는 강으로 지금 떠나서, 적색 대지와 청백 수련을 찾은 다음에 그것을 왕의 목욕 시간 전까지 가져오라는 것입니다. 이것은 왕의 명령입니다.
  그러나 그곳까지의 거리가 한 요자나라고는 하였으나, 한나절이나 지난 지금 시간에 걸어서 갔다가 시간 안에 오기에는 너무나 먼 길이었으며, 그곳에서 그것들을 찾는다는 보장도 없습니다. 그렇지만 그는 왕의 명령이기 때문에 그것을 찾아 길을 떠나야만 했습니다. 이렇게 그는 피곤했으며, 이렇게 피곤한 그에게는 가야 할 길이 더욱 멀게 느껴졌습니다. 그러나 다행스럽게도 그는 길을 가는 도중에 용왕을 만나게 됩니다. 그리고 그는 용왕의 도움으로 적색 대지와 청백 수련을 얻게 됩니다.

이렇게 그는 왕의 명령에 따른 것들을 구해서 길을 재촉해서 궁전으로 돌아옵니다. 그러나 이미 궁전의 문은 굳게 닫혀 있었습니다. 그래서 그는 슬퍼하며, 주변에서 하룻밤을 보냅니다. 그런데 그날 밤 왕은 여인에 대한 갈애와 집착으로 전전긍긍하며, 잠을 못 이루는 밤을 보냅니다. 그리고 왕은 사람들이 끓는 물속에서 소리를 지르는 듯한 두·사·나·소라는 비명으로 이어지는 악몽에 시달립니다. 이런 악몽으로 왕은 밤새 한잠도 못 이룹니다. 이렇게 악몽으로 잠을 못 이루는 밤이 왕에게는 너무나 길게 느껴집니다. 다음 날 왕은 이런 꿈 이야기를 왕의 사제인 바라문에게 해줍니다. 그러자 바라문은 "이것은 좋지 않은 꿈이니, 수백 마리의 코끼리, 말, 황소, 돼지, 소년과 소녀들을 하늘에 제물로 바치고, 큰 제사를 지내야 한다"라고 왕을 부추깁니다. 그러자 이렇게 재물을 바치고 제사를 지낸다는 소문이 궁전 안에 삽시간에 퍼집니다. 이런 공포로 인해 궁전 안은 술렁이기 시작합니다. 그리고 시민들은 소리를 지르며 도망치고 숨을 곳을 찾습니다. 이렇게 그들은 공포와 두려움에 떨게 됩니다.

이런 상황을 알게 된 왕비인 말리까는 이를 말리려 합니다. 그래서 그녀는 붓다에게 찾아가 이런 내용을 이야기합니다. 그러자 붓다는 왕이 들은 비명은 수천 년 전에 바라나씨의 젊은 상인이 간통으로 인해 지옥에 떨어졌는데 이를 지켜본 네 명의 지옥 주민들이 똑같은 일을 당하지 말라고 왕에게 해주는 경고라는 겁니다. 여기서 '두'라는 소리는 악행의 과보는 어떤 재물로도 피난처가 되지 못한다는 것입니다. 그리고 '사'라는 소리는 육만 년을 지옥에서 살았으나 언제 끝날지 기약이 없다는 것입니다. '나'라는 소리는 이 죄악은 끝이 없다는 것입니다. '소'라는 소리는 내가 이곳에서 나가 인간으로 태어나면 선행을 할 것이라는 말입니다. 붓다의 이런 가르침을 전해 들은 왕은 희생제는 아무 소용이 없음을 알게 됩니다. 그리고 그는 자신의 잘못을 뉘우칩니다. 그래서 왕은 재물을 동반한 제사를 모두 취소하고, 모든 뭇 삶들을 풀어주었으며, 그들을 모두 집으로 돌려보냅니다. 그리고 궁전의 시종도 풀어주고, 부인의 품으로 돌려보냅니다. 이렇게 여인에 대한 갈애와 집착에서 벗어나게 되자, 왕의 삶은 다시금 평온하게 되고, 밤에 잠도 잘 자게 되며, 악몽도 꾸지 않습니다.

이처럼 "잠 못 이루는 자에게는 밤은 길게 느껴지고, 피곤한 자에게는 가야 할 길이 멀게 느껴집니다." 이렇게 자신을 힘들게 하는 것은 자신에게 있는 갈애와 집착입니다. 그리고 이를 갖게 되면 괴로움으로 잠 못 이루게 되며, 인생의 길이 피곤하게 느껴집니다. 이런 길이 나그넷길인 인생길입니다. 그러니 인생길을 잘 가려면 갈애와 집착을 내려놓고 이에서 벗어나는 길을 가야 합니다.

그리고 붓다의 가르침을 실천하는 삶을 살아야 합니다. 이것이 나그넷길인 인생길을 바르게 잘 가는 길입니다.

라. 자존감의 형성

인간의 마음에는 다양한 마음이 존재합니다. 그리고 이런 마음을 중심으로 나의 심신은 형성됩니다. 그래서 마음을 기준으로 나의 형성을 구분해보면 다음과 같습니다. 이는 현생에서 나를 나타내주는 '겉표면의 나'가 있으며, 그리고 이와 연결되는 '심층의 나'가 있고, 나의 본질을 이루는 '당체'가 있습니다. 이런 나의 형성을 통해 선한 자존감을 키워나가야 합니다. 그러나 종국에는 이도 버려야 합니다.

먼저, 현생에 태어나서, 현생의 삶을 유지하는 '겉표면의 나'가 있습니다. 이는 존재지속심과, 정신과 의식(심·의·식)을 갖고 한 생을 살게 됩니다. 그는 이것을 나라고 인식하며, 여기에 집착하는 삶을 살게 됩니다. 두 번째로, '겉표면의 나'와 연결되며 수억 겁의 인연 속에서 만들어진 '심층의 나'가 있습니다. 이를 형성하는 심층의식에 업은 저장되며, 이는 존재가 태어나는 토대를 형성하고, 이를 통해 윤회가 이루어집니다. 마지막으로, 나의 본질을 이루며 빛의 존재로 얼룩에 의해 가려진 '열반의식'으로 이루어진 '당체'가 있습니다. 이를 통해 인간은 열반에서 와서 열반으로 가게 됩니다.

이렇게 현생에서 나를 나타내는 '겉표면의 나'가 있습니다. 이때는 존재지속심과 의식이 작용합니다. 그리고 이때의 의식은 정신과 마음을 포함하며(심·의·식), 이는 자아의식이 강하고, 나를 드러내고자 합니다. 그래서 삶을 살아나가기 위해서는 '겉표면의 나'에 의한 '겉표면의 앎'을 갖게 됩니다. 그러나 이때 얻게 되는 앎은 현생의 삶을 살아나가기 위한 지식에 불과합니다.

그래서 현생에서 똑똑하다는 것은 부모로부터 물려받은 명색인 '겉표면의 기억인자'와 '마음 기제'가 좋다는 것입니다. 그러나 이것은 이번 생에서만 작용하는 기제입니다. 그리고 수억 겁의 다른 생에서는 다른 몸과 다른 기제를 갖고 태어나서 생활하게 됩니다. 그래서 이런 지식은 수억 겁 삶의 진리인 지혜에 비해서는 얕은 지식이며, 바뀔 수 있는 지식이고, 이를 '겉표면의 앎'이라고 하며, 이는 현생에서만 작용하는 앎입니다.

그런데 이 세상을 살아나가기 위한 '겉표면의 나'를 평온하고 행복하게 하려면 선한 자존감을 키워나가야 합니다. 그리고 이를 통해 '심층의 나'에도 변화를 가져오게 됩니다. 그러나 인간 삶의 최종 목적인 '당체'를 체득하고, 인간 삶의 괴로움에서 벗어나기 위해서는 선한 자존감과 무명도 종국에는 버려야 합니다. 이를 통해 깨달음의 지혜를 증득하게 됩니다. 이때 번뇌와 삼독심이 소멸하며, 밝은 빛의 실체가 드러나게 됩니다. 이렇게 진리를 찾아 떠나는 올바른 인생길을 가야 합니다. 이런 '나의 형성과 자존감의 확립'을 표로 나타내면 다음과 같습니다.

[표 II-7] 나의 형성과 자존감의 확립

마음의 구성	자존감의 확립		마음(심·의·식)
1	겉표면의 나	현생의 존재	정신, 의식 / 존재지속심
2	심층의 나	인연의 결과	심층의식
3	당체	실체, 빛의 존재	열반의식

　이처럼 '겉표면의 나'와 '심층의 나'의 상태에서 인생을 살려면 자신에 대한 선한 자존감을 키워야 합니다. 이렇게 키워진 선한 자존감은 범부를 거쳐, 선인, 양인, 그리고 성자의 중간 단계까지는 서서히 키워지고 확립됩니다. 이를 통해 성자의 중간 단계까지도 선한 자존감은 키워지고 유지됩니다. 그리고 성인의 상층인 아나함의 단계에서부터는 이런 자존감조차도 서서히 엷어지기 시작해서, 성자의 최고봉인 아라한의 경지에서 깨달음을 이루게 되면 자존감에 대한 구별도 사라지고, 너와 나에 대한 구별이 없게 되는 불이의 단계에 들게 됩니다. 그래서 이때는 당체인 열반의 빛이 밝게 비추며, 자존감이라고 내세울 만한 것도 없게 됩니다. 그리고 모든 존재가 평등하고 존엄한 일체 평등지인 깨달음의 상태에 들게 됩니다.

그래서 성자의 자존감이란 너와 나에 대한 모든 존재가 평등하고, 존엄한 상태라고 하는 평등한 상태를 말합니다. 이렇게 열반의 상태에서는 번뇌의 때가 벗겨지며, 모든 존재가 존엄한 상태가 됩니다. 이처럼 내 몸의 근본 자리는 밝게 빛나는 자리입니다.

그러니 이처럼 형성된 '겉표면의 나'에 대한 자존감을 회복해야 합니다. 그리고 자존감의 확립을 통해 고귀한 존재로서의 '당체의 자리'를 찾아서 나아가야 합니다. 이것이 나그넷길인 인간 삶의 괴로움에서 벗어나는 길입니다. 그러니 이 길을 따라 자존감을 확립해 나아가야 하며, 이를 통해 종국에는 너와 나라고 할 만한 것도 없는 열반을 향한 길을 가야 합니다. 이것이 바로 붓다가 들려주는 진리의 존엄을 찾아 떠나는 '인생은 나그넷길인 것'입니다.

4. 인연의 장은
자신이 만든 것

인생을 살면서 자신에게 닥친 일에 대해 너무 억울해할 것은 없습니다. 왜냐하면 그것은 자신이 과거에 지어놓은 업에 의한 과보를 현재의 순간에 받는 것이기 때문입니다. 그래서 자신이 지어서 자신이 받게 되는 과보에 대해 너무 억울해할 일은 없으며, 남을 탓할 일도 없습니다. 그것은 인연을 지은 사람이 인연의 과보를 받는 것이기 때문입니다. 이것이 인생길에서 맞게 되는 원인과 조건에 의한 인연의 장입니다.

이런 인연에 의해 현생에서는 인연의 결과인 과보를 받게 됩니다. 이것이 인과응보의 법칙인 인과의 법칙입니다. 그러면 이때 선업에 의해 즐거운 과보를 받을 수도 있으며, 악업에 의해 괴로운 과보를 받을 수도 있습니다. 이것은 남이 지은 것을 내가 받는 것이 아니며, 자신이 지은 것을 자신이 받게 되는 것입니다. 그러면 이를 통해 업은 해소됩니다.

그러나 대부분 사람은 조금 지어놓고 많은 것을 바라며, 악업을 지어놓고 즐거움을 받으려 합니다. 여기에서 괴로움이 발생합니다. 콩을 심어놓고서는 금이 나오기를 바라는 것입니다. 그런데 인간은 콩을 심어놓고서는 금이 나와야 하는데 안 나왔다고 화를 내며 괴로워합니다. 그러나 이것은 자신이 잘못 심어놓은 것을 자신이 받게 되는 것일 뿐입니다.

그러니 현생에서 어려운 문제를 받았더라도, 그것을 잘 풀려고 노력해야 합니다. 이렇게 현생에서 받게 되는 어려운 문제는 자신이 만들어놓은 것입니다. 그러니 문제가 어렵다고 너무 괴로워하거나 슬퍼해서는 안 됩니다. 이는 현생도 불행하게 만들고, 미래 생도 불행하게 만들기 때문입니다. 그러니 그것을 받았다고 너무 억울해하지 말고, 현실에서 자신에게 주어진 문제를 잘 푸는 데 충실해야 합니다. 그래야 인과의 법칙으로 미래의 인생길에서는 더 편안한 길, 더 안락한 길을 가게 됩니다. 이렇게 미래 생을 위한 선한 인연을 형성해야 합니다. 본 장에서는 '인연의 장은 자신이 만든 것'에 대해 살펴보겠습니다.

가. 활활 타오르는 불의 인연

'인연생과'이며, 또한 '인연생, 인연멸'입니다. 이것은 원인과 조건인 인연이 있으면 결과인 과보가 나타난다는 것입니다. 그리고 인연은 생겨나서 작용하면 사라지게 됩니다. 그런데 한번 형성된 인연이라도, 이는 고정된 것이 아니며, 뒤에 새롭게 일어나는 인연에 의해 변하게 됩니다. 그래서 인연지어진 모든 것은 항상 변합니다. 그런데 이런 변화가 나쁜 것은 아닙니다. 변화가 있으므로 인간 삶에는 희망도 있고, 발전도 있는 것입니다. 만약에 변화가 없다면 발전도 없는 것입니다. 그래서 과보를 만들어내는 인연들을 잘 만들어야 좋은 결과를 얻게 됩니다.

'맛지마니까야'의 '왓차곳따 불 경'에 보면, 사왓티 시의 제따 숲에 있는 기원정사에서 붓다는 왓차곳따에게 '불은 무엇을 조건으로 타오르는지'에 대한 이야기를 합니다(M. I. 487). 여기를 보면, 지금 활활 타오르는 불이 있습니다.

그러면 활활 타오르는 불은 과연 무엇을 인연으로 타오르나요? 그리고 지금 눈앞에서 활활 타오르던 불이 꺼졌습니다. 그러면 조금 전까지 활활 타오르던 불은 어디로 간 것인가요? 그렇게 타오르던 불은 동·서·남·북 어디로 갔는지요? 이런 불에 대한 왓차곳따의 질문에 대해 붓다는 이런 질문 자체가 타당하지 않다고 합니다. 왜냐하면 본래 불이라고 하는 것이 있어서, 불은 이곳에 있다가 저곳으로 가는 것이 아니며, 불이 위치를 바꾸어가며 이동하는 것도 아니기 때문입니다. 그래서 그런 질문은 불이 있다는 것을 전제로 하는 것이기 때문에 질문 자체가 타당하지 않다는 것입니다.

여기서 불은 땔감과 불씨라는 인연이 화합되면 만들어지고, 타오르는 것일 뿐입니다. 그래서 땔감과 불씨라는 인연이 없으면 불은 타오르지 않습니다. 그리고 인연에 의해 타오른 불일지라도 그것의 인연이 다하면 불도 사라집니다. 이렇게 원인과 조건이 있으면 그것에 따라 결과가 일어나는 것일 뿐입니다. 그리고 땔감, 불씨도 마찬가지로 인연의 결과입니다. 이것도 인연에 의해 나타났다가 인연이 다하면 사라집니다. 이것이 원인과 조건인 인연입니다.

또한 사람이 사는 인생도 오온이라고 하는 색·수·상·행·식이 인연에 의해서 모이면 생성되었다가, 이런 인연이 다하게 되면 오온도 흩어지고 사라지게 됩니다. 그래서 인간의 삶을 살던 인간도 오온이라는 인연의 화합이라는 것입니다. 그래서 오온이 흩어지면 인간의 삶도 사라집니다. 그러나 이때도 인연지어진 의식이 남아 있다면, 이것이 다음 생으로 연결되는 존재지속심이 됩니다. 그리고 그곳에서 다시 오온이 화합하면 다시 윤회하는 삶을 살게 됩니다. 이처럼 인생은 자신이 만든 인연에 의해 매번 다르게 펼쳐지는 인연의 장입니다.

○ 원하는 것을 얻는 네 종류의 선택

인생길에서 인간은 매 순간 선택을 하면서 삶을 살고 있습니다. 그런데 이런 선택은 그동안 쌓아놓았던 업과 이에 따른 인연을 발판으로 만들어집니다. 그래서 미래에 더 나은 선택을 하고 싶다면 현재의 업과 인연을 잘 쌓아놓아야 합니다. 이렇게 미래를 잘 대비해야 다시 오는 선택의 순간에 옳은 선택을 할 수 있습니다.

'맛지마니까야' '법 실천의 긴 경'에 보면, 사왓티 시의 제따 숲에 있는 기원정사에서 붓다는 수행승에게 '원하는 것을 얻는 데는 네 종류의 사람이 있다'라고 이야기합니다(M. I. 315). 여기를 보면, 사람은 세상에 태어나서 삶을 살 때 사람마다 원하는 것이 다릅니다. 그래서 자신이 원하는 것과 다른 사람이 원하는 것은 다르게 나타납니다.

대부분 사람은 오래 살기를 바라고, 즐겁게 살기를 바라며, 행복하기를 바라고, 괴로움이 없기를 바랍니다. 그렇지만 이것은 자신이 원한다고 해서 그대로 이루어지지는 않습니다. 그래서 인간은 자신이 원하는 것을 얻지 못하는 데서 오는 괴로움을 갖고 있습니다. 이렇게 자신이 원하는 것과 얻게 되는 것 사이에는 차이가 있습니다. 그래서 붓다는 자신이 원하는 것을 얻는 방법에 따라 네 종류의 사람으로 이를 구분하고 있습니다. 이런 구분을 위해

병 치유를 위한 음료가 들어 있는 음료수 잔의 비유를 들어서 이를 설명합니다. 여기에 심신을 치유하고자 하는 사람이 심신을 치유하기 위해 네 종류의 음료 중에서 하나를 선택해서 음료를 마시려고 합니다.

먼저, 어떤 사람이 인생을 살면서 심신을 치유하기 위해 호박 잔의 음료를 선택합니다. 그런데 그 음료는 맛이 쓴 독이 들어 있는 음료입니다. 그래서 그가 이것을 먹는다면 그는 먹을 때도 괴로움을 느낄 것이며, 이것을 먹고 난 후에도 그는 심신에 큰 괴로움을 겪을 것입니다. 이것은 현생에도 그를 불행하게 만들며, 미래 생에도 그를 불행하게 만듭니다. 그래서 이것은 어리석은 선택입니다.

두 번째로, 어떤 사람이 심신을 치유하기 위해 청동 잔의 음료를 선택합니다. 그런데 그 음료는 향기로운 냄새가 나며, 맛이 좋은 독이 든 음료입니다. 그래서 그가 이것을 먹는다면 그는 먹을 때는 즐거움을 느낄지 모르지만, 이것을 먹고 난 후에 그는 심신에 큰 괴로움을 겪을 것입니다. 이는 행복하기 위해서 하는 행동이 오히려 그를 더 괴롭게 만드는 것입니다. 그래서 이것은 전도몽상의 선택입니다.

세 번째로, 어떤 사람이 심신을 치유하기 위해 오줌 약물의 음료를 선택합니다. 그런데 그 음료는 갖가지 약물이 섞여 있는 오줌입니다. 그래서 황달이 걸린 사람이 음료를 마신다면 그는 이것을 먹을 때는 괴로움을 느낄지 모르지만, 이것을 먹고 난 후에는 심신이 치유되며 즐거워질 것입니다. 이렇게 그는 치유과정이 괴롭더라도, 이를 통해 괴로움에서 벗어나 행복하게 됩니다. 그래서 이 것은 선한 선택입니다.

　마지막으로, 어떤 사람이 심신을 치유하기 위해 약물 음료를 선택합니다. 그런데 이 음료는 우유, 꿀, 버터 및 당밀 등이 섞여 있는 음료입니다. 그래서 이질에 걸린 사람이 이 음료를 먹는다면 그는 먹을 때도 즐거움을 느낄 것이며, 먹고 난 후에도 심신이 치유되며 즐거워질 것입니다. 이는 성자가 탐·진·치를 벗어나고, 깨달음을 얻어 대행복에 드는 것과 같습니다. 그래서 이것은 깨달음의 선택입니다.

　이것은 마치 먹구름이 지나가면 태양이 하늘 높이 떠올라서 빛을 널리 비추며, 이윽고 어둠이 사라지는 것과 같습니다. 그래서 그는 이렇게 마음에 대행복을 주며, 심신을 치유해주는 깨달음의 선택을 해야 합니다. 이런 '인연에 따른 네 종류의 선택'을 표로 나타내면 다음과 같습니다.

[표 II-8] 인연에 따른 네 종류의 선택

조건	원인	현재	미래	선택
호박잔 음료	독이 듦, 맛이 씀	괴로움	괴로워짐	어리석은 행
청동잔 음료	독이 듦, 향기로운 맛	즐거움	괴로워짐	전도몽상의 행
오줌 약물	치료제, 맛이 씀	괴로움	즐거워짐	선한 행
약물 음료	치료제, 향기로운 맛	즐거움	즐거워짐	깨달음의 행

이처럼 인생길에서 원하는 것을 얻기 위해 음료를 마시는 네 종류의 사람이 있습니다. 먼저, 독이 든 호박의 잔에 음료를 선택한 사람이 있습니다. 그는 괴로움을 치유하려고 맛이 쓰며 독이 든 호박의 잔에 음료를 먹으나, 그는 먹을 때도 괴로움을 느끼며 먹은 후에도 오히려 괴로움에 빠집니다. 이는 어리석은 선택입니다. 두 번째로, 독이 든 청동의 잔에 음료를 선택한 사람이 있습니다. 그는 괴로움을 치유하려고 향기롭고 맛이 있는 독이 든 청동 잔의 음료를 먹으나, 그는 먹을 때는 즐거움을 느끼나 먹은 후에는 오히려 괴로움에 빠집니다. 이는 전도몽상의 선택입니다. 세 번째로, 맛이 쓴 치료제가 있는 오줌 약물을 선택한 사람이 있습니다. 그는 괴로움을 치유하려고 오줌 약물의 음료를 먹으며, 그는 먹을 때는 괴로우나 먹은 후에는 괴로움이 치유되고 즐겁게 됩니다. 이는 선한 선택입니다. 마지막으로, 향기로운 맛이 나는 치료제가 든 약물 음료를 선택한 사람이 있습니다. 그는 괴로움을 치유하려고 약물 음료를 먹으며, 그는 먹을 때도 즐거움을 느끼며 먹은 후에도 괴로움은 치유되고 즐겁게 됩니다. 이는 깨달음의 선택입니다.

 그런데 이 길 중에서도 괴로움으로 빠지는 어리석은 선택과 전도몽상의 선택을 해서는 안 됩니다. 최소한 현재는 괴롭더라도 앞으로는 괴로움에서 벗어날 수 있는 선한 길을 선택해야 합니다. 이렇게 인간의 삶은 한길만이 있는 것이 아닙니다. 매 순간 다양한 길에서 다양한 선택을 해야 합니다. 이렇게 인연의 장에서 가

는 길은 자신이 선택한 길이며, 그래서 이에 대한 과보는 자신이
받아야 합니다.

나. 녹자모 강당 안의 보물

세상은 공에서 와서 공을 향해 가고 있습니다. 이렇게 공인 세상에서 인간
은 올 때도 빈손으로 와서, 갈 때도 빈손으로 가게 됩니다. 그래서 자신이 아
무리 잘 모아서 쌓아놓은 값진 보물들일지라도 세상에서 떠날 때는 모두 이
곳에 두고 가야 합니다. 그러나 세상에서 떠날 때도 갖고 갈 수 있는 것이 있
습니다. 그것은 바로 자신이 마음에 쌓아놓은 업입니다. 그 외에는 어떤 값진
보물일지라도 다음 생으로 갖고 갈 수 없습니다. 그러니 공으로 가는 세상에
서는 값진 보물일지라도 집착할 것이 없습니다.

'맛지마니까야'의 '공에 대한 짧은 경'에 보면, 사왓티 시의 동쪽
원림에 있는 녹자모 강당에서 붓다는 아난다에게 '세상의 이치는
인연에 의해 왔다가, 인연 따라 흘러가는 공의 현현이라는 것'에
대한 이야기를 합니다(M. Ⅲ. 104). 여기를 보면, 붓다는 수행으로
지금 여기에 있는 것은 있다고 분명히 알며, 그것이 소멸하면 소멸
한다고 분명히 알아야 한다고 합니다. 이것은 인연에 의해 지어지
는 것들이기 때문입니다.

그리고 이렇게 소멸하는 것이자 사라져버리는 것을 결국은 공으로서 관찰하게 됩니다. 그래서 이런 공에 대한 사실은 진실한 것이며, 그렇기에 이를 바르게 알아야 합니다. 그리고 붓다인 여래도 공에 자주 든다고 합니다.

이런 공에 대해 붓다는 녹자모 강당을 예로 들어서 설명합니다. 아침에 녹자모 강당에 갔습니다. 그리고 녹자모 강당에 도착해보니, 그곳은 이미 사람들로 가득 차 있습니다. 그러나 오후에 강당 안에 있던 사람들이 다 떠나자, 강당은 텅 비게 됩니다.

또한 아침에 녹자모 강당의 앞마당은 코끼리, 소, 타조, 병아리, 고양이, 앵무새, 다람쥐와 낙타 등의 동물들로 가득 차 있었습니다. 그러나 앞마당에 있던 동물들이 지금은 다 떠나고, 앞마당은 텅 비었습니다.

또한 아침에 강당 안에 있는 금고에는 귀걸이, 목걸이, 금, 은 및 동 등의 귀금속들로 가득 차 있었습니다. 그러나 지금의 금고는 텅 비어 있습니다. 그러면 이렇게 가득 차 있던 것들은 다 어디로 간 것일까요. 이렇게 오늘 아침까지만 해도 강당의 안과 밖을 가득 메웠던 사람, 동물 및 보석들은 다 어디로 간 것일까요.

이처럼 세상에 존재하는 모든 것은 현재의 상태대로 변함없이 영원히 존재할 수는 없습니다. 세상의 존재들은 인연이 만나면 모였다가, 인연이 다하면 사라지는 것일 뿐입니다. 그러니 세상만사는 공에서 왔다가 공으로 사라지는 것뿐입니다. 그리고 이렇게 공하니, 성·주·괴·공하는 세상 속에서 공하지 않은 것은 없습니다.

붓다는 말합니다. "아난다여, 이것이 바로 공의 현현이며, 전도되지 않은 것이고, 바르게 아는 것이며, 진실한 것이다. 이런 길이 청정으로 가는 길이다." 이렇게 세상은 공에서 와서 공으로 갑니다. 그러니 여기에 집착할 것이 없습니다. 이것이 바로 자신이 만든 인연의 장을 따라가는 공의 길입니다.

다. 성패와 보시

사람마다 자신의 마음에 쌓고 있는 업이 다릅니다. 그래서 똑같은 상황에서, 똑같은 일을 해도 어떤 사람은 좋은 결과가 나오고, 어떤 사람은 좋지 않은 결과가 나옵니다. 그러니 현재의 조건만 놓고 나타나는 결과를 판단해서는 안 됩니다. 왜냐하면, 그런 결과가 나오는 데는 그가 전부터 만들어놓았던 원인이라는 업이 있기 때문입니다. 그러니 그런 결과가 나오는 데는 그만한 원인과 조건인 인연이 있는 것입니다. 그래서 결과인 과보는 과거와 현재의 인연으로 인해서 나타납니다. 그래서 현재는 과거의 반영이며, 현재는 미래의 토대가 됩니다. 그러니 현재 자신이 하는 행을 보게 되면, 과거와 미래의 자신에 대해 알 수 있습니다. 이렇게 자신이 현재 받게 되는 행위의 성패는 과거와 현재의 인연과 밀접하게 연결되어 있습니다.

'앙굿따라니까야'의 '사업의 경'에 보면, 사왓티 시에서 붓다께서 사리불에게 '성공과 실패의 원인과 조건'에 대해 이야기합니다(A. II. 81). 여기를 보면, 인간은 인연으로 인해 지어진 삶을 살게 되며, 이것으로 인해 성공과 실패를 맞게 됩니다.

그런데 이런 성공과 실패의 인연에는 여러 가지가 있습니다. 우선 어떤 사람은 열심히 노력해도 실패하는 사람이 있습니다. 그리고 어떤 사람은 열심히 노력하면 조금 성공하는 사람이 있습니다. 또한 어떤 사람은 노력한 만큼의 성공을 하는 사람이 있습니다. 그리고 어떤 사람은 열심히 노력하면 그 이상으로 크게 성공하는 사람이 있습니다. 이런 성패에는 여러 가지 인연이 있습니다. 이런 현상에 대해 붓다는 여기에는 보시와 관련된 네 가지 인연이 있다고 설명합니다.

먼저, 어떤 사람은 다른 사람에게 보시하기로 약속을 했지만 보시하지 않는 사람이 있습니다. 이런 과보로 인해, 그는 일할 때 열심히 일해도 실패를 맛보게 됩니다. 두 번째로, 어떤 사람은 다른 사람에게 보시하기로 약속을 한 것보다 작게 보시하는 사람이 있습니다. 이런 과보로 인해, 그는 일할 때 열심히 일해도 그가 원하는 것보다 작은 성과를 얻게 됩니다. 세 번째로, 어떤 사람은 다른 사람에게 보시하기로 약속을 한 것만큼의 보시를 하는 사람이 있습니다. 이런 과보로 인해, 그는 일할 때 열심히 일하면 그가 일한 것만큼의 성공을 얻게 됩니다. 마지막으로, 어떤 사람은 다른 사람에게 보시하기로 약속을 한 것보다 더 많은 것을 보시하는 사람이 있습니다. 이런 과보로 인해, 그는 일할 때 열심히 일하면 그 이상으로 성공을 얻게 됩니다. 이렇게 사람의 성패는 보시에 따른 네 가지의 인연이 있습니다.

그러니 가진 것이 없어도 미래의 성공을 위해서는 보시해야 합니다. 그러면 보시의 공덕은 그것을 행한 사람에게 그만큼으로 배가되는 커다란 과보로 다가옵니다. 이런 성공과 실패 그리고 보시의 관계에 대해 이를 표로 나타내면 다음과 같습니다.

[표 II-9] 성공, 실패 그리고 보시의 인연

성공과 실패	보시의 인연
열심히 일해도 실패하는 사람	보시를 약속했으나, 보시하지 않음
열심히 일해도 작게 성공하는 사람	약속한 것보다 작게 보시함
열심히 일하면 일한 것만큼 성공하는 사람	약속한 것만큼 보시함
열심히 일하면 그 이상으로 성공하는 사람	약속한 것보다 더 많은 것을 보시함

이처럼 성공과 실패 그리고 보시의 관계는 인과의 법칙 속에서 서로 연관되어 있습니다. 그래서 보시를 많이 하는 사람은 지금보다 더 나은 환경 속에서 윤택하게 살게 됩니다. 그러나 보시하지 않는 사람은 지금보다 더 부족한 환경 속에서 살게 됩니다. 이것이 세상에 적용되는 보시로 배가 되는 인과의 법칙입니다. 그리고 이것이 과거·현재·미래를 넘나드는 연기의 법칙입니다. 그러니 자기의 재산을 삼등분해서 나머지 한몫은 미래를 위해 투자해야 합니다. 그리고 미래를 위해 투자한다면 보시해야 합니다. 그래서 조금이라도 보시한다면 보시의 공덕은 미래 생에는 수백만 배가 되어서 그에게 돌아올 것입니다. 이것이 시공간으로 이어지면서 상대적으로 증장되어 일어나는 성공, 실패 그리고 보시의 인연입니다.

그래서 현생에서의 조그만 보시도 이것이 공덕의 힘으로 시공간을 넘어가게 되면, 그런 보시의 과보는 여러 곳에서 증장돼서 나타납니다. 이것은 불을 옮겨주는 횃불과도 같습니다. 그리고 이렇게 공덕이 다시 나누어지면서 수백만 배로 증장하게 됩니다. 그래서 이는 시공간에 영향을 주게 되며, 이는 그에게 지복의 과보로 나타납니다. 그러니 할 수 있는 한 보시를 많이 해야 합니다. 이렇게 보시 공덕은 자신이 만드는 것이며, 이것을 인연으로 한 과보는 자신이 받게 됩니다.

라. 인연의 장

　사람을 구성하는 눈·귀·코·혀·몸·정신(육근)이 바깥의 대상인 색·성·향·미·촉·법(육경)과 만나, 안식·이식·비식·설식·신식·의식(육식)이라는 대상에 대한 앎이 발생합니다. 다시 말해 사람의 경계에 있는 눈이라는 문으로 바깥세상의 대상인 색이라는 형상이 들어옴으로써 안식이라고 하는 앎이 발생합니다. 이런 육근을 통한 인연으로 사람과의 접촉이 일어납니다. 이때 접촉한 사람에 주의하고 촉발하면 몸·입·정신을 통해 사람 간의 인연은 시작되며, 점차 사람과 인연의 장이 형성됩니다. 그런데 이런 사람 간의 인연은 시간이 지나면 풀리는 것도 있고, 엉키는 것도 있습니다.

　그런데 이때 신·구·의 삼행을 일으키는 의도가 선한 쪽으로 일어날 수도 있고, 불선한 쪽으로 일어날 수도 있습니다. 이것은 그가 이전에 지어놓은 업이라는 원인과 현생에서 짓게 되는 여러 조건에 의해 형성된 인연으로 형성됩니다. 따라서 전생과 현생에서 짓게 되는 원인과 조건은 현생과 미래 생을 결정하는 중요한 요소가 됩니다. 그래서 몸과 마음이 바깥 대상과 접촉해서 발생하는 앎이라고 하는 삼사 화합이 일어날 때 선한 의도에 의한 선한 행동으로 선한 인연의 장이 형성될 수 있도록 해야 합니다. 이런 '인연의 장'을 표로 나타내면 다음과 같습니다.

[표 II-10] 인연의 장

이처럼 과거의 인연에 의해 육근·육경·육식인 삼사가 화합해서 순수한 앎을 발생시키며, 이때 의도가 있는 촉발이 일어나면 뒤이어 선한 마음작용과 불선한 마음작용이 일어납니다. 이를 통해 마음은 선한 의도에 의한 선업을 짓기도 하고, 불선한 의도에 의한 불선업을 짓기도 합니다. 이렇게 과거의 인연으로 인해 발생한 업에 의해 현재의 인연이 형성됩니다. 또한 이때 쌓인 현재의 인연으로 인해 미래의 인연이 발현됩니다. 이러한 업에 의한 인연으로 인해 사람 간의 인연이 풀릴 수도 있고, 엉킬 수도 있습니다. 이처럼 인연의 장에서는 내 마음에서 발생한 의도와 업에 의해 과거·현재·미래의 인연으로 이어집니다. 이것이 바로 붓다가 들려주는 인연의 장입니다.

○ 말에 의한 소통의 인연

인간은 사회생활의 필요성으로 인해 한 현상을 두고도 다양한 말로 자기의 생각을 다른 사람에게 전달하게 됩니다. 이를 통해 자신의 다양한 생각이 다양한 말로 상대방에게 다양하게 전달됨니다. 이때 이것을 전달받은 상대방도 자신이 전달받은 말을 다시 자신만의 언어로 재해석합니다. 이런 과정을 통한 대화를 통해 비로소 현상에 대한 자신의 의견이 상대방에게 전달됩니다. 그래서 말은 전달하기도 어렵고, 이렇게 전달된 말을 있는 그대로 이해하기도 어렵습니다. 따라서 말은 서로 간 해석의 차이에서 오는 오해와 반목이 있을 수밖에 없습니다. 그러니 말은 필요한 범위 내에서 최소화하며, 진실한 말을 해야 하고, 되도록 줄이는 것이 좋습니다.

'맛지마니까야'의 '갈애 멸진의 긴 경'에 보면, 사왓티 시의 제따 숲에 있는 기원정사에서 붓다는 수행승들에게 '같은 대상이라도 인연에 따라 생성되는 결과는 다르다'라는 이야기를 합니다(M. I. 260). 여기를 보면, 붓다는 '불'이라는 말에 대해서도 인연에 따라 다양한 용어가 있다고 설명합니다.

이렇게 인연에 의해 형성된 연료에 따라 불에도 다양한 이름이 붙여집니다. 그래서 같은 불이라고 해도 장작에 의해 타오르는 불은 장작불이고, 나뭇조각으로 타오르는 불은 모닥불이며, 풀섶에 의해 타오르는 불은 섶 불이고, 쇠똥에 의해 타오르는 불은 쇠똥불이며, 왕겨에 의해 타오르는 불은 왕겨 불이고, 쓰레기에 의해 타오르는 불은 쓰레기 불입니다. 이처럼 불은 타오르는 조건에 따라 각기 다른 용어가 사용됩니다.

마찬가지로 인간을 구성하는 의식도 주어진 조건에 따라 이름을 달리합니다. 그래서 인간의 몸과 정신을 통해 일어나는 의식에는 여섯 가지가 있습니다. 이것은 일어나는 조건에 따라 각기 다른 이름으로 불립니다. 의식이 눈에서 일어나면 안식이라고 하고, 귀에서 일어나면 이식이라고 하며, 코에서 일어나면 비식이라고 하고, 혀에서 일어나면 설식이라고 하며, 몸에서 일어나면 신식이라고 하고, 정신에서 일어나면 의식이라고 합니다. 이렇게 내부의 눈·귀·코·혀·몸·정신(육근)이 외부의 색·성·향·미·촉·법(육경)을 만나 안식·이식·비식·설식·신식·의식(육식)을 형성할 때, 대상에 대한 앎이 발생합니다. 이렇게 육식으로 인간은 세상에 대한 앎을 형성합니다. 이렇게 앎과 이해, 그리고 이를 통한 사람 간의 소통은 복합적인 인연에 의해 형성됩니다.

따라서 말하고, 받아들이는 언어에는 다양한 소통이 있다는 것을 알아야 합니다. 그래서 말하는 사람도 말하는 이해의 인연이 다르듯이 이를 받아들이는 사람도 받아들이는 이해의 인연은 다릅니다. 그러니 대상을 있는 그대로 볼 수 있도록 해야 합니다. 이런 '말에 의한 소통의 인연'을 표로 나타내면 다음과 같습니다.

[표 II-11] 말에 의한 소통의 인연

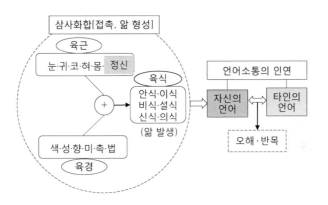

'정신'은 전생의 업과 현생의 업에 의해 형성됩니다. 그래서 정신을 단속하지 않으면 이것은 생각을 사량분별하는 망상으로 이끕니다. 따라서 이를 통해 나오는 언어는 오해와 반목을 가져오게 됩니다. 그러니 수행을 통해서 정신을 잘 다듬어 놓아야 합니다. 이렇게 정신과 생각과 언어는 연결되어 있습니다.

대화하는 두 사람을 예로 들어 보겠습니다. 한 사람이 이야기하는 것을 다른 사람이 듣고 있습니다. 먼저, 말을 받아들이는 사람입니다. 그 사람은 귀(육근)로 말(육경)을 들어서 앎(육식)이 형성됩니다. 이때 그 사람의 정신이 이를 받아서 자신만의 언어로 들은 것을 재해석합니다. 그때서야 마음에는 상대방의 말에 대한 앎이 발생합니다. 또한 이렇게 해서 알게 된 것을 다시 자신만의 언어로 재구성해서, 이를 말을 통해서 상대방에게 다시 전달합니다.

두 번째로, 다시 말을 전달받은 사람입니다. 이렇게 말을 전달받은 상대방도 자신의 정신에 의해 자신만의 언어로 이것을 재해석해서 이를 이해합니다. 이렇게 말의 전달에는 자신에게 있는 정신이 작용합니다. 그래서 이것이 상대방의 말을 온전하게 받아들이지를 못하고, 온전하게 이해 못 하게 할 수 있습니다.

이처럼 자신만의 정신으로 인해 말을 하는 사람과 말을 들은 사람은 자기의 생각을 있는 그대로 알려주지 못하고, 알지 못하게 됩니다. 그리고 자신만의 정신작용을 통해서 그것을 자신만의 언어로 재구성해서 전달하고, 전달받습니다. 이때 자신의 정신에 있는 탐·진·치가 작용한다면 말을 전달한 사람과 전달받은 사람 간에 잘못된 해석을 가져오며, 이로 인해 마음에 괴로움을 갖게 합니다. 그리고 이런 괴로움은 서로 간에 오해와 반목을 일으킵니다.

그래서 이렇게 탐·진·치에 물든 정신으로 언어를 재구성하지 말라는 것입니다. 그래서 말을 하려는 사람과 이를 들은 사람은 이를 충분히 숙고하고, 고찰해서 말의 실체를 알아야 합니다. 그리고 탐·진·치에 물든 정신을 닦아서 마음을 청정하게 해놓으면 이때는 탐·진·치에 휘둘리지 않고 진실을 말하고, 진실을 들을 수 있게 됩니다. 이것이 수행의 힘입니다. 그래서 이런 청정함을 구비하기 전까지는 말에 심사숙고하며, 말을 줄이거나 적게 하는 것이 낫습니다. 이것이 말에 의한 오해와 반목을 줄이는 방법입니다. 이처럼 올바른 말에 대한 인연의 장은 자신이 만들게 됩니다. 그래서 붓다가 들려주는 '인연의 장은 자신이 만드는' 것입니다.

5. 과보는
업의 창고에서 나온 것

　인간의 심층의식은 업의 저장창고입니다. 그 안에는 무한히 많은 업의 종자들이 숨겨져 있습니다. 그러나 그중에서 어떤 업의 종자를 끄집어내서 현생에서 사용할지는 자신이 쌓아놓은 업에 의한 인연에 달려 있습니다. 이는 전생과 현생을 연결하는 통로인 심층의식과 존재지속심을 어떻게 만들어놓았느냐에 따라 달라집니다. 그래서 업의 저장창고에 계속해서 보물들을 쌓아놓을 것인지, 아니면 오물 등의 쓰레기를 쌓아놓을 것인지는 자신이 매 순간 짓고 있는 의도에 의한 업의 행에 의해 결정됩니다. 그리고 이를 통해 업의 저장창고에 보물들을 가득 쌓아놓으면, 당연히 보물들을 내어서 쓰게 되며, 업의 저장창고에 쓰레기들을 가득 쌓아놓으면 당연히 쓰레기들을 내어서 쓸 수밖에 없습니다. 이렇게 업의 창고에는 보물창고와 쓰레기 창고가 있습니다. 그리고 어느 창고에 자신의 업을 쌓아놓을지는 자신의 의도에 달려 있습니다.

　이렇게 심층의식의 저장창고에 쌓아놓은 업 중에서 일부가 존재지속심에 담겨 현생으로 넘어옵니다. 그리고 인간은 전생에서 넘어온 업의 과보들을 하나씩 꺼내 쓰면서 한 생을 살게 됩니다. 그런데 이렇게 현생으로 넘어온 업도 혼자서 단독으로 발현되지는 않습니다. 이는 현생에서 쌓고 있는 업에 의한 영향을 받게 됩니다. 그래서 업에 의한 과보는 매 순간 변합니다. 그러니 자신에게 닥친 일에 대해 너무 억울해할 필요는 없습니다. 그것은 자신이 과거에 쌓은 업에 의해, 현재의 순간에 받게 되는 과보이기 때문입니다. 그러니 자신이 지어서, 자신이 받게 되는 과보에 대해 너무 억울해할 일은 없습니다. 그러나 형성되어 일어난 불선한 과보는 여기에서 끝을 맺어야 합니다. 그리고 업의 저장창고에 이제는 선업의 보물들을 쌓아야 합니다. 이렇게 해서 받게 되는 연기의 법칙은 '선인락과'이며, 악인고과'입니다. 이것은 선한 원인은 인간에게 즐거움의 과보를 안겨주며, 악한 원인은 인간에게 괴로움의 과보를 안겨준다는 것입니다.

그런데 어떤 사람은 악한 일을 했는데도 잘산다고 합니다. 그러나 이런 인과의 법칙은 짧은 현생의 한 기간만으로는 해석할 수 없습니다. 그래서 전생으로부터 현생에까지 그가 업의 저장창고에 쌓아놓은 선행의 보물들이 다 소진되고 나면, 이제는 그가 쌓아놓은 악업에 의한 괴로움을 받게 됩니다. 이런 악업에 의한 괴로움은 삶에 악취를 가져오며, 불행한 삶을 살게 합니다. 그러니 저장창고에 선행의 보물들을 쌓아놓아야 합니다. 그리고 악업의 종자들은 소멸시켜야 합니다. 그래서 마음에 과보의 보물창고를 만들어놓아야 합니다. 본 장에서는 '과보는 업의 창고에서 나온 것'에 대해 살펴보겠습니다.

가. 거위배의 보석

사람들은 태어나는 순간부터 현재까지 존재지속심에 있는 업의 저장창고에 업을 쌓기도 하고, 받기도 하면서 삶을 살아나가고 있습니다. 그리고 인간은 이런 저장창고에 쌓인 업을 중심으로 인생을 살아나갑니다. 그래서 같은 대상을 보더라도 사람마다 느낌과 대응이 다르게 나타납니다. 그런데 이렇게 쌓아놓은 자신의 저장창고에 무엇이 있는지는 자신도 모릅니다. 업에 의한 과보가 나오면 그때서야 알 수 있게 됩니다. 하물며 다른 사람의 업의 창고에 들어 있는 것까지 헤아려서 상황을 판단하는 것은 더욱 어려운 일입니다. 그래서 눈앞에 보이는 것이 전부가 아닙니다. 그러니 보이는 것만 보고, 알고 싶은 것만 알며, 이해하고 싶은 것만 이해하면서 결론을 짓지 말아야 합니다. 어떨 때는 사소한 것이 원인이 돼서 그에게 큰 화를 입히기도 하기 때문입니다. 그러니 자신의 저장창고에 선업을 쌓아서 타인과의 인연을 잘 만들어놓아야 합니다.

'담마파다'의 '악의 품'에 보면, 사왓티 시의 제따 숲에 있는 기원정사에서 붓다는 수행승들에게 '악을 지은 자들은 지옥에 나며,

선을 행한 자들은 천상에 나고, 번뇌를 여읜 님은 열반에 들게 된다에 대한 이야기를 합니다(Dhp. 126). 그리고 이경의 주석서에서는 탁발하러 보석상의 집으로 가게 된 장로 띳사에 대한 이야기를 합니다(DhpA. Ⅲ. 34~37). 여기를 보면, 예전에 한 마을에 장로 띳사가 있었습니다.

장로 띳사는 12년 동안 한 보석상의 집에서 공양을 받았습니다. 어느 날 장로는 탁발을 나갔습니다. 그리고 그날도 어김없이 보석상의 집으로 향했습니다. 그런데 장로가 그곳에 갔을 때 보석상은 보석을 고르고 있습니다. 그래서 장로는 그 옆에 앉아서 보석을 고르는 보석상을 바라보고 있었습니다. 그때 그 나라의 빠쎄나디왕이 신하를 시켜 비싼 돌을 보석상에게 갖다줍니다. 그리고 이것을 세공해서 멋지게 만들라고 신신당부합니다. 그래서 보석상은 손에 피가 날 정도로 열심히 보석을 연마합니다.

그리고 무사히 세공을 마칩니다. 그런데 보석상은 너무 열심히 비싼 돌을 세공해서 그의 손에서는 피가 납니다. 그래서 그는 연마한 비싼 돌을 잠깐 옆에다 놓습니다.

그리고 그는 손을 씻으러 집 안으로 들어갑니다. 이때 피 냄새를 맡은 거위가 연마한 비싼 돌을 삼켜버립니다. 잠시 후 손을 씻고 자리로 돌아온 보석상은 비싼 돌이 없어진 것을 알게 됩니다.

  그러자 보석상은 비싼 돌 옆에 혼자 앉아 있었던 장로를 의심합니다. 그래서 그는 부인의 만류에도 불구하고 왕의 보복이 두려워서 장로를 추궁합니다. 그리고 장로를 묶어서 비싼 돌이 있는 곳을 알아내려고 합니다. 급기야 장로는 보석상의 추궁에 시달리다가 충격을 받아서 기절합니다. 이때 옆에서 다시 피 냄새를 맡은 거위는 보석상에게 달려듭니다. 그러자 보석상은 순간적으로 거위를 발로 찹니다. 그러자 그 충격을 받은 거위는 그 자리에서 그만 죽고 말았습니다. 잠시 후에 장로는 정신을 차리고 자리에서 일어납니다. 그리고 장로는 일어나면서 옆에 있던 거위가 죽었다는 것을 알게 됩니다. 이때 장로는 거위가 죽은 것을 재차 확인합니다. 이렇게 거위가 죽은 것이 확실해지자, 그때서야 장로는 보석상에게 거위가 비싼 돌을 삼켰다고 알려줍니다. 그 말을 듣고, 보석상은 거위의 배에서 비싼 돌을 찾게 됩니다.

  이렇게 되자, 보석상은 장로의 발아래 엎드려 그의 잘못을 빕니다. 그러자 장로는 말합니다. "이것은 나의 잘못도 아니요, 그대의 잘못도 아닌 윤회의 굴레라오." 그러면서 장로는 보석상을 용서해줍니다. 이렇게 오해로 빚어지는 사건의 발단은 서로 마음에 있는 업의 창고가 달라서 일어나는 일입니다. 그래서 같은 상황에서도 서로 다른 이해와 서로 다른 행동을 하게 됩니다. 이런 일을 겪고 난 후로 장로는 탁발 시에는 다른 사람의 집 안에 들어가지 않고 집 밖에서 탁발합니다. 그것은 다른 사람의 업의 창고에 무엇이 있는지 알 수 없으며, 자기 생각만으로 행동하는 것은 오해를 일으킬 수 있기 때문입니다. 그래서 오해를 살 만한 일은 다시는 하지 않습니다. 그 후에 장로는 마음을 잘 닦아서 번뇌를 여읜 고귀한 존재가 됩니다.

이처럼 장로는 부처님의 가르침에 따라 침묵의 계율을 지켰지만, 오해를 받아서 곤란을 겪게 되었습니다. 그것은 인연에 의한 과보의 결과입니다. 이렇게 다른 사람의 마음까지 파악하고 행동한다는 것은 어려우며, 다만 업의 창고에서 나온 과보에 따른 행을 하게 됩니다. 그러나 이를 통한 행은 자칫 자신에게 큰 화를 불러올 수도 있습니다. 그러니 행동하기 전에 신중해야 합니다. 보석상은 그나마 장로에게 용서를 받을 수 있었지만, 다른 상황에서는 용서를 받지 못할 수도 있습니다.

그러니 업의 창고에 선한 보물들을 잘 구축해놓아야 합니다. 그래야 상황에 휘둘리지 않고 선한 행을 할 수 있습니다. 그리고 수행 시에도 어려움 없이 수행할 수 있습니다. 이렇게 현재 받게 되는 과보는 자신이 만든 업의 창고에서 나오게 됩니다.

○ 갠지스강의 도량 크기

전생에 쌓아놓은 업의 저장창고에는 보물이 들어 있을 수도 있고, 쓰레기들이 들어 있을 수도 있습니다. 그래서 현생에서 행동할 때는 저장창고에 쌓인 보물을 있는 대로 갖다가 쓰게 됩니다. 즉, 저축해놓은 것을 저축해놓은 대로 갖다가 쓸 수 있게 됩니다. 그래서 저장창고가 있는 도량의 크기가 작은 사람은 큰마음을 갖다가 쓸 수 없습니다. 도량의 크기가 큰 사람만이 큰마음을 쓰게 됩니다. 그러나 그렇지 못하고 도량의 크기가 작은 사람이 큰마음을 쓰려고 하면 문제가 발생하게 됩니다. 따라서 마음을 비우고 청정하게 해서 마음의 도량을 크게 키워야 하며, 이를 통해 그곳에 큰 보물들을 넣어놓아야 합니다. 그렇게 해야 나중에 큰 보물들을 갖다 쓸 수 있게 됩니다.

'앙굿따라니까야'의 '준마의 경'과 '힘의 경'을 보면, 사왓티 시에서 붓다는 수행승들에게 '받게 되는 과보의 크기'에 대한 이야기를 합니다(A. Ⅱ. 251~252). 여기를 보면, 세상에서 대접받을 만한 수행승은 수행 생활에서 의·식·주를 필요한 만큼만 최소한으로 취합니다. 그는 욕심을 내서 필요한 이상으로 이를 취하지 않습니다.

그리고 수행승은 계를 지키고, 건전한 행을 하며, 심해탈과 혜해탈을 성취하는 행을 합니다. 이런 수행승은 보시받을 만하고, 존경받을 만합니다. 또한 이렇게 수행승이 대접받을 수 있도록 해주는 도량은 정진의 힘, 사띠의 힘, 집중의 힘 및 지혜의 힘을 갖추고 있습니다. 이를 통해 업의 창고는 더욱 청정하게 되고, 깨끗하게 되며, 커집니다. 이렇게 업의 창고인 마음의 도량을 청정하게 키워야 합니다. 그래야 불선한 것이 들어와도 마음이 동요하지 않으며, 마음의 청정을 유지할 수 있습니다.

'앙굿따라니까야'의 '소금덩어리의 경'을 보면, 사왓티 시에서 붓다는 수행승들에게 '받게 되는 과보의 크기'에 대한 이야기를 합니다(A. Ⅰ. 249). 여기를 보면, 한 마을에 계·정·혜 삼학으로 바르게 행하는 사람과 그렇지 않은 사람이 있습니다.

이들 중에 한 사람은 평상시에 계행을 지키고 마음을 고요하게 하며 지혜를 닦았습니다. 그래서 그의 마음에 있는 도량의 크기는 크고 넓습니다. 따라서 그의 마음에 큰 불선한 업이 들어와도 그에게 발생하는 괴로움은 거의 없습니다. 이와는 반대로, 마을에 있는 다른 한 사람은 평상시에 계행을 지키지 않습니다. 그리고 그는 마음을 고요하게도 하지 않으며 지혜를 닦지도 않습니다. 그래서 그의 마음에 있는 도량의 크기는 크지도 않고 협소합니다. 따라서 그의 마음에 작은 불선한 업이 들어와도 그에게는 큰 괴로움이 일어납니다. 또한 그에게 일어나는 과보도 이와 같습니다.

이처럼 가령 갠지스강과 같이 큰 그릇에 물이 담겨 있다고 하겠습니다. 그리고 이곳에 많은 양의 소금을 넣습니다. 그러나 그렇게 많은 양의 소금이 들어와도 갠지스강과 같이 큰 그릇에 있는 물은 전혀 짜지지 않습니다. 그러나 크기가 작은 컵에 담긴 물에는 작은 컵의 소금을 넣어도 그 물은 짜서 마실 수 없습니다.

이렇게 어떤 사람은 작은 죄를 짓고도, 그가 갖춰놓은 도량의 크기가 작아 감당하기 힘든 괴로움을 받습니다. 그리고 그가 몸이 파괴되어 죽은 뒤에는 아직 남아 있는 업의 과보로 인해 그는 사악처나 지옥에 떨어지게 됩니다. 그러나 어떤 사람은 큰 죄를 지었어도, 그가 갖춰놓은 도량의 크기가 엄청 크다면 그가 지은 죄를 흡수해서 그는 작은 과보를 받게 됩니다. 그리고 그는 현세에서 불선한 과보를 전부 해소합니다. 따라서 그는 이것으로 인해 미래 생에 더는 영향을 받지 않게 됩니다.

이처럼 미래에 좋은 과보를 받기 위해서는 평상시에도 계·정·혜 삼학을 통한 수행을 꾸준하게 해서 마음의 도량을 크게 만들어놓아야 합니다. 이처럼 '도량의 크기와 소금'에 대해 이를 그림으로 나타내면 다음과 같습니다.

[그림 II-3] 도량의 크기와 소금

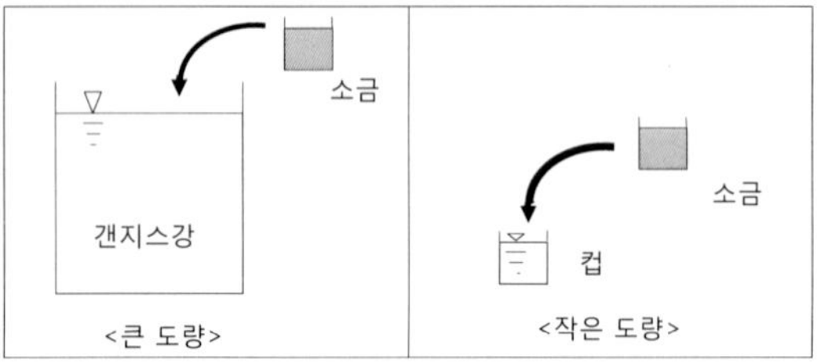

이처럼 갠지스강에는 작은 컵에 있는 소금을 넣어도 갠지스강은 전혀 영향을 받지 않습니다. 그래서 갠지스강은 전혀 짜지지 않습니다. 그러나 작은 컵의 물에는 소량의 소금을 넣어도 짜게 됩니다. 이렇듯 마음에 큰 행복의 도량을 간직하고 있다면, 작은 크기의 괴로움이 들어와도 이것은 행복에 희석되어 더는 마음이 괴롭지 않게 됩니다. 이렇듯 자신의 마음에 있는 도량이 행복으로 가득 차도록 크게 만들어놓아야 합니다. 그러면 담을 수 있는 행복도 커지며, 큰 괴로움이 들어와도 이를 이겨낼 수 있게 됩니다.

이처럼 작은 주머니에는 큰 보물을 넣을 수 없습니다. 그리고 큰 주머니에는 큰 보물을 넣을 수 있습니다. 그러니 큰 보물이 들어갈 수 있도록 계·정·혜 삼학을 통한 수행으로 마음의 도량에 있는 탐·진·치를 몰아내고, 마음의 창고를 청정하고 크게 만들어놓아야 합니다. 그러면 그곳에 행복을 가득 담을 수 있습니다.

나. 두려운 과보의 행

세상에는 불더미 위에 앉아 있는 것보다 못한 두려운 행이 있습니다. 불더미 위에 앉아 있는 것이 사람에게 뜨거운 고통을 안겨다주지만, 이런 고통은 현생에서 끝나게 됩니다. 그러나 이보다 못한 두려운 행은 세세생생 악처에 나는 두려운 과보를 받게 합니다. 그래서 이런 두려운 과보를 받지 않기 위해서는 두려운 과보의 행을 하지 말고, 선행해야 합니다.

'앙굿따라니까야'의 '불더미의 비유에 대한 경'을 보면, 꼬살라 국에서 유행 중에 붓다는 수행승들에게 '두려운 과보'에 대한 이야기를 합니다(A. Ⅳ. 127). 여기를 보면, 예전에 한 마을에 악한 성품을 지녔으며, 계행을 지키지 않는 사람이 있었습니다.

그는 세 가지 두려운 행을 하는 사람입니다. 먼저, 법에 대해 의심하고 부정하며 이를 감추는 일을 하는 사람입니다. 두 번째로, 수행하지 않으면서 수행자인 척하며 청정한 삶을 살지 않으면서 청정한 삶을 사는 척하는 사람입니다. 세 번째로, 마음이 부패하고 오염되어 혼탁하게 된 사람입니다. 이런 자는 몸이 파괴되어 죽은 뒤에 괴로움이 있는 곳, 타락한 곳, 악한 곳에 태어납니다. 그러니 이런 사람은 다음 생에 받을 두려운 과보를 생각해서 삶의 방향을 바꿔야 합니다.

이에 대해, 붓다는 이런 두려운 행에 집착하며 지내는 것보다는 차라리 불꽃이 튀는 큰 불더미에 앉거나, 누워 있는 것이 낫다고 합니다. 그리고 불더미 위에 누워 있는 것보다는 마음을 고요히 하는 선처 수행을 하는 것이 낫다고 합니다. 따라서 미래를 위해서는 두려운 행을 좇는 것보다는 불더미 위에 앉아 있는 것이 낫고, 불더미 위에 앉아 있는 것보다는 선처 수행을 하는 것이 낫습니다. 이런 '두려운 과보의 행'을 표로 나타내면 다음과 같습니다.

[표 II-12] 두려운 과보의 행

선처 수행		두려운 과보의 행
		법에 대해 의심하고, 부정하며, 이를 감추는 일을 하고 있는 사람
		청정한 삶을 살지 않으면서 청정한 삶을 사는 체하는 사람
		마음이 부패하고, 오염되어 혼탁하게 된 사람

이처럼 미래의 평안함을 위해서는 마음을 고요히 닦는 수행을 해야 합니다. 그래야 몸이 파괴되어 죽은 뒤에 지옥에 나는 괴로움에서 벗어나고, 괴로움이 없는 곳, 선한 곳에 태어납니다. 그러니 이렇게 업의 창고에 두려운 행은 쌓지 말아야 합니다.

○ 불선한 과보의 행

선한 행을 하게 되면 선한 과보를 받지만, 불선한 행을 하게 되면 불선한 과보를 받습니다. 또한 불선한 행에 의해 불선한 과보를 받게 되면, 몸이 파괴되어 죽은 뒤에 불선한 곳에 태어납니다. 그래서 불선한 행은 현생도 불행하게 만들고, 미래 생도 불행하게 만듭니다. 그러니 불선한 행을 삼가고, 선한 행을 쌓아야 합니다.

'앙굿따라니까야'의 '괴로운 곳으로 이끄는 것의 경'을 보면, 사왓티 시에서 붓다는 수행승들에게 '업보의 차이'에 대한 이야기를 합니다(A. IV. 247). 여기를 보면, 인간은 인생을 살면서 신·구·의로 삼행을 지으며 살고 있습니다.

그리고 이렇게 신·구·의로 짓는 삼행에는 의도가 있습니다. 그래서 이때의 의도가 선한 의도인지, 아니면 불선한 의도인지에 따라 선업이나 불선업으로 구분됩니다. 이를 통해 받는 과보도 선한 과보와 불선한 과보로 나누어집니다. 그래서 불선한 의도에 의해 불선한 행을 하게 되면 불선한 과보를 받게 됩니다. 따라서 이런 불선한 행을 한 자는 몸이 파괴되어 죽은 뒤에 나쁜 곳, 해로운 곳, 악처에 태어납니다. 그러니 이런 여덟 가지 불선한 행을 하지 말아야 합니다.

먼저, 살아 있는 생명을 죽이는 것을 즐기면서 하는 자가 있습니다. 이런 행을 한 자는 몸이 파괴되어 죽은 뒤에 지옥, 아귀, 축생계에 태어납니다. 그러나 그런 행위를 한 자 중에서도 살아 있는 생명을 죽이는 것이 아주 경미한 자는 다시 인간으로 태어납니다. 하지만 그는 인간으로 태어난다고 해도 단명하게 됩니다.

두 번째로, 주지 않는 것을 빼앗는 것을 즐기면서 하는 자가 있습니다. 이런 행을 한 자는 몸이 파괴되어 죽은 뒤에 지옥, 아귀, 축생계에 태어납니다. 그러나 그런 행위를 한 자 중에서도 주지 않는 것을 빼앗는 것이 아주 경미한 자는 다시 인간으로 태어납니다. 하지만 그는 인간으로 태어나더라도 재산을 상실하게 됩니다.

세 번째로, 사랑을 나눔에 있어 잘못을 범하는 것을 즐기면서 하는 자가 있습니다. 이런 행을 한 자는 몸이 파괴되어 죽은 뒤에 지옥, 아귀, 축생계에 태어납니다. 그러나 그런 행위를 한 자 중에서도 사랑을 나눔에 있어 잘못을 범하는 것이 아주 경미한 자는 다시 인간으로 태어납니다. 하지만 그는 인간으로 태어나더라도 상대의 원한을 삽니다.

네 번째로, 거짓말을 하는 것을 즐기면서 하는 자가 있습니다. 이런 행을 한 자는 몸이 파괴되어 죽은 뒤에 지옥, 아귀, 축생계에 태어납니다. 그러나 그런 행위를 한 자 중에서도 거짓말을 하는 것이 아주 경미한 자는 다시 인간으로 태어납니다. 하지만 그는 인간으로 태어나더라도 사실이 아닌 것으로 모함을 받게 됩니다.

다섯 번째로, 이간질하는 것을 즐기면서 하는 자가 있습니다. 이런 행을 한 자는 몸이 파괴되어 죽은 뒤에 지옥, 아귀, 축생계에 태어납니다. 그러나 그런 행위를 한 자 중에서도 이간질하는 것이 아주 경미한 자는 다시 인간으로 태어납니다. 하지만 그는 인간으로 태어나더라도 친한 이들과 다투게 됩니다.

여섯 번째로, 욕지거리하는 것을 즐기면서 하는 자가 있습니다. 이런 행을 한 자는 몸이 파괴되어 죽은 뒤에 지옥, 아귀, 축생계에 태어납니다. 그러나 그런 행위를 한 자 중에서도 욕지거리하는 것이 아주 경미한 자는 다시 인간으로 태어납니다. 하지만 그는 인간으로 태어나더라도 듣기 거북한 말을 듣게 됩니다.

일곱 번째로, 꾸며대는 말을 하는 것을 즐기면서 하는 자가 있습니다. 이런 행을 한 자는 몸이 파괴되어 죽은 뒤에 지옥, 아귀, 축생계에 태어납니다. 그러나 그런 행위를 한 자 중에서도 꾸며대는 말을 하는 것이 아주 경미한 자는 다시 인간으로 태어납니다. 하지만 그는 인간으로 태어나더라도 쓸데없는 구설에 휘말리게 됩니다.

여덟 번째로, 곡주나 과일주 등의 취기에 취하는 것을 즐기면서 하는 자가 있습니다. 이런 행을 한 자는 몸이 파괴되어 죽은 뒤에 지옥, 아귀, 축생계에 태어납니다. 그러나 그런 행위를 한 자 중에서도 곡주나 과일주 등의 취기에 취하는 것이 아주 경미한 자는 다시 인간으로 태어납니다. 하지만 그는 인간으로 태어나더라도 정신적 장애가 있게 됩니다.

이런 여덟 가지 불선한 행에 의해 일어나는 과보는 이것이 만들어진 조건과 원인에 따라 사람마다 다르게 나타납니다. 그래서 사람들이 가진 업의 창고를 선한 업으로 채워놓아야 합니다. 그러면 이곳으로 불선한 업이 들어오더라도 이를 줄일 수 있으며, 이를 통해 불선한 과보의 크기도 줄어들 수 있습니다. 이런 '여덟 가지 불선한 과보의 행'을 표로 나타내면 다음과 같습니다.

[표 II-13] 여덟 가지 불선한 과보의 행

불선한 행	불선한 과보		
삿된 살생	삼악처에 나거나	or	人(단명하게 됨)
삿된 투도	삼악처에 나거나	or	人(재산을 상실함)
삿된 사음	삼악처에 나거나	or	人(원한을 삼)
삿된 망어	삼악처에 나거나	or	人(모함을 받음)
삿된 양설	삼악처에 나거나	or	人(친한 이와 다툼)
삿된 악구	삼악처에 나거나	or	人(거북한 말 들음)
삿된 기어	삼악처에 나거나	or	人(구설에 휘말림)
삿된 음주	삼악처에 나거나	or	人(정신적 장애 있음)

이처럼 삼악처인 지옥계·아귀계·축생계의 세상에 나게 하는 여덟 가지 불선한 행이 있습니다. 그것은 삿된 살생, 삿된 투도, 삿된 사음, 삿된 망어, 삿된 기어, 삿된 양설, 삿된 악구 및 삿된 음주입니다. 이런 불선한 행에 의한 업을 짓게 되면 다음 생에 인간으로 태어나더라도 불선한 과보를 받게 되어 불행한 삶을 살게 됩니다. 그래서 업의 저장창고에 불선한 의도에 의한 불선한 행을 짓지 않도록 해야 합니다. 그리고 선한 의도에 의한 선한 행을 지어서 선한 과보를 받도록 정진해야 합니다.

다. 누구도 피할 수 없는 네 가지 과보

인과의 법칙에서는 선행은 즐거움의 과보를 낳고, 악행은 괴로움의 과보를 낳습니다. 이렇게 발생한 과보는 그것을 지은 자에게 돌아갑니다. 또한 이는 현생에서 짓게 되는 업에 의해 변하게 됩니다. 그러나 이러한 과보 중에서도 현생에서 지은 업으로 상쇄되거나 소멸하지 않고, 인연에 의해 반드시 받아야만 하는 과보가 있습니다. 이러한 과보는 그것을 지은 자를 끝까지 쫓아가서 반드시 받도록 합니다.

'앙굿따라니까야'의 '보장의 경'을 보면, 밧지국의 보가가마나가라에서 붓다는 수행승들에게 '누구라도 피해갈 수 없는 네 가지 과보'에 대한 이야기를 합니다(A. Ⅱ. 172). 여기를 보면, 자기에게 인연지어진 과보는 자신이 받게 됩니다. 이런 과보를 남이 대신해서 받아줄 수는 없습니다. 그리고 이런 과보 중에서도 악마이건, 천신이건, 그 어떤 누구라도 피해갈 수 없는 과보가 있습니다.

이렇게 누구라도 피해갈 수는 없으며, 반드시 받아야만 하는 과보에는 네 가지가 있습니다. 먼저, 어떤 누구라도 자신에 대해 아무리 늙지 말라고 명령한다고 해도 그 사람의 몸은 시간이 지나면 늙어가게 됩니다. 두 번째로, 어떤 누구라도 자신에 대해 몸이 노쇠해도 아무리 병들지 말라고 명령한다고 해도 그 사람의 몸은 시간이 지나면 노쇠하며 병들게 됩니다. 세 번째는, 어떤 누구라도 자신에 대해 아무리 죽지 말라고 명령한다고 해도 시간이 지나면 그 사람은 죽게 됩니다. 마지막으로, 어떤 누구라도 미래에 윤회를 가져오는 업에 대한 과보를 아무리 받지 말라고 명령한다고 해도 시간이 지나면 그 사람은 자신이 지은 업에 의한 윤회의 과보를 받게 됩니다. 이것이 열반에 들기 전에는 그 누구라도 피해갈 수 없는 과보입니다.

　이렇게 자신이 지은 이런 네 가지 과보는 악마이건, 천신이건, 그 누구라도 피해갈 수 없습니다. 이런 과보는 삼계에 존재로 태어난 누구라도 피할 수는 없으며, 받아야만 하는 과보입니다. 따라서 이에 대해서는 어떠한 장담도 할 수 없으며, 어떠한 보장도 할 수 없습니다. 그리고 이런 네 가지 과보는 남이 대신 받아줄 수도 없으며, 지은 자가 반드시 받게 됩니다. 이를 막을 방법은 윤회의 연결고리를 끊는 것밖에 없습니다. 이런 '피해갈 수 없는 네 가지 과보'를 그림으로 나타내면 다음과 같습니다.

[그림 II-4] 피해갈 수 없는 네 가지 과보

늙음의 과보	병의 과보	죽음의 과보	업에 의한 윤회의 과보

⇧

인간, 악마, 천신, 하느님 등 누구라도

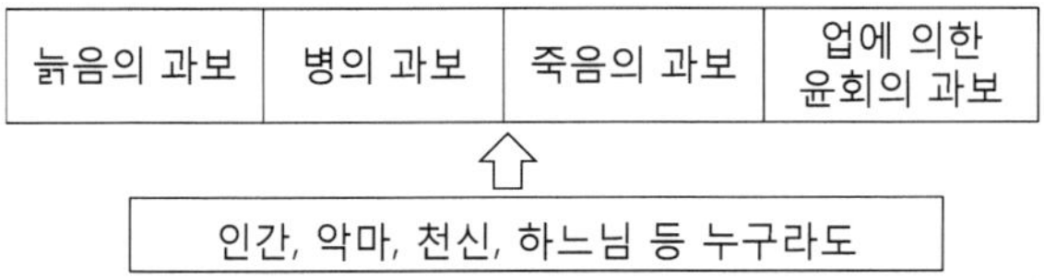

　이처럼 사람은 태어나면 세월이 흘러감에 따라 늙어가는 것이 자연의 이치입니다. 그리고 쇠약해지고 병이 들게 됩니다. 또한 나

이가 들어갈수록 몸과 마음은 점점 약해지며, 어느덧 죽음의 순간을 맞게 됩니다. 그리고 인생을 살면서 업을 지은 자에 대한 윤회의 과보는 그것을 지은 자가 받아야 합니다. 이런 네 가지 과보는 존재로 삶을 사는 동안에는 피할 수 없으며 반드시 받아야만 하는 것들입니다.

이렇게 인간으로 태어나 현생에서 받아야만 하는 인과의 과보들이 있습니다. 그리고 이를 다 사용해서 소진하고 나면 인간으로서의 소임을 마치게 됩니다. 그러면 이를 통해 그는 죽음을 맞게 됩니다. 이처럼 인간은 현생에서 사용할 업의 창고를 갖고 태어나며, 이를 통해 과보를 소진하면서 삶을 살게 됩니다.

○ 빨리 받게 되는 과보

업에 의해 받게 되는 과보는 현생에서 받게 되기도 하고, 다음 생에서 받게 되기도 하며, 삼생 이후에 받게 되기도 합니다. 그러나 어떤 업들은 현생에서 받게 되거나, 그리고 현생을 살면서 비교적 이른 시일 내에 받게 되는 업들도 있습니다.

'담마파다'의 '폭력의 품'을 보면, 사왓티 시의 제따 숲에 있는 기원정사에서 붓다는 수행승들에게 '죄가 없는 자를 폭력으로 해치는 자는 빠르게 열 가지 과보 가운데 하나를 받게 된다'에 대한 이야기를 합니다(Dhp. 137). 그리고 이에 대한 주석서를 보면, 장로 마하목건련에 대한 이야기가 있습니다(DhpA. Ⅲ. 65~70). 그 당시 붓다의 명성이 날이 갈수록 높아지자 이교도 500명이 모여서, 자기들의 위상을 키우고 붓다의 명성을 떨어트리는 방법에 대해 의논합니다.

이들은 붓다의 명성이 높아지는 이유에 대해 서로 의견을 나눕니다. 그리고 그런 이유 중의 하나로 마하목건련에 대한 이야기를 합니다. 신통제일인 마하목건련은 붓다의 10대 제자 중 한 명입니다. 이런 마하목건련이 신통력으로 하늘나라에 갔다 와서, 하늘나라의 영광과 지옥의 고통에 대해 재가자들에게 설해줍니다. 이렇게 붓다의 제자가 뛰어나니, 그의 스승인 붓다의 명성이 나날이 높아진다는 것입니다.

그래서 이교도들은 돈을 모아서, 그 돈으로 악인을 사서 목건련을 없애기로 의견을 모읍니다. 이들은 실제로 돈을 모았으며, 그 돈으로 악인을 고용합니다. 그런 후에 그들에게 목건련을 죽이라고 사주합니다. 이윽고 악인들은 이교도들의 사주를 받아서 목건련을 해할 목적으로 그의 집을 포위합니다. 이렇게 목숨이 위태로운 숨 막히는 상황이 전개됩니다. 그런데 목건련은 붓다의 제자 중에서도 신통제일입니다. 그래서 목건련은 신통력을 사용해서 열쇠 구멍을 통해 가볍게 그곳을 빠져나가버립니다.

다음 날에도 악인들이 목건련의 집을 포위합니다. 그러자 목건련은 이번에는 공중으로 날아올라서 그곳을 가볍게 빠져나가버립니다. 세 번째로 그들이 목건련의 집을 포위하자, 이번에 목건련은 숙명통을 사용해서 현생에서 자신이 풀어야 할 전생의 업이 있는지 살펴봅니다. 그리고 전생의 업으로 인해 현재 일어나는 과보를 자신이 받아야 한다는 것을 알게 됩니다. 그래서 이번에는 그들에게 순순히 붙잡힙니다. 그러자 이교도들에게서 사주를 받은 악인들은 목건련을 해합니다. 그리고 그의 뼈를 가루로 만들어서 인근의 숲속에 버립니다.

이렇게 죽음에 이르자 목건련은 마지막으로 붓다께 인사를 드리고자 신족통으로 붓다를 찾아갑니다. 그리고 붓다께 작별을 고하고 나서, 그는 이내 열반에 들게 됩니다. 그리고 다음 날 이런 소식이 승원에 퍼지자 붓다는 수행승들에게 목건련이 이런 업을 받을 수밖에 없었던 목건련의 전생의 업에 관한 이야기를 해줍니다.

전생에서 목건련은 눈먼 부모님을 모시고 살았습니다. 그러다가 주변 악인들의 간계에 빠져 부모님을 산으로 데려가, 도둑의 짓으로 위장해서 부모님의 목숨을 빼앗게 됩니다. 이렇게 목건련은 전생에 지은 이런 과보로 인해 그는 백 천년을 지옥에서 보냈습니다. 그리고 백 번으로 이어지는 윤회에서는 가루가 돼서 죽게 됩니다.

이런 이야기를 하면서, 붓다는 이교도와 악인들처럼 죄 없는 자를 죽인다면, 빠르게 받게 되는 열 가지 과보가 있다고 설명합니다. 그것은 심한 고통, 궁핍, 큰 질병, 신체적 상해, 정신적 착란,

재난, 중상모략, 친족의 멸망, 재산의 잃음 및 화재로 인한 집의 전소입니다. 그래서 죄 없는 자를 죽인 자는 이런 열 가지 과보를 현생에서 비교적 이른 시일 내에 받게 됩니다. 또한 이렇게 어리석은 행을 한 자는 몸이 파괴되어 죽은 뒤에는 지옥 등의 사악처에 나게 됩니다. 그러니 이런 과보가 생겨나지 않도록 선행을 해야 합니다. 그리고 이런 과보를 받았다고 하더라도, 그 후에는 선행을 통해 선한 길을 가도록 해야 합니다. 이렇게 '죄 없는 자를 해친 자가 빠르게 받게 되는 열 가지 과보'에 대해 이를 표로 나타내면 다음과 같습니다.

[표 II-14] 죄 없는 자를 해친 자가 빠르게 받게 되는 열 가지 과보

죄 없는 자를 폭력으로 해하게 되면 →	빠르게 받게 되는 열 가지 과보
	심한 고통, 궁핍, 큰 질병, 신체적 상해, 정신적 착란, 재난, 중상모략, 친족의 멸망, 재산의 망실, 화재로 집 전소

이처럼 죄 없는 자를 폭력을 사용해서 해치게 되면, 현생에서 바로 불선한 열 가지 과보를 받게 됩니다. 그리고 이런 열 가지 과보는 그를 불행으로 빠트립니다. 그러나 그는 이런 고통에서 쉽게 빠져나올 수 없습니다. 그러니 악한 업을 짓지 말아야 합니다. 특히 죄 없는, 살아 있는 생명을 해치는 것은 삼가야 합니다. 그리고 업의 창고에는 선행으로 선업을 쌓아야 합니다.

라. 재난과 공덕

인생을 살면서 재난을 당하기도 하고, 공덕을 받기도 합니다. 이렇게 인생을 살아나가면서 재난을 당하게 될지, 아니면 공덕을 받게 될지는 그 사람이 쌓아놓은 업에 달려 있습니다. 그래서 똑같이 같은 곳에서 같은 일을 해도 어떤 사람은 어렵게 살게 되고, 어떤 사람은 일이 쉽게 잘 풀립니다. 이것은 그가 전생에 쌓아놓은 업에 의한 과보가 다르기 때문입니다. 그래서 과보는 쌓은 대로 받게 됩니다.

'디가니까야'의 '완전한 열반의 큰 경'에 보면, 라자가하 시의 깃자꾸따 산에서 붓다는 장자들에게 '계행을 지키지 않아 겪게 되는 다섯 가지 재난과 계행을 지키며 얻게 되는 다섯 가지 공덕'에 대한 이야기를 합니다(D. II. 85~86). 여기를 보면, 세상에는 다양한 업이 있습니다. 그래서 받게 되는 재난과 공덕도 다양합니다.

여기에 불선한 행을 하는 어떤 사람이 있습니다. 그는 삶을 살면서 계행을 지키지 않으며, 이를 어기는 행을 하는 사람입니다. 그래서 그는 이런 행의 과보로 인해 다섯 가지 재난을 겪게 됩니다. 이런 다섯 가지 재난은 다음과 같습니다.

먼저, 나쁜 일을 함으로써 선하지 않은 소문이 나게 됩니다. 두 번째로, 대중들에게서 손가락질을 받게 되고 수치스러운 일을 겪게 됩니다. 세 번째로, 커다란 재산상의 손실을 보게 됩니다. 네 번째로, 떳떳하지 못한 죽음을 맞이하게 됩니다. 다섯 번째로, 죽은 뒤에도 좋지 않은 곳인 사악처에 떨어지게 됩니다. 이렇게 그는 불선한 행에 의한 불선한 과보를 받게 되며, 이를 통해 재난을 당합니다.

그리고 여기에 선한 행을 하는 어떤 사람이 있습니다. 그는 삶을 살면서 계행을 지키고 이를 어기지 않는 행을 하는 사람입니다. 그래서 그는 이런 행의 과보로 인해 다섯 가지 공덕을 받습니다. 이런 다섯 가지 공덕은 다음과 같습니다.

먼저, 좋은 일을 함으로써 선한 소문이 나게 됩니다. 두 번째로, 대중들에게 칭송을 받게 되고 영광스러운 일을 겪게 됩니다. 세 번째로, 커다란 재산상의 이익을 얻게 됩니다. 네 번째로 떳떳하게 죽음을 맞이할 수 있게 됩니다. 다섯 번째로, 죽은 뒤에도 좋은 곳인 선처에 나게 됩니다. 이렇게 그는 선한 행에 의한 선한 과보와 공덕을 받게 됩니다. 그래서 계를 지키며 사는 것이 현생과 미래 생을 훨씬 행복하게 하는 수승한 조건이 됩니다. 이렇게 그가 쌓은 '업에 의해 받게 되는 재난과 공덕'을 표로 나타내면 다음과 같습니다.

[표 II-15] 업에 의해 받게 되는 다섯 가지 재난과 공덕

계행의 실천	재난과 공덕	
계행을 지키지 않으며, 이를 어기는 자	재난	불선한 소문, 지탄, 재산상 손실, 떳떳하지 못한 죽음, 사악처에 남
계행을 지키며, 이를 어기지 않는 자	공덕	선한 소문, 칭송, 재산상 이익, 떳떳한 죽음, 선처에 남

　　세상에서 인간으로 살아가기 위해서는 지켜야 할 도리가 있습니다. 이것에는 법, 규범, 규칙, 예절 및 예의 등이 있습니다. 이것을 지키지 않으면 그는 법의 심판을 받게 됩니다. 이를 통해 그는 교도소에 가거나, 벌금을 내는 등의 형벌을 받게 됩니다. 그리고 이렇게 벌을 받음으로써 그는 죗값을 치렀다고 생각합니다. 그러나 그가 지은 죄 중에서도 발견되지 않았거나, 가볍다고 생각해서 벌을 받지 않고 넘어간 것도 있습니다. 그렇다고 해서 이런 죄가 없던 것으로 되지는 않습니다.

　　이것이 인과응보의 세계에서는 다릅니다. 여기에서는 그가 지은 모든 불선한 업들이 의식의 창고에 저장됩니다. 그리고 이런 업에 의한 과보는 그것을 지은 자를 끝까지 쫓아다닙니다. 그래서 계율이나 규범 등을 지키지 않았다면, 현실 세계에서 벌을 받지 않았더라도 이는 의식의 창고에 업으로 저장되며, 저장된 업은 언젠가는 불선한 과보로 그에게 나타납니다. 이렇게 의식의 세계에서는 자신이 행동한 의도가 고스란히 의식의 창고에 저장됩니다. 그래서 자신이 낸 의도가 불선한 의도라면, 그는 그에 따른 불선한 과

보를 반드시 받게 됩니다. 이것이 인과응보의 법칙입니다.

그러니 지금 당장 눈앞에 사소한 이익이 있다고 하더라도 불선한 의도를 일으키지 말아야 합니다. 그리고 지금 당장 눈앞에 이익이 없더라도 계행을 지키고 선한 의도를 일으켜야 합니다. 그러면 이를 통해 선한 업의 창고는 더욱 풍족해집니다.

○ 보시는 천억 배의 효능

보시로 인해 발생하는 과보는 크게 배가됩니다. 그래서 보시의 효능은 한 것보다 크게 나타납니다. 또한 보시를 누구에게, 어떤 식으로 했는지에 따라서도 보시의 효능은 달라집니다. 그래서 붓다는 보시로 나타나는 과보의 효과를 안다면 보시하지 않을 수 없다고 합니다. 그만큼 보시의 효능은 수천억 배의 효능이 있습니다.

'이띠붓따까'의 '보시와 나눔의 경'에 보면, 붓다는 아난다에게 '보시의 효능'에 대한 이야기를 합니다(It. 18). 여기를 보면, 사람들이 보시에 의한 과보의 효과를 안다면 그들은 보시하지 않고는 먹지도 않을 것이고 인색하지도 않을 것이라고 합니다. 그리고 조금이라도 보시를 받는 자가 있다면 아낌없이 나누어줄 것이라고 합니다. 왜냐하면, 보시에 의한 과보의 효과는 상상도 하지 못할 만큼 크기 때문입니다.

그리고 이경의 주석서를 보면, 보시의 효능에 대해 말합니다 (ItA. I. 88). 보시를 할 때 축생들에게 보시한다면 과보의 효과는 백 배의 효능을 가져옵니다. 그리고 부도덕한 범부에게 보시한다고 해도 과보의 효과는 천 배의 효능을 가져옵니다. 또한 도덕적인 범부에게 보시한다면 과보의 효과는 십만 배의 효능을 가져옵니다. 그리고 감각적 욕망에서 벗어난 외도들에 보시한다면 과보의 효과는 천억 배의 효능을 가져옵니다. 하물며 흐름에 든 거룩한 존재에게 보시한다면 그 공덕의 효능은 말로는 표현할 수 없으며, 숫자로도 헤아릴 수 없을 정도로 크게 됩니다. 이런 '보시에 의한 과보의 효과'를 표로 나타내면 다음과 같습니다.

[표 II-16] 보시에 의한 과보의 효과

보시의 구분	과보의 효과
축생들에게 보시	백 배의 효능
부도덕한 범부에게 보시	천 배의 효능
도덕적인 범부에게 보시	십만 배의 효능
감각적 욕망에서 벗어난 외도들에 보시	천억 배의 효능
흐름에 든 거룩한 존재에게 보시	말로 표현할 수도 없으며, 헤아릴 수도 없이 큼

이처럼 보시의 효능은 헤아릴 수 없이 큽니다. 여기서 보시를 한다는 것은 재물, 울력 및 가르침 등 다른 이에게 선한 이로움을 주는 것이라면 무엇이든 해당합니다. 또한 보시는 계청정의 확립

을 위해서도 필요하며, 마음의 청정과 지혜의 청정을 위한 수행의
토대를 만들어줍니다. 그러니 미래 생의 평안함을 추구하는 자라
면 능히 보시해야 합니다. 이렇게 과보는 업의 창고에서 나오며,
업의 창고에 선업을 쌓으면 선한 과보가 나옵니다. 이것이 붓다가
들려주는 '과보는 업의 창고에서 나온 것'입니다.

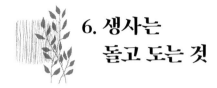

6. 생사는
돌고 도는 것

죽음은 끝이라고 생각하는 사람들이 있습니다. 그러나 죽는다는 것은 지금 사는 현생에서의 종착역에 도달했을 뿐입니다. 이렇게 현생에서의 종착역에 도달하게 되면 현생에서 운행했던 그 사람을 위한 기차는 더는 운행하지 않습니다. 그래서 한 생을 달렸던 기차가 종착역에 도달하게 되면 그 기차를 탔던 사람은 그곳에서 내려야 합니다. 그리고 그 기차는 현생의 시간을 마무리합니다. 이를 통해 종착역에 도달한 대부분의 사람은 새로운 존재로 신분을 바꾸어서 다시 다른 기차로 갈아타게 됩니다.

이때 일어나는 마음인 재생연결식과 존재지속심은 중요합니다. 재생연결식은 금생과 다음 생을 연결하는 마음이며, 존재지속심은 다음 생에 존재를 지속시키는 마음입니다. 그래서 갈아타는 기차의 차표가 재생연결식이라면 새로운 존재로의 신분은 존재지속심에 해당합니다. 그래서 죽음의 순간에 일어난 재생연결식을 차표로 해서 미래 생을 살게 되는 자신만을 위한 기차로 갈아타게 됩니다. 그리고 이때는 새로운 신분증인 존재지속심을 갖고, 자신만의 새로운 삶을 살게 됩니다. 그래서 이때 전생에 쌓아놓은 업이 천상에 태어나는 존재지속심이라면 천상에 나게 되고, 지옥에 가게 되는 존재지속심이라면 지옥에 나게 됩니다. 이렇게 죽음은 새로운 존재로의 시작을 의미합니다. 그래서 내가 현생에서 고관 백작의 칭호를 받았다고 해서, 다음 생의 기차에서도 고관 백작으로의 신분을 받을 것이란 보장은 없습니다.

따라서 자신이 고요함으로 가득한 천상으로 가는 신분을 얻고 싶다면, 현생에서 천상으로 가는 선한 행을 쌓아야 합니다. 그러면 이런 선한 행을 통해 선처로 가는 신분증인 존재지속심을 얻게 됩니다. 이것이 윤회하는 연기의 법칙이며, 이런 윤회는 존재를 만드는 존재지속심이 완전히 사라지기 전까지는 지속합니다. 그리고 인간이 사는 욕계의 세계는 감각적 욕망으로 가득 찬 세계입니다. 그래서 이곳에서의 삶은 갈애와 집착을 가져옵니다. 그리고 이런 갈애와 집착은 윤회하는 업을 만들게 됩니다. 이를 통해 생사의 윤회는 돌고 돌게 됩니다. 본 장에서는 이런 '생사는 돌고 도는 것'에 대해 살펴보겠습니다.

가. 죽지 않은 집의 흰 겨자씨

현대의 가족 구성원을 보면 1인 가구도 많습니다. 한국의 오래된 전통에서는 여러 세대가 한집에서 같이 모여 살았습니다. 이런 대가족에는 집에 조부모님도 있으며, 부모님도 함께 모여 살았습니다. 그리고 이런 집에는 대가족의 풍요로움도 있었습니다. 또한 이곳에서는 웃어른을 공경하고, 이들로부터 생·노·병·사에 대한 지혜를 배웠으며, 서로 간에 상부상조하며 가정을 꾸려나갔습니다. 그리고 가족 단위로 가정을 구성하다 보면, 어느 집에서나 수시로 생과 사를 접하게 됩니다. 이렇게 모든 집에서는 죽음을 접하며, 죽음이 없는 집은 없을 것입니다. 이때도 사람마다 지은 업이 다르므로 단명하는 사람도 있을 것이며, 장수하는 사람도 있을 것입니다.

'담마파다'의 '천의 품'을 보면, 사왓티 시의 제따 숲에 있는 기원정사에서 붓다는 수행승들에게 '하루를 살더라도 불사의 진리를 보며 사는 것이 낫다'에 대한 이야기를 합니다(Dhp. 114). 이에 대한 주석서를 보면, 한 마을에 가난한 집의 딸인 고따미가 살고 있었습니다(DhpA. Ⅱ. 270~275). 그리고 고따미가 사는 마을에서 가까운 마을에 대부호가 살고 있었습니다. 그런데 어느 날 대부호의 집에 큰불이 났습니다.

그리고 불로 인해 하루아침에 대부호의 모든 재산이 불에 타서 숯으로 변했습니다. 그런데 가난한 집의 딸인 고따미가 와서 숯을 황금의 값으로 변화시켰습니다. 그러자 그 부호는 고따미를 자랑스러워하며, 자기의 아들과 혼인을 시킵니다. 그리고 이들은 그곳에서 멀리 떨어진 다른 마을에 정착해서 아들을 낳고 행복하게 살게 됩니다. 고따미가 이렇게 행복한 시간을 보내고 있던 어느 날 고따미의 아들이 걸음마를 시작할 즈음이었습니다. 갑자기 그렇게 사랑스러운 아들이 병이 나서 죽게 됩니다. 이때 죽음에 대해 알지 못했던 고따미는 아이를 업고 주변의 집들을 찾아다니며, 아이를 살려달라고 호소합니다. 그러자 어떤 수행승이 지나가다가 그녀에게 "붓다에게 찾아가보시오"라고 말합니다. 그녀는 그길로 붓다를 찾아가 사정 이야기를 하고, 자기의 아들을 살려달라고 붓다께 간청합니다. 그렇게 사랑스러운 아들을 잃은 부모의 마음으로 그녀는 슬픈 모습으로 붓다에게 간절하게 간청하고, 그리고 애원합니다.

그러자 붓다는 그녀에게 아들을 살리려면 마을에 가서 어떤 사람도 죽은 사람이 없는 집을 찾아, 그 집에서 흰 겨자씨를 얻어오면 방도를 알려줄 것이라고 말합니다. 그래서 고따미는 마을로 내려갑니다. 그리고 마을에 있는 집마다 찾아다니며, 죽은 사람이 없는 집을 찾아봅니다. 그렇게 고따미는 여러 집을 전전하며, 죽은 사람이 없는 집을 찾아서 흰 겨자씨를 얻으려고 합니다. 그러나 고따미는 마을에 있는 어느 집에서도 죽은 사람이 없는 집을 찾을 수 없었습니다. 어떤 집이건 가족 중의 한 사람이라도 죽은 사람은 있었습니다. 그리고 어떤 집에서는 죽은 사람이 산 사람보다 훨씬 많은 집도 있었습니다. 이렇게 인간의 죽음은 모든 집에 있었습니다. 결국, 고따미는 죽은 사람이 없는 집에서 흰 겨자씨를 얻지 못하고 붓다에게 돌아옵니다.

이런 그녀에게 붓다는 생자필멸의 도리를 알려줍니다. 태어나면 반드시 죽음이 따르며, 그것은 사람의 힘으로는 어쩔 도리가 없다는 것입니다. 그리고 이렇게 생·노·병·사하는 삶은 자신이 전생에 지은 업에 의한 작용입니다. 그래서 그것은 자신이 지은 것을 자신이 받는 것입니다. 따라서 이미 쏟아진 물은 이를 되돌릴 수 없습니다. 쏟아지기 전에 선한 업을 지어 업의 과보를 바꾸어야 합니다.

그러자 그녀는 이런 붓다의 가르침을 듣고 나서는 생사에 대한 이치를 알게 되고, 이를 통해 흐름의 경지에 듭니다. 그리고 그녀는 붓다에 귀의하고 출가해서 그 후에 불사의 진리를 얻게 됩니다. 이렇게 인생은 생과 사의 돌고 도는 굴레 안에 있는 것입니다.

○ 백 명의 상인과 수행자

죽음이라는 단어를 접하게 되면 먼저 슬픔과 두려움이 앞섭니다. 왜냐하면 인간이 생각하는 죽음은 괴로운 것이며, 두려움이 따르는 어둠의 길이라고 생각하기 때문입니다. 이렇게 인간은 죽음에 대해 알지도 못하며 죽음에 관한 연습도 돼 있지 않습니다. 그러나 죽음은 한 생에서는 한 번뿐이므로 죽음을 경험한다는 것도 어려운 일입니다. 그래서 죽음에 대해 설한 붓다의 가르침을 알고 이를 통해 죽음에 대한 진실을 알게 된다면, 죽음의 두려움에서도 벗어날 수 있으며 죽음이 찾아와도 이에 잘 대처할 수 있게 됩니다. 그래서 현생에서 공덕을 쌓으면서 선하게 산다면 오히려 죽음은 행복한 삶의 전환점이 될 수도 있습니다. 그러니 죽음에 대비하고 준비해야 합니다. 그렇게 하면 미래 생에서는 더 윤택하고 행복한 삶을 살 수 있을 것입니다.

'쌍윳따니까야'의 '참사람과 함께 경'의 주석서를 보면, 사왓티 시의 제따 숲에 있는 기원정사에서 붓다는 '세상을 떠날 때 갖게 되는 마음의 공덕'에 대한 이야기를 합니다(Srp. I. 54). 여기를 보면, 바다를 건너려고 하는 백 명의 상인들이 있었습니다.

그래서 이들은 다른 곳으로 장사하러 가기 위해 배를 타고 바다를 건너고 있었습니다. 이때 갑자기 어디에선가 심한 폭풍우가 몰려와서, 곧이어 배가 가라앉을 위기에 처합니다.

그러자 상인들은 각자 자신들의 신에게 기도하기도 하고, 서로에게 울부짖으며 여기저기서 도움을 청합니다. 이렇게 외치는 그들을 두고 백 명의 외치는 자라는 뜻에서 이들을 '싸뚤라빠'라고 부릅니다. 그러나 이렇게 위급한 상황에서도 한 동승자만이 갑판 위에서 결가부좌 한 채로 동요함이 없이 평온한 상태로 있습니다.

이렇게 그는 천재지변의 위급한 상황에서도 조금의 움직임도 없이 평온하게 머물러 있습니다. 그러자 상인들은 그에게 다가가서 그토록 태연할 수 있는 이유를 그에게 묻습니다. 그러자 동승자는 자기는 배에 오르기 전에 붓다의 승원에 가서 공양을 올렸으며, 그리고 붓다께 귀의한 연후에 배를 탔다고 합니다. 그래서 그는 죽음에 대한 어떠한 두려움도 없다고 합니다. 이런 말을 듣자, 상인들은 그 동승자에게 위급한 상황에서도 사람을 평온하게 만드는 붓다의 가르침을 알려달라고 간청합니다. 그러자 동승자는 백 명의 무리를 일곱으로 나누어 차례로 붓다의 오계를 가르치고, 그것을 마음에 새기고 붓다의 가르침을 따르도록 했습니다. 그러자 그들도 평온하게 됩니다. 그리고 시간이 흐르자 배는 점차 바다 깊숙이 가라앉습니다. 그래서 결국 배에 있던 사람들은 모두 죽게 됩니다. 그러나 그들은 오계를 지니고 붓다의 가르침을 따르게 된 공덕으로 죽음을 통해 모두 서른셋 신들의 세계인 도리천에 태어납니다.

이처럼 죽음에 이르러서도 마음에 고요가 있다는 것은 미래 생을 위한 큰 공덕의 힘이 됩니다. 그리고 이렇게 죽을 때 갖게 되는 마음이 다음 생에 선한 곳에 나게 되는 가장 큰 토대를 형성합니다. 그래서 죽음의 순간에도 마음을 잘 다스릴 수 있도록, 평상시에 마음을 고요하게 다스리고 이를 잘 단속해야 합니다. 이렇게 생사는 돌고 도는 것이므로 죽을 때 잘 죽을 수 있다면 이는 더 나은 선처로 당신을 인도할 것입니다.

나. 열한 번 윤회한 어린 암퇘지

대부분의 사람은 현생에서의 죽음이 존재로서의 마지막 삶이 되지는 않습니다. 다시 말해서 대부분의 사람에게 죽음이란 새로운 존재로의 태어남을 의미합니다. 그래서 다음 생에서는 동물로 태어날 수도 있으며, 천상의 천신으로 태어날 수도 있습니다. 이것은 그가 지금껏 쌓아놓은 업에 의해 결정됩니다. 그래서 이로 인해 삼계의 어떤 존재로도 태어날 수 있습니다. 이것이 삼계에서 윤회하는 존재의 삶입니다.

'담마파다' '갈애의 품'를 보면, 라자가하 시의 벨루 숲의 죽림정사에서 붓다는 수행승들에게 '갈애의 경향이 뽑히지 않으면 고통은 거듭해서 일어난다'에 대한 이야기를 합니다(Dhp. 338). 그리고 이에 대한 주석서를 보면, 암퇘지가 대신의 아내가 되었다가 완전한 열반에 들게 된 이야기를 합니다(DhpA. Ⅳ. 46~51). 여기를 보면, 어느 날 붓다는 라자가하 시에 탁발을 나갔다가 길에서 암퇘지를 보고 미소를 지으십니다.

그러자 붓다의 옆에 있던 시자인 아난다가 미소를 지으시는 이

유를 묻습니다. 그러자 붓다는 저쪽 길에 있는 암퇘지는 까꾸싼
다 부처님 시대에 한 집회당 근처의 암탉이었다고 말합니다. 그런
데 암탉은 한 수행자가 통찰 명상의 주제를 외울 때 그 옆을 지키
고 있었습니다. 그리고 시간이 흘러 암탉은 수행자가 명상주제를
외우는 소리를 들으면서 죽음을 맞이합니다. 이것이 업이 되어 암
탉은 다음 생에 왕족의 가문에서 왕족으로 태어납니다. 그리고
그는 거기에서 선정을 성취합니다. 이것이 다시 업이 되어서 그는
다음 생에는 범천의 세계에 태어납니다. 그리고 이렇게 세월이 흘
러 그는 지나온 전생의 업의 힘에 이끌려 붓다 시대에는 암퇘지로
태어난 것입니다.

그리고 이런 삶을 거쳐서 다음 생에는 쑤반나부미 국에서 왕족
의 가문에 태어납니다. 그리고 거기서 죽어서 바라나씨에 태어납
니다. 또한 거기서 죽어서 쑵빠라까 항구의 말 장수 집안에 태어
나고, 거기서 죽어서 까비라 항구에서 행상의 집안에 태어나며,
거기서 죽어서 아누라다뿌라의 명망가 집안에 태어나고, 거기서
죽어서 복깐다 마을의 장자의 딸로 태어납니다. 이곳에서는 왕의
대신인 아띰바라의 아내가 됩니다. 이에 꼬띠빠밥따에 있는 마하
비하라 승원의 장로인 아눌라가 탁발을 나갔다가 그녀를 보고
암퇘지가 대신의 아내가 되었으니 이 얼마나 놀라운 일이냐고 합
니다.

이렇게 그녀는 선한 곳과 불선한 곳으로 열세 번의 윤회를 거쳤
습니다. 이런 전생의 인연을 듣게 되자, 그녀는 삶의 무상함을 느

끼게 되고 인연에 따라 출가해서 수행녀가 됩니다. 그리고 예전에 통찰 명상을 지녔고 선정을 닦았던 인연으로 붓다의 가르침에 따라 방일하지 않고 열심히 정진해서 해탈·열반을 얻게 됩니다. 이렇게 예전에 암퇘지였던 그녀는 깨달음을 얻어 완전열반에 듭니다. 이처럼 모든 존재는 완전열반에 들기 전까지는 삼계의 세상에서 돌고 도는 생사의 윤회를 하게 됩니다.

○ 배꼽 주위에 달 모양의 빛

세상은 욕계·색계·무색계의 삼계로 구성되어 있으며, 이 중에서도 최고층인 색계·무색계는 범천의 세계입니다. 그런데 이런 범천의 세계에 태어나더라도 세월이 흘러 범천의 업이 다하게 되면 범천의 빛은 점차로 사라지게 됩니다. 그리고 범천의 빛이 사라지게 되면, 존재는 무거워지며, 삼계의 다른 세계로 태어나는 윤회의 길을 가게 됩니다. 그러나 진정으로 청정한 깨달음의 빛은 꺼지지 않고 무한히 빛나는 열반의 빛입니다. 그러므로 깨달음을 통해서 열반의 빛을 밝게 비춰야 합니다.

'숫타니파타'의 '청정에 대한 여덟 게송의 경'의 주석서를 보면, 과거불인 깟싸빠 부처님 시대의 빛에 관한 이야기가 있습니다(Prj. II. 523~526). 여기를 보면, 베나레스에 한 부호가 있었으며 그는 친구인 사냥꾼에게 값나가는 전단 나무를 선물합니다.

그러자 이런 선물을 받은 사냥꾼은 부처님을 뵙고 나서, 전단 나무로 탑묘에 원륜을 만들어 부처님께 보시합니다. 그리고 "내가 죽어 다시 태어나면 가슴에서 빛이 날지어다"라는 서원을 세웁니다. 사냥꾼은 이것을 업으로 해서, 그는 죽어서 월광이라는 하늘의 아들로 태어납니다. 그리고 거기서 생을 마치고 나서는 붓다 시대에는 라자가하에 있는 부호의 아들로 태어납니다. 이렇게 부호의 아들로 태어나자, 그의 배꼽 주위에는 달 모양의 형상이 나타납니다. 그리고 거기에서 빛이 나기 시작합니다. 이런 빛으로 인해 그는 '배에서 빛이 나는 아이'로 유명해집니다. 그러나 이를 이용해서 명예와 부를 추구하자, 그의 배에 있던 빛은 점차로 사라지기 시작합니다.

그리고 얼마 후 그는 붓다를 뵙기 위해서 붓다가 설법하는 장소로 갑니다. 그리고 그가 그곳에 도착해서 붓다를 뵙게 되자, 붓다의 몸에서 나는 위광으로 인해 그에게 남아 있던 달 모양의 빛은 완전히 사라집니다. 이렇게 배에서 나는 빛이 사라지게 되자 그는 이것이 참된 것이 아니라는 것을 알게 됩니다. 그리고 그는 더는 빛에 집착하지 않습니다. 이를 계기로 해서 그는 붓다께 귀의하고 출가해서 붓다의 가르침을 따라 열심히 정진합니다. 그리고 그는 마침내 아라한과에 들게 됩니다.

이를 통해 그는 영원히 빛나는 청정한 열반의 빛을 얻게 됩니다. 이처럼 신력에 의한 빛은 일시적이며, 이런 빛은 청정하지 못한 삶을 살게 되면 다시 사라지게 됩니다. 이렇게 생사는 돌고 돌게 됩니다. 그러나 청정함을 통해 증득한 열반의 위광은 영원히 빛을 발하게 됩니다. 그래서 존귀한 존재들은 밝은 빛으로 빛나는 청정으로부터 와서 청정으로 가게 됩니다.

다. 삶과 죽음의 삼 요소

인간은 죽음을 통해서 윤회하는 삶을 살게 됩니다. 죽음을 생각할 때 지옥으로 가는 길은 어둡고, 천상으로 가는 길은 밝다고 생각합니다. 그리고 악처는 어두운 터널을 지나 어둠으로 들어가며, 천상은 밝은 터널을 지나 밝은 곳으로 들어간다고 생각합니다. 이런 생사에 관한 생각으로 인간은 어둠으로 들어가는 것은 싫어하며, 밝은 곳으로 들어가려고 합니다. 이것이 일반적인 생사의 길입니다. 이렇게 윤회가 있었다면 이는 생사가 있었다는 것을 말하며, 그리고 이런 생사가 있으려면 이에 필요한 생사의 삼 요소가 있어야 합니다.

'맛지마니까야'의 '교리문답의 긴경'에 보면, 사왓티 시의 제따 숲에 있는 기원정사에서 사리불은 마하꽂티따 존자에게 '인간이 존재하게 되는 것'에 대해 이야기합니다(M. Ⅰ. 296). 여기를 보면, 인간이 살아서 숨을 쉬며, 인간의 삶을 살기 위해서는 몸에 체열이 있어야 하고, 심신에 생명력이 있어야 하며, 마음에 의식이 있어야 합니다.

그래서 인간 삶의 원천은 생명력, 체열 및 의식이 됩니다. 그리고 이들 중에 하나만이라도 없다면 인간의 삶을 유지하기는 불가능합니다. 여기서 생명력은 살아 있는 몸과 마음에 활기를 불어넣어줍니다. 그리고 체열은 인간이 삶을 유지하도록 영양분을 통해 정상적으로 몸을 유지할 수 있게 합니다. 이때 의식은 인간의 마음을 형성하며, 이를 통해 정상적으로 마음이 활동할 수 있게 합니다. 이렇게 삼 요소는 인간의 심신에 활기를 불어넣으며, 몸을 유지하게 하고, 마음이 활동할 수 있게 합니다. 따라서 이런 삼 요소가 인간 삶의 원천이 됩니다.

그래서 생명력, 체열 및 의식 중에 하나라도 없으면 인간은 생명을 유지하기 힘들게 됩니다. 따라서 죽는다는 것은 인간에게서 생명력, 체열 및 의식이 흩어지게 된다는 것을 의미합니다. 이렇게 인간은 죽게 되면 이런 삼 요소가 흩어집니다. 그리고 이들의 인연이 다시 화합하게 되면 이들은 다시 뭉쳐져서 새로운 삶의 여정이 시작됩니다. 이렇게 인간은 이런 삼 요소를 유지하면서 삶의 여정을 지속합니다.

이때 식물인간은 생명력과 체열이 있어도, 의식이 없어서 대상을 인식하지 못합니다. 그런데 식물인간이라도 생명력과 체열은 있으며, 존재지속심과 심층의식은 존재할 수도 있습니다. 그래서 생명력과 체열이 소멸하지 않으면 식물인간이라도 죽은 것은 아닙니다. 그리고 수행을 통해 얻게 되는 상수멸정의 상태에서도 생명력과 체열은 있으나, 이때는 의식이 정지된 상태입니다. 또한 상수멸정의 상태는 여기에 들기 전에 미리 깨어날 시간을 정하고 들어 갑니다. 그리고 정해놓은 시간이 지나면 의식은 다시 돌아옵니다. 그래서 이를 유사열반의 상태라고 하며, 이는 죽음과는 차원이 다른 상태가 됩니다. 이처럼 죽음이라 느끼는 것에도 여러 가지 다른 차원이 있습니다. 이렇게 인연에 따른 '삶과 죽음의 삼 요소'를 표로 나타내면 다음과 같습니다.

[표 II-17] 삶과 죽음의 삼 요소

구분	삶과 죽음의 삼 요소		
	생명력	체열	의식
인간의 삶	있음	있음	있음
죽음	없음	없음	없음
식물인간	있음	있음	없음
상수멸정(유사열반)	있음	있음	정지

이처럼 생사의 삼 요소는 생명력, 체열 및 의식입니다. 일반적으로는 이들 중의 하나라도 없게 되면 나머지도 소멸합니다. 그래서 이들 중에 하나라도 있다면 나머지들도 어딘가에는 있을 수 있습니다. 그러나 이들이 사라지면 이를 통해 현생에서 살았던 존재는 사라집니다. 그리고 인간은 이런 상태를 죽음이라고 합니다.

그래서 이런 삼 요소가 삶과 죽음의 경계에 있습니다. 그러므로 언제 삶을 마감하게 될지는 모릅니다. 그러나 마음이 밝아지면 마음의 눈이 열려서 이때 발생한 숙명통과 천안통으로 자신의 삶과 죽음에 관한 시간을 알 수 있습니다. 이것은 자신에 대한 숙명의 굴레를 볼 수 있기 때문입니다. 이렇게 생사는 돌고 돌게 됩니다.

라. 까마귀, 도적과 수행승의 굴레

업에 의해 발생한 윤회의 과보는 업을 지은 자를 계속 쫓아다닙니다. 그래서 그가 지은 업의 과보는 그가 깊은 물속에 들어가 있거나, 깊은 산속에 있더라도, 업의 과보는 어김없이 그것을 지은 자를 쫓아갑니다. 그리고 그를 쫓아간 업은 그에게 과보로 나타납니다. 이처럼 그는 그가 지은 업의 과보로부터 벗어날 수 없습니다.

'담마파다'의 '악의 품'에 보면, 사왓티 시의 제따 숲에 있는 기원정사에서 붓다는 수행승들에게 '업을 피할 곳은 공중에도 없으며, 바다에도 없고, 산의 협곡에도 없으니 세상 어느 곳에도 없다'에 대한 가르침을 말합니다(Dhp. 127). 이에 대한 주석서를 보면, 수행승의 세 무리에게 있었던 전생과 업의 굴레에 관한 이야기입니다(DhpA. Ⅲ. 38~44). 여기를 보면, 세 무리의 수행승들이 있었습니다.

먼저, 첫 번째 수행승이 한 마을에 도착했습니다. 그리고 수행승이 한집에 들러서 탁발을 청하자, 그들은 수행승이 앉을 자리를 마련합니다. 그런데 그 집은 그날 있을 잔치 음식을 준비하고 있었습니다. 그래서 나무에 불을 지피고, 음식을 장만합니다.

이렇게 혼잡한 분위기 속에서 요리하고 있던 여인의 그릇 아래에서 갑자기 불길이 치솟아올랐습니다. 그리고 불길은 점점 번져서, 이윽고 불길이 지붕으로까지 번져 오릅니다. 사람들은 불을 끄기 위해 우왕좌왕합니다. 그러는 사이에 지붕의 짚은 불길에 휩싸입니다.

이때 하늘을 높이 날던 까마귀가 음식 냄새를 맡게 됩니다. 그래서 까마귀는 그 집의 지붕으로 날아와서는 무슨 먹을 것이 있나 하고, 짚 더미 속으로 머리를 내밉니다. 그런데 이 순간 불길이 치솟아오르며 머리를 내민 까마귀를 덮칩니다. 그러자 까마귀는 이내 불길에 휩싸여 죽고 말았습니다.

두 번째 수행승은 붓다를 뵙기 위해 사람들과 함께 배를 타고 가고 있었습니다. 그런데 배가 강 한가운데에 이르자, 배가 꼼짝하지도 않고 가라앉으려 합니다.

그래서 사람들은 이것은 필시 문제가 있는 사람이 배에 타고 있어서 그런 것으로 생각했습니다. 그래서 배에서 내려야 할 사람을 제비뽑기로 정하기로 합니다. 그런데 배에는 도적이 타고 있었는데, 세 번이나 제비뽑기를 다시 했는데도 그 도적이 뽑혔습니다. 그래서 사람들은 그에게 문제가 있다고 생각합니다.

그리고 사람들은 그에게 다가갑니다. 이때 배에 타고 있던 사람이 그가 관리를 피해 도망다니는 도적이라는 것을 알게 됩니다. 그래서 배에 타고 있던 사람들은 힘을 합쳐서 그를 붙잡아 강으로 던집니다. 결국 그는 그곳에서 목숨을 잃게 됩니다.

세 번째 일곱 명의 수행승이 있었습니다. 그들은 붓다를 뵙기 위해 길을 떠납니다. 그런데 길을 가다 보니 어느덧 날이 어두워집니다. 그들은 한 바위굴로 들어갑니다.

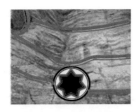

그들이 바위굴 안으로 들어가자, 갑자기 집채 같은 바위가 떨어져서 동굴의 입구를 막아버립니다. 그래서 그들은 꼼짝없이 동굴 안에 갇혀버렸습니다. 그곳에는 마침 일곱 개의 침대가 있었습니다. 그들은 거기서 지냅니다. 그리고 이레가 지나자, 갑자기 바위가 사라지고 수행승들은 풀려나게 됩니다.

이렇게 세 무리의 수행승들은 자신들이 겪었던 일들을 붓다께 이야기합니다. 그리고 이런 일들이 일어나게 되는 이유가 있는지를 붓다께 묻습니다. 이에 대해 붓다는 이들이 전생에 지은 업에 의해 이런 일들이 일어났다고 하며, 이들이 겪었던 전생에 관한 이야기를 수행승들에게 해줍니다.

우선, 까마귀는 한 지역의 농부였습니다. 그런데 그가 키우던 황소가 말을 듣지 않자, 그는 황소를 계속 달래도 보고 다독여도 봅니다. 그러나 그는 끝내 황소의 고집을 꺾을 수는 없었습니다. 그러자 화가 난 그는 황소를 짚에 감싸서 불에 태워 죽입니다. 이런 과보로 인해 농부는 지옥에 태어나는 과보를 겪게 됩니다. 그리고 그 후에, 다시 일곱 번이나 까마귀로 태어나 불에 타서 죽는 과보를 받게 되며, 이번 생에도 그는 까마귀로 태어나 짚에 싸여 죽게 되는 과보를 받았던 것입니다.

두 번째로, 도적은 한 가정의 아내였습니다. 그녀는 한 마리의 개를 기르고 있었습니다. 그런데 개는 그녀가 어디를 가든지 쫓아다닙니다. 하루는 개와 함께 길을 가고 있었습니다. 그런데 동네 사람들이 "개와 같이 다니는 사냥꾼"이라고 그녀를 놀리는 것을 듣게 됩니다. 그래서 화가 난 여인은 개가 쫓아오지 못하도록 여러 방법을 동원해봅니다. 개를 쫓아도 보고, 묶어놓기도 합니다. 그러나 개는 여전히 여인을 계속 쫓아다닙니다. 그러자 화가 잔뜩 난 여인은 개의 목에 물 단지를 묶어서 언덕에서 물 단지를 굴려 버립니다. 그러자 개는 굴러서 물에 빠져 죽게 됩니다. 그녀는 이런 과보로 인해 지옥에 태어나는 과보를 겪게 됩니다. 그리고 그 후에, 다시 백 번의 윤회를 통해 물속에 던져지는 죽음의 고통을 겪게 됩니다. 그리고 이번 생에는 도적으로 살다가 물에 빠져 죽게 되는 과보를 받게 됩니다.

세 번째, 일곱 명의 수행승은 가축을 돌보는 일곱 명의 목동들이었습니다. 그들은 어느 날 하루 일을 끝내고 집으로 돌아가는 길에 도마뱀을 발견하게 됩니다. 그런데 도마뱀이 도망을 가다가 개미집으로 미끄러져 들어가는 것을 봅니다. 그래서 그들은 개미집의 일곱 구멍을 나뭇가지로 모두 막아놓고, 도마뱀이 나오지 못하도록 합니다. 그리고 오늘은 늦었으니 내일 다시 와서 도마뱀을 잡자고 하고는 이 일을 까맣게 잊어버립니다. 그러다가는 이레 후에 불현듯이 도마뱀이 생각납니다. 그래서 그들은 개미집으로 달려가서 입구를 막은 나뭇가지를 치웁니다. 그러자 거기서 도마뱀은 거의 뼈만 남은 상태로 벌벌 떨고 있습니다. 이를 본 그들은 도마뱀을 불쌍히 여기고 도마뱀을 놓아줍니다. 이런 과보로 인해, 목동들은 지옥의 과보는 면했으나 열네 번의 윤회를 통해 이레 동안 갇혀서 음식을 먹지 못하게 되는 과보를 받게 됩니다.

이처럼 붓다는 "악업을 피할 곳은 공중에도 없으며, 바다에도 없고, 산의 협곡에도 없으니 세상 어느 곳에도 없다"라고 이야기합니다. 이렇게 업의 과보는 그것을 지은 자를 과보가 다할 때까지 쫓아다닙니다. 그래서 세상 어디에도 자신이 쌓은 업을 피할 곳은 없습니다. 이렇게 생사는 돌고 돌게 됩니다. 따라서 악업을 짓지 말고, 선업을 쌓아야 하며, 이를 통해 지옥을 비롯한 사악처에 태어나는 과보는 피해야 합니다.

○ 돌고 도는 윤회의 굴레

시공간에서 시간의 흐름은 과거·현재·미래로 흘러가고 있습니다. 이런 시간의 흐름을 통해 존재의 삶도 흘러갑니다. 그래서 과거가 있으므로 현재도 있는 것이며, 현재가 있으므로 미래도 있는 것입니다. 붓다는 이런 존재의 흐름을 십이연기로 설명하며, 십이연기는 무명·행·식·명색·육입·촉·수·애·취·유·생·노사를 말합니다. 그리고 십이연기를 과거·현재·미래의 삼세양중인과로도 이를 구분하고 있습니다.

먼저, 과거입니다. 십이연기 중에서 무명과 행은 과거를 나타냅니다. 여기서 무명은 의식이 밝지 못하고, 어두우며, 어리석은 것을 말합니다. 그래서 이를 통해 윤회는 시작됩니다. 그리고 행은 무명을 원인으로 해서 일어나는 행을 말합니다. 그래서 행은 무명으로부터 일어나서 의식을 일으키는 원인이 됩니다. 이렇게 삼세 중에서 무명과 행은 윤회의 굴레를 시작하게 되는 과거를 구성합니다.

두 번째로, 현재입니다. 십이연기 중에서 식·명색·육입·촉·수·애·취·유는 현재를 나타냅니다. 여기서 의식은 밝지 못한 무명의 행을 원인으로 해서 일어나며, 현생에 나게 하는 윤회의 흐름을 가져오게 합니다. 이를 통해 명색은 식을 원인으로 사람을 구성하게 되는 오온인 색·수·상·행·식을 형성합니다. 그리고 육입은 눈·귀·코·혀·몸·정신을 통해 외부의 대상을 감지할 수 있게 합니다. 또한 이런 삼사 화합을 통해서 대상에 접촉(촉)이 일어나며, 이때 느낌(수)이 일어나고, 이를 통해 갈애(애)가 발생합니다. 이를 접하고서 여기에 집착(취)이 발생하며, 이것으로 업이 쌓이는 (유)가 형성됩니다. 이렇게 삼세 중에서 식·명색·육입·촉·수·애·취·유는 현재를 구성합니다.

마지막으로, 미래입니다. 생과 노사는 미래를 나타냅니다. 현재를 원인으로 해서 미래의 태어남(생)과 늙음, 그리고 죽음(노사)이 생겨납니다. 이를 통해 새로운 십이연기의 연결고리가 형성됩니다. 이렇게 삼세 중에서 생과 노사는 미래를 구성합니다.

이런 과정을 거쳐 십이연기는 과거·현재·미래를 형성합니다. 그래서 과거는 십이연기 중에서 무명·행에 해당합니다. 현재는 식·명색·육입·촉·수·애·취·유이며, 미래는 생·노사에 해당합니다. 그리고 이들은 서로에 대한 원인과 결과의 인과관계를 형성합니다. 그래서 과거의 무명·행은 현재의 식·명색·육입·촉·수의 원인이 되고, 현재의 식·명색·육입·촉·수는 현재의 애·취·유의 원인이 됩니다. 또한 현재의 애·취·유는 미래의 생·노사의 원인이 됩니다. 그리고 미래의 생·노사를 통해 그다음 윤회의 원인이 되는 무명·행이 일어나게 됩니다.

이렇게 삶에서 발생하게 되는 과거·현재·미래에 관한 인과의 법칙을 삼세양중인과라고 합니다. 그래서 과거·현재·미래는 따로 작용하는 것이 아니고, 같이 작용하며, 같은 영역 안에 있게 됩니다. 따라서 과거·현재·미래를 따로 보아서는 안 됩니다. 이들은 어느 하나가 없으면 다른 것들도 없게 됩니다. 그래서 지금 하는 행이 곧 과거요, 미래입니다. 이런 삼세양중인과를 표로 나타내면 다음과 같습니다.

[표 II-18] 십이연기와 삼세양중인과

구분	과거	현재	미래
삼세양중인과		(과) 애·취·유 (인)→(과)	(과)→ 생·노사
	무명·행 (인)→(과)	(인) 식·명색·육입·촉·수	

이렇게 삼세양중인과는 윤회에 있어서 중요한 연기의 법칙을 구성합니다. 다시 말해 이것이 있으므로 저것이 있게 된다는 인연생기의 법칙입니다. 따라서 이 중에 하나라도 없게 된다면 돌고 도는 윤회의 과정은 형성되지 않습니다. 이처럼 십이연기를 통해 생사는 돌고 돌면서 윤회의 연결고리를 형성하게 됩니다. 이것이 붓다가 들려주는 '생사는 돌고 도는 것'입니다.

7. 지옥은 고통이 가득한 것

　현생의 삶이 지옥 같다고 말하는 사람들도 있습니다. 이것은 인간의 삶이 너무 괴롭고 힘들 때 나오는 말입니다. 또한 사람이 하는 추악한 행동을 보게 되면 이런 말이 나올 수도 있습니다. 어떤 이는 지옥과 같은 아수라판에서 살고 있다고 말하기도 합니다. 실제로 인간 사이에서 나타나는 아수라판은 지옥의 과보를 낳기도 합니다. 이렇게 악행과 지옥은 연결되어 있습니다. 그러므로 악행을 짓지 말아야 합니다.

　악행을 하면 수 겁의 긴 세월 동안 지옥에 빠져서 고통을 받게 됩니다. 그런데 이런 상황을 실제로 볼 수 있다면 현생에서 악행을 할 사람이 몇이나 될까요? 지옥의 고통은 실로 말로 표현할 수 없을 정도로 끔찍하기 때문입니다. 그래서 고작 백 년의 인생을 감각적 욕망에 휘둘려서 살려고, 수 겁의 긴 세월 동안 지옥의 고통 속에 빠져서 살게 된다면 이것은 너무나 큰 손해이고, 어리석음입니다. 그래서 붓다는 감각적 욕망에 빠져 헤매고 있는 어리석은 중생들에게 그런 지옥의 과보에서 벗어나라고 하며, 직접 체험

해서 체득한 깨달음의 가르침을 전합니다.

또한 붓다는 가르침을 통해서 지옥을 대지옥, 아사 지옥, 무간지옥, 아비지옥 및 대규환지옥 등 여러 지옥으로 구분하여 이들을 세세히 설명하고 있습니다. 그래서 이를 알고 여기에서 벗어나야 합니다. 왜냐하면 여기서 받게 되는 고통의 크기는 말로 표현할 수 없을 정도로 크며, 받게 되는 기간조차도 말로 표현할 수 없을 정도로 긴 세월 동안 지옥의 과보를 받게 되기 때문입니다.

그래서 지옥계에서 죄지은 인간을 심문하고, 그에 따라서 죄지은 자가 가게 되는 지옥을 판결하는 염라대왕조차도 지옥을 보고 들으며 직접 체험한 바를 바탕으로 다음과 같이 서원합니다. "이렇게 끔찍한 지옥의 과보를 받지 않기 위해서 인간으로 태어나고자 한다! 그래서 붓다의 가르침을 받고, 이를 닦아서 지옥의 과보에서 영원히 벗어나고자 한다!"라고 서원합니다. 이렇게 지옥을 옆에서 상세히 직접 지켜본 염라대왕은 지옥의 과보를 받지 않기 위해 인간으로 태어나 붓다의 가르침을 받기를 원합니다. 그만큼 지옥의 괴로움은 감내하기 어려울 정도로 크고, 길다는 것입니다.

그러니 인간의 몸을 받고 태어났으면 붓다의 가르침을 접해야 합니다. 그리고 이를 배우고 익혀서 악업을 짓지 않고, 선한 업을 지어서 다시는 지옥의 과보를 받지 않도록 해야 합니다. 본 장에서는 '지옥은 고통이 가득한 곳'에 대해 살펴보겠습니다.

가. 염라대왕의 판결과 지옥 세계

악업을 행한 자는 죽어서 지옥 세계로 가게 됩니다. 이때 지옥의 옥졸들이 악업에 대한 판결장으로 죽음을 맞이한 자를 데려옵니다. 그러면 지옥 세계를 관장하는 염라대왕이 그의 악업을 심문하고, 이에 따른 판결을 내립니다. 그리고 지옥의 판결을 받은 자는 그에 따른 과보를 받게 됩니다. 이런 지옥 세계에 대해 살펴보겠습니다.

○ 불선한 곳인 사악처에 태어나는 과보

사람은 어두운 세계보다는 밝은 세계를 좋아합니다. 어두운 세계는 지옥, 아귀, 축생, 아수라 등의 사악처를 말하며, 밝은 세계는 천상계 등의 선처를 말합니다. 그래서 태초에 밝음으로부터 온 인간은 밝은 세계를 좋아합니다. 그러나 불선한 행을 하면, 아무리 싫다고 해도 사악처로 윤회하는 괴로움을 맞게 됩니다. 이렇게 인간의 마음은 사악처를 싫어하지만, 평상시에 하는 행동은 사악처로 가는 행을 하고 있습니다. 그러니 사악처와 선처를 구별할 줄 알아야 합니다. 그래야 이를 통해 사악처에서 벗어날 수 있는 선한 행을 함으로써 밝은 세계로 갈 수 있게 됩니다.

'맛지마니까야'의 '저승사자의 경'을 보면, 사왓티 시의 제따 숲에 있는 기원정사에서 붓다는 수행승들에게 '지옥의 삶'에 대한 이야기를 합니다(M. Ⅲ. 179). 여기를 보면, 하늘 세계에 있는 존귀한 존재들이더라도 신체적으로 악행을 하고, 언어적으로 악행을 하며, 정신적으로 악행을 하게 되면 불선한 과보를 받게 됩니다.

　　그래서 불선한 행을 하며 다른 이들을 비난하고 삿된 견해를 갖게 되면 이로 인해 그들은 몸이 파괴되어 죽은 뒤에 타락한 곳, 나쁜 곳, 괴로운 곳인 지옥, 아귀, 축생 및 아수라계에 태어납니다. 또한 하늘 세계에 있는 존귀한 존재들이더라도 신체를 통해서 삿된 행을 하고 입을 통해서 삿된 말을 하며 생각을 통해서 삿된 사견을 갖는다면 이들은 몸이 파괴되어 죽은 뒤에 사악처에 나게 되는 과보를 받게 됩니다.

　　이렇게 신행·구행·의행의 삼행으로 불선한 행을 하면, 그것이 사악처로 가게 되는 행입니다. 그래서 이런 불선한 과보를 받지 않으려면, 삼행을 할 때 선한 행동을 하고, 선한 말을 하며, 선한 마음을 일으켜야 합니다. 이것이 사악처로 가게 되지 않는 행이며, 선처로 가게 되는 행입니다.

　　○ 다섯 명의 저승사자와 염라대왕의 판결

　　사람은 때가 되면 죽음을 맞게 됩니다. 그리고 현생에서 했던 삼행에 악업이 있다면 그는 염라대왕에게 끌려가서 자신의 업에 따른 판결을 받습니다. 그래서 염라대왕은 그자가 전생에 지은 악업이 있다면 이로 인해 악처 중에서도 어떤 곳으로 가게 될지 심문을 하고 판결을 내립니다. 그리고 그가 지은 악업에 사악처 중에서도 지옥으로 가게 될 업이 있다면, 염라대왕은 그에게 지옥으로 가는 판결을 내립니다. 이렇게 염라대왕은 망자가 지은 업에 따라 그를 심문하고 그에 따른 판결을 내립니다.

'저승사자의 경'에 보면, 이렇게 악처에 온 자를 지옥의 옥졸들은 양팔로 붙잡아서 염라대왕에게 끌고 갑니다(M. Ⅲ. 180~182). 그러면 염라대왕은 다섯 명의 저승사자를 통해 그들이 선행했는지 확인합니다. 그리고 이를 토대로 해서, 그가 한 악행에 따른 판결을 내립니다. 이렇게 망자는 염라대왕에게서 심문과 판결을 받습니다.

먼저, 염라대왕은 이들을 심문합니다. "그대여! 첫 번째 저승사자가 나타난 것을 보지 못했는가?" "보지 못했습니다." "그대는 인간으로 태어난 갓난아이가 이부자리에 똥, 오줌을 누며 누워 있는 것을 보지 못했는가?" "보았습니다." "그러면 그것을 보고 나도 역시 태어남을 극복하지 못했으니 다시 태어나기 마련이다. 그러니 몸, 마음과 입으로 선행을 해야겠다는 생각이 떠올랐는가?" "아닙니다. 저는 방일했습니다." "그대는 방일하여 선행의 기회를 놓쳤다. 다른 사람이 아닌 그대 스스로 지옥의 악업을 지었으므로 그에 따른 과보를 겪을 것이다"라고 염라대왕은 판결합니다.

두 번째로, 염라대왕은 다시 이들을 심문합니다. "그대여! 두 번째 저승사자가 나타난 것을 보지 못했는가?" "보지 못했습니다." "그대는 나이가 들어 구십이나, 백 세가 되어 허리가 구부러지고 지팡이에 의지하며 머리는 하얗게 되고 얼굴에 검버섯이 피며 주름이 지고 고통스러워하는 것을 보지 못했는가?" "보았습니다." "그러면 그것을 보고 나도 역시 늙음을 극복하지 못했으니 늙기 마련이다. 그러니 몸, 마음과 입으로 선행을 해야겠다는 생각이 떠올랐는가?" "아닙니다. 저는 방일했습니다." "그대는 방일하여 그런 선행의 기회를 놓쳤다. 다른 사람이 아닌 그대 스스로 지옥의 악업을 지었으므로 그에 따른 과보를 겪을 것이다'라고 염라대왕은 판결합니다.

세 번째로, 염라대왕은 다시 이들을 심문합니다. "그대여! 세 번째 저승사자가 나타난 것을 보지 못했는가?" "보지 못했습니다." "그대는 중병이 들어 힘이 없고 다른 사람에 의지하며 고통스러워하는 자를 보지 못했는가?" "보았습니다." "그러면 그것을 보고 나도 역시 병을 극복하지 못했으니 병들기 마련이다. 그러니 몸, 마음과 입으로 선행을 해야겠다는 생각이 떠올랐는가?" "아닙니다. 저는 방일했습니다." "그대는 방일하여, 그런 선행의 기회를 놓쳤다. 다른 사람이 아닌 그대 스스로 지옥의 악업을 지었으므로 그에 따른 과보를 겪을 것이다'라고 염라대왕은 판결합니다.

네 번째로, 염라대왕은 다시 이들을 심문합니다. "그대여! 네 번째 저승사자가 나타난 것을 보지 못했는가?" "보지 못했습니다."

"그대는 강도나 사기 등의 죄를 저질러 잡히면 왕들이 그 범죄자를 잡아서 채찍으로 때리고 매질하며 벌을 주는 것을 보지 못했는가?" "보았습니다." "그러면 그것을 보고 악한 업을 지은 자는 그에 따른 벌을 받는구나. 그러니 몸, 마음과 입으로 선행을 해야겠다는 생각이 떠올랐는가?" "아닙니다. 저는 방일했습니다." "그대는 방일하여 그런 선행의 기회를 놓쳤다. 그리고 다른 사람이 아닌 그대 자신이 스스로 지옥의 악업을 지었으므로 그에 따른 과보를 겪을 것이다"라고 염라대왕은 판결합니다.

마지막으로, 염라대왕은 다시 이들을 심문합니다. "그대여! 다섯 번째 저승사자가 나타난 것을 보지 못했는가?" "보지 못했습니다." "그대는 인간 가운데 어떤 사람이 죽어 며칠이 지나 얼굴에 핏기가 없으며 푸르게 되고 부풀며 고름 등이 생기는 것을 보지 못했는가?" "보았습니다." "그러면 그것을 보고 나도 역시 죽음을 극복하지 못했으니 다시 죽기 마련이다. 그러니 몸, 마음과 입으로 선행을 해야겠다는 생각이 떠올랐는가?" "아닙니다. 저는 방일했습니다." "그대는 방일하여 그런 선행의 기회를 놓쳤다. 그리고 다른 사람이 아닌 그대 자신이 스스로 지옥의 악업을 지었으므로 그에 따른 과보를 겪을 것이다"라고 염라대왕은 판결합니다.

이렇게 염라대왕은 다섯 명의 저승사자를 통해 그를 심문하고 나서, 그가 지은 업과 이를 토대로 해서 그가 지은 악업에 해당하는 지옥의 판결을 내립니다. 그리고 염라대왕이 악업을 지은 자에게 지옥으로 가는 판결을 내리면, 지옥의 판결을 받은 자의 앞에 그가 받을 지옥이 펼쳐집니다. 그러면 지옥의 옥졸들은 그를 양쪽에서 붙잡고, 그의 앞에 펼쳐진 지옥으로 그를 던져넣습니다.

○ 악업에 의한 여섯 개의 지옥

이렇게 전생에 지은 악업에 의해 염라대왕에게서 판결을 받은 자가 있습니다. 이때 그가 지옥의 판결을 받았다면 지옥에 있는 여섯 지옥 중에서도 그가 받아야 할 지옥이 그의 앞에 펼쳐집니다. 그러면 지옥의 옥졸들은 그를 그곳으로 던져넣습니다. 그러면 그는 던져진 지옥에서 그가 지은 악업에 의한 과보를 받아야 합니다.

'저승사자의 경'에 보면, 지옥의 악업을 지은 자가 전생에서 선행했는지를 염라대왕이 심문하고 이를 판결합니다(M. Ⅲ. 183). 그러나 이렇게 선행의 확인을 통해서도 지옥에서 벗어날 기회를 놓친 자에게는 그의 앞에 여섯 지옥이 펼쳐집니다. 이렇게 염라대왕의 판결을 통해 그의 앞에 여섯 지옥이 펼쳐진 자가 있다면, 지옥의 옥졸들이 다가와서 그를 양쪽에서 붙잡고 그를 지옥으로 던져넣습니다. 이렇게 해서 그에게 아주 길고도, 멀며, 큰 지옥의 과보가 시작됩니다.

먼저, 지옥의 옥졸들은 그를 '달궈진 쇠막대기 지옥'으로 데려갑니다. 이곳에서는 그의 몸을 시뻘겋게 달궈진 쇠막대기로 지집니다. 여기에서는 그의 손을 지지고 발을 지지며 가슴을 지집니다. 이때 그는 괴롭고 아프고 격렬한 고통을 느낍니다. 그렇지만 그에게 악업이 남아 있는 한 그는 그곳에서 죽지도 못합니다.

두 번째로, 지옥의 옥졸들은 그를 '피부 벗겨내는 지옥'으로 데려갑니다. 이곳에서는 그의 몸을 바닥에 눕히고 도끼로 그의 피부를 벗겨냅니다. 이때 그는 괴롭고 아프고 격렬한 고통을 느낍니다. 그렇지만 그에게 악업이 남아 있는 한 그는 그곳에서 죽지도 못합니다.

세 번째로, 지옥의 옥졸들은 그를 '도끼로 내려치는 지옥'으로 데려갑니다. 이곳에서는 그의 발을 위로 묶고, 머리는 아래로 향하도록 매달아놓고 그의 몸을 도끼로 내려칩니다. 이때 그는 괴롭고 아프고 격렬한 고통을 느낍니다. 그렇지만 그에게 악업이 남아 있는 한 그는 그곳에서 죽지도 못합니다.

네 번째로, 지옥의 옥졸들은 그를 '불타는 땅 지옥'으로 데려갑니다. 이곳에서는 그의 몸을 마차에 묶고 시뻘겋게 달궈져서 뜨겁게 불타는 땅 위에서 이리저리 끌고 다닙니다. 이때 그는 괴롭고 아프고 격렬한 고통을 느낍니다. 그렇지만 그에게 악업이 남아 있는 한 그는 그곳에서 죽지도 못합니다.

다섯 번째로, 지옥의 옥졸들은 그를 '숯불 산 지옥'으로 데려갑니다. 이곳에서는 그를 시뻘겋게 달궈져 뜨겁게 불타는 커다란 숯불 산에서 오르내리게 합니다. 이때 그는 괴롭고 아프고 격렬한 고통을 느낍니다. 그렇지만 그에게 악업이 남아 있는 한 그는 그곳에서 죽지도 못합니다.

마지막으로, 지옥의 옥졸들은 그를 '불타는 가마솥 지옥'으로 데려갑니다. 이곳에서는 그의 발을 위로 묶고 머리는 아래로 향하도록 매달아놓고 시뻘겋게 달궈져서 뜨겁게 불타는 가마솥에 던져넣습니다. 그곳에서 그는 끓여지고 삶아집니다. 그는 한번은 위쪽으로 떠오르고 한번은 가라앉습니다. 이때 그는 괴롭고 아프고 격렬한 고통을 느낍니다. 그렇지만 악업이 남아 있는 한 그는 그곳에서 죽지도 못합니다.

이렇게 여섯 지옥의 과보를 받았지만, 아직 더 큰 악업에 의한 과보가 남아 있는 자가 있습니다. 그러면 염라대왕의 판결을 통해, 그는 그에게 남은 큰 악업에 의한 과보를 마저 받아야 합니다. 이를 통해 그의 앞에 그가 받을 대지옥이 펼쳐집니다. 그러면 지옥의 옥졸들은 그를 양쪽에서 붙잡고, 그의 앞에 펼쳐진 대지옥으로 그를 던져넣습니다. 이를 통해 그는 큰 악업에 의한 과보를 받게 됩니다.

○ 악업에 의한 여섯 개의 대지옥

악업에 의해 여섯 지옥의 과보를 받았지만, 아직 더 큰 악업의 과보가 남은 자가 있습니다. 그래서 그는 그가 지은 큰 악업에 의해 그의 앞에 펼쳐지는 여섯 대지옥의 과보를 받아야 합니다. 지

옥의 옥졸들은 그의 앞에 펼쳐지는 대지옥으로 그를 던져넣습니
다. 그러면 그는 이런 대지옥에서 그가 지은 악업에 의한 과보를
받아야 합니다.

'저승사자의 경'에 보면, 악업에 의한 과보를 받고도, 아직 더 큰
악업이 남아 있는 자가 있습니다. 그러면 지옥의 옥졸들은 이번에
는 그를 대지옥에 던져넣습니다(M. Ⅲ. 184~185). 이렇게 지옥에 던
져진 그는 여섯 대지옥의 과보를 받아야 합니다.

먼저, 그는 '철벽 대지옥'에 던져집니다. 이곳은 사각의 모양으로
되어 있으며 각각의 변에 네 개의 문이 세워져 있습니다. 그리고
벽은 철벽으로 되어 있으며 위는 쇠 지붕으로 덮여 있습니다. 또
한 바닥도 쇠로 되어 있는데 바닥은 항상 뜨겁게 데워집니다. 그
리고 벽 사이의 경계는 백 요자나에 이릅니다. 이때 동쪽의 벽에
서 화염이 솟아오르며 이는 서쪽의 벽에 부딪힙니다. 이번에는 서
쪽의 벽에서 화염이 솟아오르며 이는 동쪽의 벽에 부딪힙니다. 그
리고 북쪽의 벽에서 화염이 솟아오르며 이는 남쪽의 벽에 부딪힙
니다. 이번에는 남쪽의 벽에서 화염이 솟아오르며 이는 북쪽의 벽
에 부딪힙니다. 또한 아래쪽에서 일어나서 위쪽의 벽에 부딪히며
위쪽에서 일어나서 아래쪽의 벽에 부딪힙니다. 이를 겪는 그는 극
심하게 괴롭고 아프고 격렬한 고통을 느끼게 됩니다. 그렇지만 그
에게 악업이 남아 있는 한 그는 죽지도 못합니다.

이렇게 악업에 의한 과보를 받고도 아직 악업에 의한 과보가 남아 있는 자가 있습니다. 이때 그는 세월이 흘러 동쪽 문이 열릴 때 그곳으로 빨리 달려갑니다. 그의 피부는 태워지고, 살과 근육도 태워집니다. 그리고 뼈도 태워질 뿐만 아니라 그곳에서 빠져나오려 아무리 힘을 내도 그곳에서 빠져나올 수 없습니다. 드디어 문에 도착하면 문은 잠겨버립니다. 이때 그는 극심하게 괴롭고 아프고 격렬한 고통을 느낍니다. 그렇지만 그에게 악업이 남아 있는 한 그는 죽지도 못합니다. 다시 세월이 흘러 서쪽 문이 열릴 때 그는 이것을 다시 경험합니다. 또한 세월이 흘러 북쪽 문이 열릴 때 그는 이것을 다시 경험합니다. 다시 세월이 흘러 남쪽 문이 열릴 때 그는 이것을 다시 경험합니다. 그리고 드디어 세월이 흘러 다시 동쪽 문이 열릴 때 그는 그곳으로 빨리 달려갑니다. 그는 피부, 살, 근육 및 뼈 등이 태워져서 연기로 변하게 되는 고통을 느낍니다. 그러나 그는 이런 것을 참으며 가까스로 그 문을 빠져나옵니다.

그리고 이런 악업에 의한 과보를 받고도, 아직 더 큰 악업이 남아 있는 자가 있습니다. 그에게 '철벽 대지옥'이 끝남과 동시에 이번에는 '철벽 대지옥' 옆에 있는 똥으로 가득 찬 '똥물 대지옥'이 펼쳐지며, 지옥의 옥졸들이 그를 그곳에 던져넣습니다.

두 번째로, '똥물 대지옥'에는 많은 바늘이 솟아난 입을 가진 동물들이 있습니다. 그 동물들이 그의 피부를 자르고, 살, 근육 및 뼈를 자릅니다. 그리고 그의 골수를 먹어버립니다. 이때 그는 극심하게 괴롭고 아프고 격렬한 고통을 느낍니다. 그렇지만 그에게 악업이 남아 있는 한 그는 죽지도 못합니다. 그리고 이런 악업에 의한 과보를 받고도, 아직 더 큰 악업이 남아 있는 자가 있습니다. 그에게 '똥물 대지옥'이 끝남과 동시에 그 옆에 있는 숯불이 시뻘겋게 달궈진 '뜨거운 재 대지옥'이 펼쳐지며, 지옥의 옥졸들이 그를 그곳에 던져넣습니다.

세 번째로, '뜨거운 재 대지옥'에서 그는 뜨거운 재에 의해 그의 피부, 살, 근육 및 뼈 등이 타버립니다. 이때 그는 극심하게 괴롭고 아프고 격렬한 고통을 느끼게 됩니다. 그렇지만 그에게 악업이 남아 있는 한 그는 죽지도 못합니다. 그리고 이런 악업에 의한 과보를 받고도 아직 더 큰 악업이 남아 있는 자가 있습니다. 그에게 '뜨거운 재 대지옥'이 끝남과 동시에 그 옆에 있는 커다란 가시나무 숲의 '큰 가시나무 대지옥'이 펼쳐지며, 지옥의 옥졸들이 그를 그곳에 던져넣습니다.

네 번째로, '큰 가시나무 대지옥'은 높이가 일 요자나이고, 열여섯 개나 되는 손가락 크기의 가시를 가졌으며, 거기서는 뜨거운 화염을 내뿜고 있습니다. 그는 그 나무를 오르내리기를 반복하게 됩니다. 이때 그는 극심하게 괴롭고 아프고 격렬한 고통을 느끼게 됩니다. 그렇지만 그에게 악업이 남아 있는 한 그는 죽지도 못합니다. 그리고 이런 악업에 의한 과보를 받고도 아직 더 큰 악업이 남아 있는 자가 있습니다. 그에게 '큰 가시나무 대지옥'이 끝남과 동시에 그 옆에 있는 '큰 칼 잎나무 대지옥'이 펼쳐지며, 지옥의 옥졸들이 그를 그곳에 던져넣습니다.

다섯 번째로, 그는 '큰 칼 잎나무 대지옥'에서 바람이 불 때마다, 나뭇잎이 그의 손을 자르고, 다리를 자르며, 귀와 코를 자르는 것을 겪게 됩니다. 이때 그는 극심하게 괴롭고 아프고 격렬한 고통을 느끼게 됩니다. 그렇지만 그에게 악업이 남아 있는 한 그는 죽지도 못합니다. 그리고 이런 악업에 의한 과보를 받고도, 아직 더 큰 악업이 남아 있는 자가 있습니다. 그에게 '큰 칼 잎나무 대지옥'이 끝남과 동시에 그 옆에 있는 '큰 양잿물 강 대지옥'이 펼쳐지며, 지옥의 옥졸들이 다가와 그를 양쪽에서 잡고 그를 그곳에 던져넣습니다.

마지막으로, 그는 '큰 양잿물 강 대지옥'에서 흐름에 따라 운반되기도 하고, 흐름을 거슬러 운반되기도 합니다. 그리고 흐름을 따르다가도 거스르며 운반되기도 합니다. 이때 그는 극심하게 괴롭고 아프고 격렬한 고통을 느끼게 됩니다. 그렇지만 그에게 악업이 남아 있는 한 그는 죽지도 못합니다. 그리고 아직 그에게 남아 있는 악업이 있다면, 그는 악업에 의한 과보를 받아야 합니다. 그래서 지옥의 과보가 아직 남아 있는 그의 앞에 염라대왕의 판결로 '아사 지옥'이 펼쳐집니다. 그러면 지옥의 옥졸들이 다가와 그를 양쪽에서 붙잡고, 그의 앞에 펼쳐진 '아사 지옥'으로 그를 던져넣습니다. 이렇게 그는 '둘 아사 지옥'의 고통을 받게 됩니다.

○ 둘 아사 지옥

악업에 의해 '여섯 대지옥'의 과보를 받았지만, 아직 악업이 남아 있는 자가 있습니다. 그래서 그는 아직 남아 있는 악업에 의한 과보를 받기 위해 그의 앞에 펼쳐지는 '둘 아사 지옥'으로 보내집니다. 이렇게 지옥의 옥졸들은 그를 그곳으로 데려갑니다.

'저승사자의 경'에 보면, 이렇게 큰 악업에 의해 지옥의 과보를 받고도, 아직 악업이 남아 있는 자가 있습니다(M. Ⅲ. 186). 지옥의 옥졸들은 그를 낚싯바늘로 건져올리고, 그를 땅에 내려놓고 묻습니다. 그대여 무엇을 원하는가? 그가 배가 몹시 고프다고 대답하자 지옥의 옥졸들은 그에게 달려들어 그를 아사 지옥으로 데려갑니다.

먼저, 지옥의 옥졸들은 그에게 펼쳐진 '달궈진 쇳덩이 아사 지옥'으로 데려갑니다. 이곳에서 지옥의 옥졸들은 그에게 달려들어 뜨겁게 불타서 시뻘겋게 달궈진 쇠막대기로 그의 입을 벌리고 뜨겁게 불타서 시뻘겋게 달궈진 쇳덩이를 그의 입에 집어넣습니다. 그러자 이렇게 그의 입으로 들어간 쇳덩이는 그의 입술도 태우고 입도 태우며 목구멍도 태우고 가슴, 위장 및 대장도 태우며 드디어 항문으로 나옵니다. 이때 그는 극심하게 괴롭고 아프고 격렬한 고통을 느낍니다.

그렇지만 그에게 악업이 남아 있는 한 그는 죽지도 못합니다. 지옥의 옥졸들이 그에게 다시 묻습니다. 그대여 무엇을 원하는가? 그가 이번에는 목이 몹시 마르다고 합니다.

두 번째로, 지옥의 옥졸들은 그에게 달려들어 그에게 펼쳐진 '달궈진 구리 물 아사 지옥'으로 데려갑니다. 이곳에서 지옥의 옥졸들은 그에게 달려들어 뜨겁게 불타서 시뻘겋게 달궈진 쇠막대기로 그의 입을 벌리고, 뜨겁게 불타서 시뻘겋게 달궈진 구리 물을 그의 입에 집어넣습니다. 이렇게 그의 입으로 들어간 구리 물은 그의 입술도 태우고 입도 태우며 목구멍도 태우고 가슴, 위장 및 대장도 태우고 드디어 항문으로 나옵니다. 이때 그는 극심하게 괴롭고 아프고 격렬한 고통을 느낍니다.

그렇지만 그에게 악업이 남아 있는 한 그는 죽지도 못합니다. 이렇게 악업에 의한 '아사 지옥'의 과보를 받고도, 아직 큰 악업이 남아 있는 자가 있습니다. 그런 자가 있다면 염라대왕의 판결로 그의 앞에 다시 '대지옥'이 펼쳐집니다. 그러면 지옥의 옥졸들이 그를 양쪽에서 붙잡고, 그의 앞에 다시 펼쳐진 '대지옥'으로 그를 다시 던져넣습니다. 이렇게 그는 악업이 끝날 때까지 수억 겁의 긴 시간 동안이라도 지옥의 과보를 받아야 합니다. 이렇게 악업에 의한 과보는 악업이 다할 때까지 악업을 지은 자를 계속해서 쫓아다닙니다. 그래서 이런 악업을 피할 곳은 세상 어디에도 없습니다.

그런데 이런 과정을 염라대왕이 모두 옆에서 지켜봅니다. 그리고 염라대왕은 악업을 지은 자들에 대해 심문, 판결과 집행을 하며, 이들이 지옥의 과보를 받는 과정을 자세히 옆에서 지켜봅니다. 이를 통해 염라대왕은 "참으로 세상 사람들은 그가 지은 악업에 의해 고통스러운 과보를 받게 된다"는 것을 알게 됩니다. 그래서 염라대왕은 "나는 인간이 되어서 붓다를 뵙고, 그를 섬겨서 법을 바르게 알고, 완전히 해탈하고자 한다. 이것은 누구에게 들어서 말하는 것이 아니라. 내가 스스로 보고, 듣고, 알게 되어 말하는 것이다"라고 말합니다(M. Ⅲ. 186). 이렇게 지옥의 과보를 잘 아는 염라대왕조차도 인간계에 태어나 붓다를 뵙고, 그의 가르침을 배우고 익혀서 열반에 들어 지옥의 과보에서 완전히 벗어나기를 서원합니다.

이와 같은 저승사자의 경고에도 불구하고 어리석으며 방일하여 게으른 자들은 지옥으로 가게 되는 악업을 짓습니다. 그러면 이들은 지옥의 과보를 받게 됩니다. 그래서 이런 어리석음에서 벗어나기 위해서는 붓다의 가르침을 배우고 익혀서 어리석음인 탐·진·치에서 벗어나야 합니다. 이렇게 악업을 짓게 되면 가게 되는 '지옥의 세계'를 그림으로 나타내면 다음과 같습니다.

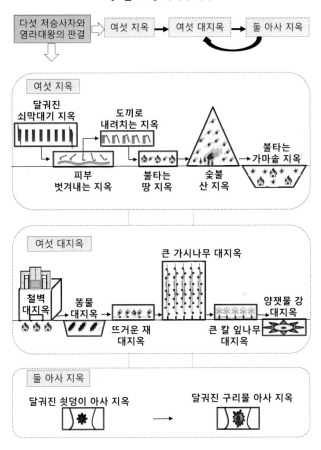

[그림 II-5] 지옥의 세계

다섯 저승사자와 염라대왕의 판결 ⇨ 여섯 지옥 → 여섯 대지옥 → 둘 아사 지옥

여섯 지옥

달궈진 쇠막대기 지옥　도끼로 내려치는 지옥
피부 벗겨내는 지옥　불타는 땅 지옥　숯불 산 지옥　불타는 가마솥 지옥

여섯 대지옥

철벽 대지옥　똥물 대지옥　뜨거운 재 대지옥　큰 가시나무 대지옥　큰 칼 잎나무 대지옥　양잿물 강 대지옥

둘 아사 지옥

달궈진 쇳덩이 아사 지옥 → 달궈진 구리물 아사 지옥

　이런 지옥을 일컬어 무간지옥, 아비지옥, 대규환지옥 등이라고
도 부르며, 한번 이런 지옥에 발을 들여놓으면 그곳에서 빠져나오
는 것은 어렵습니다. 그래서 사람이 이렇게 참혹한 지경에 빠져
울부짖는 모습을 보고 이를 아비규환이라고도 합니다. 또한 지옥

의 구분을 팔열지옥(무간지옥, 대초열지옥, 초열지옥, 대규환지옥, 규환지옥, 중합지옥, 흑승지옥, 등활지옥)과 이와 대비되는 팔한지옥으로 구분하기도 합니다.

이처럼 불선한 악업을 지은 자는 사악처에 태어나는 과보를 받게 됩니다. 이때 특히 지옥의 과보를 지은 자는 지옥의 옥졸들이 그를 염라대왕 앞으로 데려갑니다. 그리고 염라대왕은 다섯 저승사자를 통해 그들이 선행했는지를 심문하고 이를 통해 최종 판결을 내립니다. 그리고 죄를 지은 자는 그들의 과보에 따라 펼쳐지는 '여섯 지옥'을 거치고, 거기서도 지옥의 큰 악업이 남아 있는 자는 '여섯 대지옥'의 고초를 겪게 됩니다. 또한 여기서도 지옥의 악업이 남아 있는 자는 '둘 아사 지옥'의 과보를 받게 되며, 여기서도 큰 악업이 남아 있는 자가 있다면 그는 '여섯 대지옥'으로 다시 보내져 지옥을 순환하며, 남아 있는 악업에 의한 지옥의 과보를 받게 됩니다.

이렇게 지옥에 한번 발을 들여놓으면 지옥의 과보가 끝나지 않는 한 수억 겁의 시간을 거쳐서도 이곳에서 빠져나올 수 없습니다. 왜냐하면 지옥에서는 선업을 쌓을 기회조차 없기 때문입니다. 그러니 현생에서 조금이라도 선업을 쌓아놓는 것이 좋습니다. 그러면 이렇게 쌓은 선업의 끈을 발판으로 해서 지옥에서 빠져나올 수 있는 끈을 만들 수 있기 때문입니다. 그래서 과거에 악행을 저질렀더라도 지금부터는 선업을 쌓아야 합니다. 그것이 혹시라도 모를 고통으로 가득한 지옥의 과보를 피하고 이를 대비하는 길입니다.

○ 염라대왕

염라대왕은 다양한 의미가 있으며 주석한 위치에 따라 여러 세계에서 여러 임무를 수행하는 존재의 의미가 있습니다. 그래서 염라대왕에는 지옥의 세계를 관장하는 염라대왕이 있으며, 야마천의 염라대왕도 있고, 사악처를 관장하는 염라대왕도 있으며, 아귀의 왕인 염라대왕도 있습니다. 이처럼 염라대왕은 주석한 위치에 따라 여러 의미로 불리며, 지옥에서부터 천계에 이르기까지 다양한 세계를 관장합니다.

'맛지마니까야'의 '저승사자의 경'을 보면, 사왓티 시의 제따 숲에 있는 기원정사에서 붓다는 염라대왕에 관해 이야기합니다(M. Ⅲ. 179). 그리고 이에 대한 주석서를 통해, 사악처를 관장하는 염라대왕 또는 야마왕이 있음을 알 수 있습니다. 야마(Yama)의 음역은 염라입니다. 이들은 태초에 사신의 세계, 유령이 떠도는 세계인 영계의 세계를 관장하고 있었습니다. 그래서 처음에 이 둘은 같은 의미였지만, 점차 관장할 세계가 늘어나게 되자 염라대왕은 지옥의 세계를 관장하는 죽음의 신으로 불리며, 야마왕은 나머지 사악처의 세계를 관장하는 신으로 불리게 됩니다.

그뿐만이 아닙니다. 천상의 야마(Yāma)천은 야마(Yama)왕과는 표식이 다르며, 야마천은 천상의 행복을 두루 갖추고 있는 천상입니다. 그래서 염라대왕을 천상에 있는 아귀의 왕이라고도 합니다 (대림 2012 : 4권 365). 그러나 이런 염라대왕도 고통으로 가득한 지옥의 세계에서는 벗어나고자 합니다.

나. 악마 빠삐만의 공격과 굴복

악마 빠삐만은 붓다가 깨달음을 얻게 되면 자신의 세계가 무너질까 봐 전전긍긍하며, 두려워합니다. 그래서 붓다가 수행자일 때 붓다를 수없이 공격합니다. 또한 악마 빠삐만은 인간의 마음을 악함으로 물들이고, 인간을 통해 자신의 세계를 넓히기 위해 자신에게 속한 악마의 군단을 보내 인간을 끊임없이 공격합니다. 그러나 악마 빠삐만의 이런 두려운 공격도 수행으로 얻게 되는 고요함과 열반을 당해내지 못합니다.

○ 악마 빠삐만을 물리치는 모습

악마 빠삐만이 있습니다. 그는 청정하게 수행하는 붓다에 의해 자기의 영역을 침해받을까 두려워합니다. 그래서 붓다가 수행자로서 수행하는 칠 년 내내 그를 쫓아다니며 그의 수행을 방해합니다. 그러나 수행자인 붓다는 이에 굴하지 않고 마음을 고요히 하며 번뇌를 제거합니다. 이를 통해 악마 빠삐만의 굴복을 받습니다. 이렇게 붓다에게 굴복한 악마 빠삐만은 슬픔에 잠겨 붓다의 앞에서 사라집니다.

'쌍윳따니까야'의 '뱀의 경'에 보면, 라자가하 시의 벨루바나 숲에 있는 깔란다까니바빠 공원에서 붓다에게 살며시 다가오는 악마 빠삐만을 볼 수 있습니다(S. I. 106). 여기를 보면, 비가 내리는 밤에 마을에는 칠흑 같은 어둠이 깔려 있었습니다.

이때 악마 빠삐만은 공원에 앉아 있는 붓다를 발견하고는 커다란 뱀 왕의 모습으로 변신해서 붓다에게 살며시 다가갑니다. 그리고 그는 붓다에게 두려움과 공포를 일으키기 위해 입에서 쉬쉬 소리를 내는데, 그 소리는 마치 대장장이의 풀무질 소리와 같았으며, 흡사 천둥소리와도 같았습니다. 또한 두 눈을 놋쇠 그릇과 같이 째지게 뜨고 상대방을 노려보듯이 하며, 붓다에게로 무서운 기세로 다가왔습니다. 그때 붓다는 이것이 악마 빠삐만인 것을 알아차리고는 고요한 시구로써 그를 다스립니다. "그대여! 땅과 하늘이 갈라지고, 땅이 꺼지며, 천둥과 번개가 내리치더라도, 그리고 가슴에 화살이 겨누어져도, 깨달은 존재는 그것에 집착이 없으며, 놀라지 않는다."
이렇게 자기의 무서운 모습을 보고도, 붓다가 마음에 고요를 갖추고 있는 것을 보고서는 악마 빠삐만은 슬퍼하고 괴로워하다가, 이내 사라집니다. 그래서 마음을 고요하게 하고 번뇌에 집착하지

않는다면 악마 빠삐만도 두려워할 것이 없습니다. 이것이 붓다가
악마 빠삐만을 물리치는 모습입니다.

○ 악마의 군단

악마의 군단은 수시로 사람의 마음속으로 쳐들어옵니다. 특히 악
마의 여덟 군단은 깃발을 흔들며 요란하게 공격하기도 하고, 어둠을
틈타서 조용히 공격하기도 합니다. 그러나 악마의 막강한 군단도 인
간의 고요하고 선한 마음을 당해내지는 못합니다. 그래서 인간의
선한 마음은 능히 악마의 여덟 군단을 물리칠 수 있습니다.

'숫타니파타' '정진의 경'에 보면, 네란자라강 기슭에서 붓다는 악
마에 관해 이야기합니다(Stn. 436~437). 여기를 보면, 수행자인 싯
다르타는 네란자라 강에서 목욕하고 몸을 추스른 후에 보리수나
무 아래서 고요히 선정에 들어 깨달음의 길을 갑니다.

이때 악마 빠삐만이 쳐들어옵니다. 그런데 악마 빠삐만에게는 여
덟 군단이 있습니다. 이런 군단은 욕망, 혐오, 기갈, 갈애, 권태와 수
면, 공포, 의혹, 위선과 고집입니다. 또한 삿된 칭송과 삿된 명성, 삿
된 칭찬과 경멸도 보조군으로 있습니다. 이렇게 악마 빠삐만은 수
시로 이런 여덟 군단을 보내 사람들에게 괴로움을 안겨줍니다. 그래
서 마음이 어두운 자는 이런 악마 군단의 공격을 당해내지 못하고

여기에 굴복당합니다. 그러나 악마 빠삐만이 이런 자신의 최정예인 여덟 군단을 동원해서 수행자인 붓다를 공격하더라도, 그는 여기에 굴하지 않고 더욱 고요함을 이룹니다. 이렇게 고요함 속에 있으면서 붓다는 악마 빠삐만에게 다음과 같이 말합니다. "코끼리 위에 올라타고, 깃발을 높이 든 악마 빠삐만이 공격해 올 때 신들과 세상 사람들은 그를 정복하지 못하지만, 붓다는 사유를 다스리고 사띠를 확립하며 지혜로써 그들을 정복한다."

이처럼 악마 빠삐만은 칠 년 동안이나 수행자인 붓다를 따라다니며 호시탐탐 그를 정복하려고 했지만, 붓다는 악마 빠삐만의 군단을 굴복시키고 마침내 올바른 깨달음을 증득합니다. 이처럼 악마 빠삐만의 여덟 군단의 공격은 붓다에게 위해를 가하지 못합니다. 이는 무언가 맛있는 것을 발견하고는 바위에 도착한 까마귀가 바위에는 맛있는 것이 없다는 것을 알고는 실망해서 바위를 떠나는 것과 같습니다. 이렇듯 악마 빠삐만은 슬퍼하며 그곳에서 이내 사라지고 말았습니다. 이런 악마 빠삐만의 여덟 군단을 표로 나타내면 다음과 같습니다.

[표 II-19] 악마 빠삐만의 여덟 군단

구분	여덟 군단	보조군
악마의 군단	욕망, 혐오, 기갈, 갈애, 권태와 수면, 공포, 의혹, 위선과 고집	삿된 칭송과 삿된 명성, 삿된 칭찬과 경멸

이처럼 악마 빠삐만은 사람의 마음에 탐·진·치가 일어나 괴로움에 빠지게 하려고 여덟 군단을 수시로 동원해서 사람의 마음을 공격합니다. 그리고 사람이 여기에 한 번 굴복하기 시작하면, 더 센 군단을 보내 결국은 그 사람의 마음을 불선한 마음작용으로 정복해버립니다. 이런 방식이 악마 빠삐만이 사람을 굴복시키는 방법입니다.

그래서 이렇게 악마의 군단에 정복당한 사람은 현생에서는 괴로움 속에 빠져서 살게 되고, 몸이 파괴되어 죽은 뒤에는 사악처로 떨어지게 됩니다. 그러니 인생을 살면서 선한 마음을 증장시켜야 합니다. 그래서 악마 빠삐만의 군단이 마음에 들어올 수 없도록 해야 하며, 이들에 굴복하지 말아야 하고, 이들을 물리쳐야 합니다.

○ 악마와 열반

불선한 마음을 만들어내는 악마의 군단도 열반에서 나타나는 지혜의 힘에는 상대가 되지 못합니다. 이처럼 지혜의 힘을 통해 발생하는 고요함과 지혜를 악마의 군단은 가장 두려워합니다. 그래서 이를 통해 악마의 군단을 능히 무찌를 수 있게 됩니다.

'쌍윳따니까야'의 '농부의 경'에 보면, 인간은 현생에 사는 삶에서 육근인 눈·귀·코·혀·몸·정신이 작용하고 있습니다(S. I. 115). 여기를 보면, 욕계에 사는 인간은 육근인 눈·귀·코·혀·몸·정신을 통해 감각적 욕망을 키우며 살아가고 있습니다.

그런데 이런 육근이 있는 곳에는 항상 악마 빠삐만이 함께합니다. 그래서 자칫 여기에 집착하면 감각적 욕망의 노예로 살아가게 됩니다. 그러나 악마 빠삐만은 육근이 없는 곳에는 가지 못합니다. 그곳이 바로 열반입니다. 그리고 열반에서는 육근의 눈이 아닌 지혜의 눈으로 사물을 보고, 듣고, 냄새 맡으며, 맛보고, 감촉을 느끼며, 사유하게 됩니다. 그래서 열반에서는 감각적 욕망에 의한 괴로움이 없습니다.

이처럼 악마 빠삐만의 유혹에서 벗어나고, 인간 삶의 괴로움에서 벗어나려면 선한 마음을 닦고, 마음에 고요함과 깨달음의 지혜를 얻어 열반을 증득해야 합니다.

○ 악마 빠삐만의 세 명의 딸

악마 빠삐만에게는 3명의 딸이 있습니다. 그는 이 딸들을 무척 자랑스러워합니다. 이들은 딴하(tanha, 갈애), 아라띠(arati, 불만), 라가(raga, 탐욕)입니다. 이들은 악마 빠삐만의 근처에 살면서, 갈애·불만·탐욕의 끈으로 사람들을 유혹합니다.

'쌍윳따니까야'의 '악마의 딸들에 대한 경'에 보면, 악마 빠삐만은 붓다를 굴복시키려고 갖은 방법을 동원해서 붓다를 공격합니다. 그러나 그는 번번이 실패합니다(S. I. 124~125). 그래서 악마 빠삐만은 그의 힘으로는 더는 붓다를 굴복시킬 수 없다는 것을 알게 되자 한없이 슬퍼합니다. 그리고 그는 붓다의 앞에서 조용히 사라집니다.

이런 상황을 근처에서 지켜보고 있던 악마 빠삐만의 세 명의 딸들이 그에게 나타납니다. 그리고 자기들이 붓다를 탐욕의 끈, 불만의 끈 및 갈애의 끈으로 꽁꽁 묶어서 데려오겠다고 합니다. 이렇게 말하고선 이들은 붓다를 찾아갑니다. 그리고 먼저 딴하가 자신이 가진 갈애의 끈으로 붓다를 유혹하려고 합니다. 그러나 붓다는 갈애에서 벗어났으므로 이런 유혹에 넘어가지 않습니다. 그러자 이번에는 세 명의 딸들이 백 명의 소녀로 변해서 붓다에게 갈애, 불쾌 및 탐욕을 일으키려고 합니다. 그러나 이번에도 붓다는 집착을 여의고 해탈하였으므로 여기에 유혹되지 않습니다. 다시 세 명의 딸들은 백 명의 처녀로 변해서 붓다를 유혹합니다. 그러나 이것도 실패합니다. 그러자 이번에는 아이를 낳은 백 명의 부인으로 변해서 붓다를 유혹합니다. 또한 이것도 실패하자, 이번에는 두 번 아이를 낳은 백 명의 부인으로 변해서 붓다를 유혹합니다. 이것도 실패하자, 이번에는 중년의 백 명의 부인으로 변해서 붓다를 유혹합니다. 이것도 실패하자, 다음에는 백 명의 노파의 모습으로 변해서 붓다를 유혹합니다. 그러나 붓다는 깨달음을 얻어서 이런 영역을 뛰어넘은 자입니다. 그래서 이런 갈애의 끈, 불만의 끈 및 탐욕의 끈으로 그를 묶을 수는 없었습니다.

이렇게 갈애, 불쾌 및 탐욕을 일으키는 악마의 세 명의 딸들도 결국 붓다를 유혹하지 못하고, 이들의 끈으로 붓다를 묶지도 못했습니다. 그리고 아버지인 빠삐만의 말이 맞았음을 인정하고는 슬픔에 몸부림치며 붓다의 곁에서 사라집니다.

이처럼 고통이 가득한 지옥의 과보에서 벗어나려면 악마의 유혹에 넘어가서 악업을 지으면 안 됩니다. 그리고 악마의 어떤 군단도 수행을 통해 얻게 되는 고요와 열반을 이기지 못합니다. 그러니 수행을 통해 마음을 고요하게 다스려야 합니다.

다. 군인의 잘못된 사랑

다른 사람을 억울하게 죽인다면 그는 죽어서 아비지옥의 과보를 받게 됩니다. 그뿐만이 아니고, 그가 이렇게 해서 지은 죄가 있다면 그는 그가 지은 죄의 수천 배 이상의 큰 불선한 과보를 받게 됩니다. 그러니 매사의 행에 주의를 기울여야 합니다. 그리고 주위에 자신의 행동으로 인해 억울한 사람이 없는지 살펴봐야 합니다.

'담마파다'의 '자기의 품'을 보면, 사왓티 시의 제따 숲에 있는 기원정사에서 붓다는 수행승들에게 '스스로 행한 악은 자기로부터 생겨나서 자기가 받게 되며, 이것은 다이아몬드가 단단한 보석을 부수듯 지혜롭지 못한 자를 부순다'에 대한 이야기를 합니다(Dhp. 161). 그리고 이에 대한 주석서를 보면, 한 승원에 재가 신도인 마라깔라가 수행을 하고 있었습니다(DhpA. Ⅲ. 149~152). 그런데 재가 신도인 마라깔라는 수행을 하는 동안에는 매일 저녁에 승원으로 들어가서 밤새 법문을 들으며 지냅니다.

어느 날 한 집에 도둑이 들었습니다. 이때 도둑들은 집의 곳곳을 돌아다니며, 금고 등에 있는 귀중품들을 도둑질합니다. 그런데 이런 도둑들의 달그락거리는 소리에 집주인과 하인들이 잠에서 깹니다. 이들은 집에 도둑이 든 것을 알아채고, 도둑을 잡으려고 모두 몰려나옵니다. 그러자 도둑들은 모두 흩어져서 도망을 칩니다. 이때 한 도둑이 도망을 가다, 근처에 있는 승원으로 숨어듭니다. 그때 밤새 법문을 들은 후에 연못에서 얼굴을 씻고 있는 마라깔라와 도둑이 마주칩니다. 그러자 당황한 도둑은 마라깔라의 발 아래에 훔친 물건들을 모두 버리고 황급히 달아나버립니다. 이어서 도둑의 뒤를 쫓아온 집주인과 하인들은 마라깔라의 앞에 있는 물건들을 보고는 그를 도둑으로 오인합니다. 그리고 그에게 달려들어서 그를 거세게 밀치며 때립니다. 그런데 이로 인해 주먹을 잘못 맞고 넘어진 마라깔라는 돌에 머리를 부딪쳐서 그 자리에서 죽게 됩니다. 그러자 그들은 마라깔라의 시체를 연못가에 던져버리고는 물건을 챙겨서 집으로 돌아가버립니다. 다음 날 아침 수행승들은 연못가에 죽어 있는 마라깔라의 시체를 발견합니다. 그리고 이런 사태의 부당함을 붓다께 고합니다.

이에 붓다는 마라깔라의 전생을 살펴봅니다. 그리고 이런 안타까운 상황은 그가 전생에 군인이었을 때 지은 악행에 의한 업의 과보라며, 이를 수행승들에게 들려줍니다. 마라깔라의 전생에 바라나씨의 변방에는 도적들이 자주 출몰했습니다. 그래서 왕은 그곳에 군인들을 배치하고, 군인들에게 그곳을 지키게 합니다. 그때 한 사람이 수레에 아름다운 아내를 태우고 그곳을 지나가고 있었습니다. 그런데 그곳을 지키고 있던 군인이 수레의 여인을 보고는 첫눈에 사랑에 빠집니다. 그래서 군인은 그들에게 이곳에서 하룻밤 묵으라고 하고서는, 자기가 가지고 있는 보석을 수레에 몰래 실어놓습니다. 다음 날 아침에 군인은 보석을 잃어버렸다고 왕에게 거짓으로 보고합니다. 그리고 이를 조사하던 중에 수레 주인에게 보석을 훔친 누명을 씌웁니다. 이어서 재판이 벌어지고, 수레 주인은 보석을 훔친 도적으로 몰립니다. 그리고 도적에 의해 큰 피해를 봤던 지역의 재판으로 그는 억울한 죽임을 당하게 됩니다. 이렇게 마라깔라는 전생에 군인이었을 때 수레 주인에게 억울한 누명을 씌워 그를 죽게 만든 자입니다. 이때 있었던 악업으로 인해서 군인은 죽어서 아비지옥에 태어납니다. 그리고 여기에서 고통을 겪다가 그 후에 인간 세상에 태어납니다. 그런데 인간 세상에 태어나는 매번의 생마다 그는 죄를 뒤집어쓰고, 이런 억울한 죄로 인해 맞아서 죽임을 당하게 됩니다.

이렇게 스스로 행한 악은 자기로부터 생겨나서 자기가 받게 됩니다. 그리고 다른 사람을 억울하게 죽게 한 악업은 아비지옥의 과보로 나타나며, 이는 수많은 생을 거쳐서 일어납니다. 그러니 악행에 의한 과보는 실로 말로 표현할 수 없을 정도로 아주 큽니다. 그러니 고통으로 가득한 아비지옥의 과보를 피할 수 있도록 선업을 쌓아야 합니다.

○ 요정과 같은 유행녀 마나비까의 모욕

깨달은 성자를 거짓으로 모욕하거나, 그에게 그릇된 행을 범한 자는 죽어서 아비지옥의 과보를 받게 되며, 자기가 지은 죄의 수천 배 이상으로 큰 불선한 과보를 받게 됩니다. 이렇게 성자의 청정함만큼이나 받게 되는 과보도 배가 되므로, 깨달은 성자에게 하는 그릇된 행으로 세상에 바르게 나기를 포기하지 말아야 합니다.

'담마파다'의 '세상의 품'을 보면, 사왓티 시의 제따 숲에 있는 기원정사에서 붓다는 수행승들에게 '진리의 가르침을 어기고 거짓을 말하는 자이거나, 저 세상에 바르게 나기를 포기한 자에게 행해지지 않을 악이 없다'에 대한 이야기를 합니다(Dhp. 176). 그리고 이에 대한 주석서를 살펴보면, 붓다는 깨달음을 성취하고 난 후에 많은 제자를 성자의 흐름에 들게 합니다(DhpA. Ⅲ. 178~183). 그래서 붓다는 이런 전법을 통해 신들과 인간들로부터 상당한 신망을 얻었으며, 그들로부터 존경을 받게 됩니다.

그러자 이런 상황을 옆에서 보고 있던 이교도들은 붓다가 주위로부터 존경과 신망을 점점 많이 받게 되자, 이를 시기하고 질투하기 시작합니다. 그래서 이교도들은 모임을 열어서 붓다와 승가에 대한 신망과 존경을 떨어트리기 위한 방도를 논의합니다. 그리고 마을에 사는 요정과 같이 아름다운 유행녀 마나비까를 이용해 붓다의 신망에 치욕을 안겨주어서 붓다에 대한 명성을 떨어뜨리기로 합니다. 이렇게 계획을 세우고 이교도들은 유행녀 마나비까를 사주합니다. 이렇게 이교도들에게서 사주를 받은 마나비까는 붓다의 명성을 떨어뜨리기 위해 붓다가 있는 승원으로 갑니다.

이렇게 그녀는 저녁 무렵에 사왓티의 시민들이 붓다에게서 법문을 듣고 승원에서 나올 때 거꾸로 향과 꽃다발을 들고 승원으로 들어갑니다. 그러나 실제로 잠은 승원 근처에 있는 이교도의 집에서 잠을 잡니다. 그리고 아침이 돼서 시민들이 승원으로 들어올 때면 거꾸로 승원 밖으로 나갑니다. 이렇게 한 달이 지나자, 시민들은 그녀에게 승원에 저녁에 들어가서 아침에 나오는 이유를 묻습니다. 그러자 그녀는 붓다의 향실에서 붓다와 같이 지낸다고 거짓으로 그들에게 말합니다. 그리고 서너 달이 지나자 그녀는 천조각과 둥근 나무로 배를 감싸고 임신한 것처럼 꾸며서 법문을 하는 붓다를 찾아갑니다. 그리고 대중들이 보는 앞에서 붓다를 모욕하려고 합니다.

그러나 붓다가 진실에 대한 사자후를 토해내자, 이를 들은 제석천과 신들이 바람을 일으켜서 마나비까의 배를 부풀게 한 둥근 나무와 천 조각을 배에서 떨어뜨리게 합니다. 이를 통해 모욕에 대한 진실은 밝혀지고 대중들은 기원정사의 숲 밖으로 그녀를 쫓아냅니다. 그리고 붓다의 시야에서 보이지 않는 곳까지 마나비까가 멀어지게 되자, 갑자기 땅이 꺼지면서 천 길의 아비지옥이 그녀를 삼킵니다.

이렇게 진리의 가르침을 따르지 않고 저세상에 바르게 나기를 포기한 자에게는 행해지지 않을 악이 없습니다. 그러니 이 세상에 바르게 나기를 포기하지 말아야 합니다. 이것은 자신의 미래 생을 포기하는 것입니다. 그래서 자신의 미래 생에 고통으로 가득한 지옥에 떨어지지 않고 행복해지기를 원한다면, 악행을 저지르지 말고 선행을 해야 합니다.

라. 지옥으로 향하는 길

인간의 삶을 통해서 불선한 의도를 갖고 불선한 행을 하면 그런 행을 한 자는 사악처인 지옥, 아귀, 축생, 아수라의 세계에 태어납니다. 그리고 이런 불선한 행은 그를 점차로 사악처 중에서도 최악인 지옥으로 향하게 하는 악업을 낳게 합니다. 이렇게 그는 사악처의 과보를 통해 점차로 지옥을 향해 나아가게 됩니다.

사람은 선한 의도를 갖고 선한 행을 하게 되면 그런 행을 한 자는 천상이나 범천의 세계에 태어나거나, 성자의 흐름에 들게 됩니다. 이 중에서도 집중 수행을 하면 색계나 무색계의 범천에 들게 되며, 이 때는 기쁨, 행복 및 고요함을 얻게 됩니다. 그리고 통찰 수행하게 되면 성자의 흐름에 들어 대행복과 대자유를 증득하게 됩니다.

  이처럼 선한 의도에 의한 선한 행은 그를 천상으로 인도하지만, 불선한 의도에 의한 불선한 행은 그를 사악처로 인도합니다. 그런데 이렇게 불선한 의도에 의해 불선한 행을 하게 되면 이런 행은 악업의 크기를 더욱 악화시킵니다. 그래서 불선한 업은 점차로 지옥의 악업을 발현시키며, 이를 통해 그는 지옥의 과보를 받게 됩니다. 따라서 이렇게 지옥의 방향으로 가게 하는 불선한 의도의 연결고리를 끊어야 합니다. 이런 '지옥으로 향하는 길'에 대해 이를 그림으로 나타내면 다음과 같습니다.

[그림 II-6] 지옥으로 향하는 길

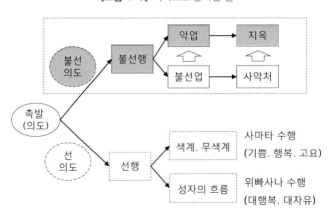

이처럼 불선한 의도는 지옥으로 가는 불선한 길로 사람을 인도합니다. 이런 지옥에서는 괴로움이 끝없이 지속합니다. 그래서 지옥에서는 선한 행위를 할 시간이 주어지지 않습니다. 이렇게 지옥의 과보가 시작되면 괴로움은 지속합니다.

그러나 이를 피하려면 현생에서 미리 선처에 나는 수행을 해두어야 합니다. 그래야 지옥의 과보에서 빠져나올 수 있습니다. 이것은 일종의 생전예수입니다. 여기에는 색계와 무색계에 드는 집중수행(사마타 수행)과 성자의 흐름에 드는 통찰 수행(위빠사나 수행)이 있습니다. 그래서 이런 현생에서 지은 선처 수행으로 지옥의 과보에서 벗어날 수 있는 한줄기 인연을 만들어놓아야 합니다. 이것이 괴로움이 가득한 지옥에서 벗어나는 길입니다.

○ 홍련지옥의 과보

깨달은 성자는 청정하고 밝은 행을 통해 탐·진·치의 뿌리를 뽑은 거룩한 존재입니다. 그런데 이들을 시기하고 적의를 품는다면 이를 통해 불선한 홍련지옥의 과보를 받게 됩니다. 그런데 이런 홍련지옥의 과보를 받는다면 이런 과보의 크기와 기간은 상상을 초월할 정도로 크고도 긴 시간입니다. 그런데 인간계에서 겪게 되는 시간의 개념과 지옥계에서 겪게 되는 시간의 개념은 다릅니다. 지옥에서의 시간은 인간계의 차원을 뛰어넘는 시간의 개념입니다. 그래서 홍련지옥에서 받게 되는 지옥의 과보는 실로 헤아릴 수조

차 없을 정도로 깁니다. 그러니 지옥의 과보를 받지 않도록 항상 마음을 단속해야 하며, 특히 홍련지옥의 과보는 받지 않도록 해야 합니다.

'쌍윳따니까야'의 '꼬깔리까의 경'에 보면, 사왓티 시에서 붓다는 '거룩한 자를 시기하고 적의를 품는 과보'에 대한 이야기를 합니다 (S. I. 150). 여기를 보면, 붓다는 수행승 꼬깔리까가 깨달은 거룩한 자인 사리불과 목건련을 시기하고 적의를 품는 것을 보고, 그에게 그렇게 하지 말라고 그를 타이릅니다.

그러나 그는 계속해서 사리불과 목건련을 시기하고 이들에게 적의를 품습니다. 그런데 이런 일이 있고 난 뒤에 그의 몸에서는 종기가 나고 피고름이 돋기 시작합니다. 그리고 이런 것을 원인으로 해서 그는 병이 들어 시름시름 앓다가 그 후에 얼마 지나지 않아서 죽게 됩니다. 그러자 붓다는 그가 어느 곳으로 갔는지 살펴봅니다. 그리고 그가 거룩한 자를 시기하고 적의를 품었기 때문에 그에 대한 과보로 그는 죽어서 홍련지옥에 떨어졌다고 말합니다. 그러나 그가 이런 시기와 적의로 인해 가게 된 홍련지옥에서 받는 고통의 크기와 기간은 상상을 초월할 정도로 큽니다.

이때 홍련지옥의 기간은 무려 1,024조 년 이상이나 되는 헤아릴 수 없을 정도로 긴 기간입니다. 이런 홍련지옥의 기간을 계산해보면 다음과 같습니다. 꼬살라 국에 이십 카리의 채소 씨앗이 있습니다. 사람이 백 년이 지날 때마다 한 알의 채소 씨앗을 줍는다고 한다면, 이때 일 압부다의 지옥은 이십 카리의 채소 씨앗이 다 없어지는 것보다 긴 시간(2천 년)입니다. 일 니랍부다의 지옥은 이십 압부다의 지옥보다 긴 시간(4만 년)입니다. 일 아바바 지옥은 이십 니랍부다의 지옥보다 긴 시간(8십만 년)입니다. 일 아하하 지옥은 이십 아바바 지옥보다 긴 시간(1천 6백만 년)입니다. 일 아따따 지옥은 이십 아하하 지옥보다 긴 시간(3억 2천만 년)입니다. 일 황련 지옥은 이십 아따따 지옥보다 긴 시간(64억 년)입니다. 일 백수련 지옥은 이십 황련지옥보다 긴 시간(1,280억 년)입니다. 일 청련 지옥은 이십 백수련 지옥보다 긴 시간(2조 5,600억 년)입니다. 일 백련 지옥은 이십 청련 지옥보다 긴 시간(51조 2천억 년)입니다. 일 홍련 지옥은 이십 백련 지옥보다 긴 시간(1,024조 년)입니다.

이처럼 일 홍련지옥의 과보만 받아도 이는 헤아릴 수 없을 정도로 긴 시간입니다. 이렇게 긴 시간 동안 그는 거룩한 자를 시기하고 적의를 품은 과보로 인해 홍련지옥에서 지옥의 과보를 받게 됩니다. 이것은 너무나 어리석은 일입니다. 그러니 이런 과보를 받지 않도록 해야 하며, 특히 거룩한 자를 시기하고 적의를 품는 마음은 단속해야 합니다. 이렇게 '지옥은 고통이 가득한 곳'이며, 그래서 이런 지옥의 과보는 피해야 합니다. 이것이 붓다가 들려주는 '지옥은 고통이 가득한 것'입니다.

이렇게 『쉬어가는 인생 이야기』의 '인생 편'에서 인생에 대해 살펴본 바와 같이 인간은 삼계의 세계에서 '돌고 도는 인생'을 살며, 삼계에서 나타나는 괴로움을 겪게 됩니다. 그래서 '달려가는 인생'에서 겪는 괴로움과 '돌고 도는 인생'에서 겪게 되는 괴로움에서 벗어나며, 대행복과 대자유를 얻어야 합니다. 이를 위해서는 '쉬어가는 인생'에서 인생의 참 의미를 알아야 하며, 이를 통해 '멈춰서 보는 인생'에서 진정한 존재의 의미를 찾아야 합니다. 이에 대해서는 다음 편인 『쉬어가는 인생 이야기』의 '수행 편'에서 살펴보겠습니다.

'달려가는 인생'과 '돌고 도는 인생'의 의미에 대해 다시 한번 깊이 사유하고 숙고해보시기 바랍니다.